Kenkyu Sosho No.622

研究双書

アフリカの「障害と開発」

SDGsに向けて

森 壮也：編

IDE-JETRO アジア経済研究所

研究双書 No. 622

森 壮也 編『アフリカの「障害と開発」――SDGs に向けて――』

Afurika no "Shogai-to-Kaihatsu": SDGs ni Mukete.
(Disability and Development in Africa: Towards SDGs)

Edited by
Soya MORI

Contents

Chapter 1	Disability and Development in Africa	(Soya MORI)
Chapter 2	Regional Framework on Disability in Africa	(Masayuki KOBAYASHI)
Chapter 3	Health Policies for the People with HIV and the People with Disabilities in the Developmental State of Ethiopia	(Makoto NISHI)
Chapter 4	Legal Rights and Movements of People with Disabilities in Kenya	(Ritsuko MIYAMOTO)
Chapter 5	Trans-Border Persons with Disabilities: Their Disability Business at the Congo River and the State	(Mikako Toda)
Chapter 6	Policies and Life of the People with Disabilities in Senegal: The Regional Office of "African Decade of Persons with Disabilities," Education, Movements and Labor	(Nobutaka KAMEI)
Chapter 7	Disability Policies and Disability Rights Movements in South Africa	(Kumiko MAKINO)
Chapter 8	Epilogue: What Could We Learn from the Experience of Disability and Development in Africa?	(Soya MORI)

〔Kenkyu Sosho (IDE Research Series) No. 622〕
Published by the Institute of Developing Economies, JETRO, 2016
3-2-2, Wakaba, Mihama-ku, Chiba-shi, Chiba 261-8545, Japan

　　　　　　　　ま　え　が　き

　本書は，アジア経済研究所が2013年度から2014年度にかけて2年間実施した「アフリカの障害者―障害と開発の視点から」研究会の成果である。同研究会は，平成17年度からアジア経済研究所で始まった「障害と開発」に関する一連の研究プロジェクトにおいて，はじめてアフリカ大陸を対象とするものである。この一連の研究プロジェクトの最初の成果である森壮也編『障害と開発－途上国の障害当事者と社会』（研究双書 No. 567）で，「障害と開発」という開発問題として障害問題をみる視点が提示された。本書もそこで述べられた基本的な方法論を基としている。

　「障害と開発」では，これまで開発研究や地域研究と障害学の知見や方法論の間での学際的な研究で成果を挙げてきた。障害学は，英米などで発達し，日本にも持ち込まれた障害を障害者個人の問題ではなく，社会の枠組のなかにみる障害当事者の視点（障害の社会モデル）に立った研究方法論である。東南アジアや南アジアをフィールドとしたこれまでの研究（森 2008; 2010）などでは，従来のような政府の福祉政策の枠組を追う研究や社会福祉の領域で発展してきたケース・スタディを中心にした研究でできなかったもの，みえにくかったものを見出すことを成果として挙げてきた。

　本書でも，同様にアフリカの地域研究と障害学との間での橋渡しをするというアプローチが採用された。日本におけるアフリカを舞台とした「障害と開発」分野の研究では，いくつかの特定国を対象にした研究はあるが，東，西，南といった広域にわたって，それぞれの地域での特徴もあぶり出し得ている研究は，まだない。本書でも取り上げられた国は少ないが，地域的な広がりという意味では，ほかにはない研究書を編むことができた。各地域に深くコミットしている研究者が，文化人類学，法学，言語学，開発学といったさまざまなディシプリンを背景として，それぞれ担当国，担当地域の「障害と開発」の現在に取り組んだ。

　アジアとはまた異なるアフリカの「障害と開発」の現状と課題をあぶり出

して欲しいという編者からの問題提起に対し，各国それぞれの多様性とアフリカ全体としてアジアとは異なる相が少しみえてきたのではないかと思う。

本研究のこうした成果は，各国の障害者の実情についての理解の進展だけでなく，政府の障害者政策とのギャップも浮き彫りになった。また地域的な取り組みである「アフリカ障害者の10年」が一度の失敗のあとで，再スタートしているが，その将来も依然として不安な状況にあることも明らかになった。これらのファインディングは，日本政府も積極的に取り組んでいるTICAD（アフリカ開発会議）などの国際協力の枠組みにおける障害包摂的な支援のあり方のビジョンの土台を提供することにつながるだろう。

また各国の現在の障害者関連法制の成立過程と障害当事者団体の関係からは，障害当事者の立場にたった法制という政策の基本的枠組ができているのかどうかも検証された。アフリカでは一部の国で，憲法に障害者の権利についての規定や障害当事者の政策決定過程への参加についての規定がみられるが，それが憲法の規定だけでなく，実際にどのように実現されているのかも本研究会の成果を通じて明らかになった。HIV/エイズ政策では成果を挙げていても，障害者問題については，まだほとんど無策に近い状況にあるエチオピアのような国もある一方で，障害者の諸政策へのインクルージョンに大きな進展を見せている南アのような国，そしてその中間に位置するケニアやセネガルのような国々。さらにまた政府の障害者政策がほとんど皆無に近いなかで，障害当事者たちが自活の道を探ったコンゴ川での交易の事例など多くの興味深い事例が本書では示されている。

各国の貧困削減や開発政策における課題を明らかにすることで，我が国のアフリカ支援で障害包摂的な支援がどのように実現できるのかという政策提言を出していくことが可能となる。これはTICADにおける日本の支援策を，だれも排除しないような，よりよいものにしていくことにもつながる。また日本のみでなく，国際的な支援についても，日本からの提言としてどのようなコーディネーションが今後必要なのか，各国毎の対応のあり方や支援分野についての具体的な特化などの提言が可能となる。そして国際社会の開発目

標として大きな成果を挙げたミレニアム開発目標（MDGs）のあとを受け，2015年からスタートした持続的な開発目標（SDGs）においては，アフリカへのコミットメントを最貧国への対策として念頭におくなら，障害についてもどのようにアプローチして行かないといけないのかに，本書の終章で示される課題がヒントを与えることになろう。

なお2年間にわたる本研究会では，本書の執筆を担当した委員の他，南アフリカで日本の障害当事者によるJICAスキームを利用した国際協力を行っているヒューマンケア協会の降幡博亮氏においで頂いて，南部アフリカ地域での重度障害者の自立生活支援についてご報告を頂いた。龍谷大学の落合雄彦教授からは，本研究会では深く掘り下げることが難しかったアフリカの精神障害者についてのご報告を伺った。さらに立命館大学の立岩真也教授には，日本の障害学研究について概観をお話頂いた。最後に2014年度地域研究コンソーシアム（JCAS）次世代ワークショップの場をお借りして，京都大学地域研究資料センター（当時）の姜明江先生には，ザンビアのハンセン病者についての障害と開発の視点からの研究という新たな視点も提供頂いた。研究会では，オブザーバーとして研究所内から，武内進一，山形辰史，津田みわ，児玉由佳のアフリカ地域をよく知る研究員においで頂き，それぞれ専門の立場から有益なコメントを頂くことが出来た。研究会の各回では，ろう当事者でもある編者と各委員との効率的かつ深いコミュニケーションをはかるため，手話通訳の方々にもご活躍頂いた。このほかにも本研究会の主たる成果は，国際開発学会第16回春季大会でも報告され，同学会の分科会のコメンテーターとして，神戸大学の高橋基樹教授，JICA（当時）の土橋喜人氏からも刺激的かつ貴重なコメントを頂き，次のステップについての課題も頂いた。これらの多くの貴重な議論と支援のおかげで本書はなった。ここに記して改めて感謝の意を表したい。

最後に，研究所の内外の匿名の査読者の方々からも的確な数多くのコメントを頂き，最終原稿に向けたとりまとめでは，大いに役立てさせて頂いた。現地調査で協力下さった現地の障害当事者，政府および関係団体の皆さんに

も貴重なインタビューの機会を頂いた。改めて感謝するとともに本書がアフリカの発展，とくに障害インクルーシブなアフリカの発展に日本および世界が貢献するための土台となることを願ってやまない。

2015年11月5日

編者

〔参考文献〕

森壮也編 2008『障害と開発―途上国の障害当事者と社会――』（アジア経済研究所研究双書 No.567）　日本貿易振興機構アジア経済研究所．
―――― 2010 『南アジアの障害当事者と障害者政策――障害と開発の視点から――』（アジア経済研究所アジ研選書　No.27）　日本貿易振興機構アジア経済研究所．

略語表

A.N.H.M.S	Association Nationale des Handicapés Moteurs du Sénégal	セネガル全国肢体障害者協会
ADA	African Disability Alliance	アフリカ障害同盟
ADF	African Disability Forum	アフリカ障害フォーラム
AFUB	African Union of The Blind	アフリカ盲人連盟
AIDS	Acquired Immune Deficiency Syndrome	後天性免疫不全症候群
ANC	African National Congress	アフリカ民族会議
APDK	Association of Persons with Disabilities in Kenya	ケニア身体障害者協会
ARCC	Disability African Regional Consultative Conference	アフリカ地域障害協議会
ARI	African Rehabilitation Institute	アフリカ・リハビリテーション研究所
AU	African Union	アフリカ連合
AUDA,	African Union Disability Architecture	AU 障害アーキテクチャ
AUDI	AU Disability Institute	AU 障害研究所
BEE	Black Economic Empowerment	黒人の経済力強化
CBR	Community-based Rehabilitation	コミュニティに根ざしたリハビリテーション
CDCP (CDC)	Centers for Disease Control and Prevention	アメリカ疾病管理予防センター
CEMAC	Economic and Monetary Community of Central Africa	中部アフリカ経済通貨共同体
CICOS	International Commission for Congo-Oubangui-Sangha Basin	国際コンゴ・ウバンギ・サンガ盆地委員会
CLMV	Cambodia, Laos, Myanmar and Vietnam	カンボジア，ラオス，ミャンマー，ベトナム
CNTF	Chantier naval et des transports fluviaux	河川交通造船所（コンゴ共和国）
DFLE	Disability free life expectancy	障害なしの平均寿（余）命
DPI	Disabled People's International（従来は，Disabled Peoples' Organization，2015年から現執行部は本表記を採用）	障害者インターナショナル
DPO	Disabled People's Organization	障害当事者組織
DPSA	Disabled People South Africa	南アフリカの障害者（団体名）
ECA	United Nations Economic Commission for Africa	国連アフリカ経済委員会
ENTSS	Ecole Nationale des Travailleurs Sociaux Spécialisés	国立福祉専門職養成学校（セネガル）
EPRDF	Ethiopian Peoples' Revolutionary Democratic Front	エチオピア人民革命民主戦線
ESCAP	Economic and Social Commission for Asia and the Pacific	国連アジア太平洋経済社会委員会
FOAPH	Fédération Ouest-Africaine des Association de Personnes Handicapées	西アフリカ障害者団体連盟
FSAPH	Fédération Sénégalaise des Association de Personnes Handicapées	セネガル障害者団体連盟
GIE	groupement d'intérêt économique	経済的利益集団
GIZ	Deutsche Gesellschaft für Internationale Zusammenarbeit	ドイツ国際協力公社
HIV	Human Immunodeficiency Virus	ヒト免疫不全ウイルス
ICF	International Classification of Functioning, Disability and Health	国際生活機能分類
ICIDH	International Classification of Impairments,Disabilities,and Handicaps	国際障害分類
ILO	International Labour Organization	国際労働機関
INDS	Integrated National Disability Strategy	全国総合障害者戦略（南アフリカ）
INFS	Institut National de Formation Sociale	国立社会福祉研修所（セネガル）
JICA	Japan International Cooperation Agency	国際協力機構
KEDIPA	Kenya Disabled Parliamentarians	ケニア障害議員連盟

KIE	Kenya Institute of Education	ケニア教育研究所
KISE	Kenya Institute of Special Education	ケニア特別教育研究所
KNAD	Kenya National Association of the Deaf	ケニア全国ろう者協会
KNBS	Kenya National Bureau of Statistics	ケニア国家統計局
KNCHR	Kenya National Commission on Human Rights	ケニア全国人権委員会
KNSPWD	Kenya National Survey for Persons with Disabilities	ケニア障害者全国調査
KSB	Kenya Society for the Blind	ケニア盲人の会
KSDC	Kenya Society for Deaf Children	ケニアろう児の会
KSL	Kenyan Sign Language	ケニア手話
KSLRP	Kenya Sign Language Research Project	ケニア手話研究プロジェクト
KSMH	Kenya Society for the Mentally Handicapped	ケニア知的障害者の会
MDGs	Millenium Development Goals	ミレニアム開発目標
NCDPZ	National Council of Disabled Persons of Zimbabwe	ジンバブエ全国障害者評議会
NCPD	National Council for Population and Development	国家人口開発審議会
NCPWD	National Council for Persons with Disabilities	全国障害者評議会（ケニア）
NEP+	Network of Networks of HIV Positives in Ethiopia,	エチオピア HIV 陽性者諸ネットワークのネットワーク
NGO	Non-Governmental Organization	非政府団体
OAU	Organisation of African Unity	アフリカ統一機構
OECD	Organisation for Economic Co-operation and Development	経済協力開発機構
PAFOD	Pan African Federation of Disabled Persons	アフリカ障害者連盟
PDA	The Persons with Disabilities Act	障害者法（ケニア）
SADC	Southern African Development Community	南部アフリカ開発共同体
SADPD	The Secretariat of the African Decade for Persons with Disabilities	アフリカ障害者の10年事務局
SDGs	Sustinable Development Goals	持続可能な開発目標
SDR	Swedish Association of the Deaf	スウェーデンろう協会
SHAP	Self Help Association of Paraplegics	対麻痺者自助協会（南アフリカ）
Sida	Swedish International Development Cooperation Agency	スウェーデン国際開発協力庁
SINTEF	Stiftelsen for industriell og teknisk forskning ved NTH	ノルウェー産業科学技術研究所
TICAD	Tokyo International Conference on African Development	アフリカ開発会議
UDPK	United Disabled Persons of Kenya	ケニア障害者統一連合
UNCRPD	United Nations Convention on the Rights of Persons with Disabilities	国連障害者の権利条約
UNDP	United Nations Development Programme	国連開発計画
UNHACO	l'Union nationale des associations des personnes handicapés du Congo	全国コンゴ障害者団体連盟
UNHCR	United Nations High Commissioner for Refugees	国連難民高等弁務官事務所
WFD Africa	World Federation of the Deaf, Africa	世界ろう連盟・アフリカ
WHO	World Health Organization	世界保健機関
WHS	World Health Survey	世界保健調査
Global Fund	Global Fund to Fight AIDS, Tuberculosis and Malaria	世界エイズ・結核・マラリア対策基金

目　次

まえがき

第1章　アフリカの「障害と開発」……………………………森　壮也… 3
　　はじめに ……………………………………………………………………… 3
　　第1節　アフリカにおける「障害と開発」研究 ………………………… 6
　　第2節　アフリカの「障害と開発」の課題 ……………………………… 20
　　第3節　本書の構成 ………………………………………………………… 37
　　おわりに ……………………………………………………………………… 40

第2章　障害に関するアフリカの地域的取り組み ………小林昌之… 53
　　はじめに ……………………………………………………………………… 53
　　第1節　先行研究 …………………………………………………………… 54
　　第2節　アフリカ障害者の10年と大陸行動計画 ……………………… 56
　　第3節　アフリカ人権憲章と障害者権利議定書 ……………………… 66
　　第4節　地域的取り組みの実施体制 …………………………………… 70
　　おわりに ……………………………………………………………………… 76

第3章　開発主義体制下のエチオピアにおける保健政策と
　　　　HIV陽性者・障害者のニーズ ……………………西　真如… 85
　　はじめに ……………………………………………………………………… 85
　　第1節　エチオピアの保健政策と「2010体制」 ………………………… 87
　　第2節　HIV問題および障害問題に対するエチオピア政府の
　　　　　　取り組み …………………………………………………………… 92
　　第3節　HIV陽性者団体の活動 ………………………………………… 96

第 4 節　障害者団体の活動 ……………………………………… 103
第 5 節　エチオピアの保健政策と当事者運動の課題 ………… 108
おわりに ……………………………………………………………… 111

第 4 章　ケニアにおける障害者の法的権利と当事者運動
……………………………………………… 宮本律子 … 119
はじめに ……………………………………………………………… 119
第 1 節　ケニアの障害者の概況 ………………………………… 121
第 2 節　ケニアの貧困 …………………………………………… 125
第 3 節　ケニアの障害者をめぐる運動と法制度の変遷 ……… 127
第 4 節　障害者法（The Persons with Disabilities Act: PDA）成立 … 132
第 5 節　新憲法のもとでの障害者の権利 ……………………… 138
第 6 節　ケニアのろう教育の歴史とコミュニティの形成 …… 140
おわりに ……………………………………………………………… 145

第 5 章　国境をまたぐ障害者——コンゴ川の障害者ビジネスと
　　　　　国家—— ……………………………………… 戸田美佳子 … 153
はじめに ……………………………………………………………… 153
第 1 節　コンゴ共和国の障害者の概要と政治の展開 ………… 155
第 2 節　コンゴ川国境貿易と障害者割引制度 ………………… 162
第 3 節　コンゴ川河港で働く障害者の営み …………………… 171
第 4 節　障害者国境ビジネスの行く末 ………………………… 178
おわりに ……………………………………………………………… 185

第 6 章　セネガルにおける障害者の政策と生活——「アフリカ障害者
　　　　　の10年」地域事務局と教育，運動，労働——
……………………………………………… 亀井伸孝 … 195
はじめに——調査の目的と方法—— ……………………………… 195

第1節　セネガルの障害者人口，政策 …………………………………197
　第2節　セネガルと国境を超えた障害当事者運動 ………………………203
　第3節　セネガルの特別支援教育と障害当事者運動 ……………………209
　第4節　障害者の労働の状況――聞き取り調査から―― ………………217
　おわりに――「資源の共有と活用」に注目して―― …………………231

第7章　南アフリカの障害者政策と障害者運動 ………牧野久美子…237
　はじめに ……………………………………………………………………237
　第1節　障害者の概況――2011年人口センサス・データから―― ……240
　第2節　障害者法制・政策枠組み …………………………………………244
　第3節　障害者運動の概要と歴史 …………………………………………253
　第4節　障害者運動と障害者政策 …………………………………………258
　おわりに ……………………………………………………………………265

第8章　終章――アフリカの「障害と開発」から学べるもの――
　　　　　　　　　　　　　　　　　　　　　　　　……森　壮也…275
　はじめに ……………………………………………………………………275
　第1節　「障害と開発」のアジアとアフリカでの比較 …………………279
　おわりに――アフリカの「障害と開発」がポストMDGs, SDGsに
　　　　　　　投げかける課題―― ………………………………………284

索　引 …………………………………………………………………………291

アフリカの「障害と開発」

第1章

アフリカの「障害と開発」

　　　　　　　　　　　　　　　　　　　　　　　　　森　壮也

はじめに

　アフリカ諸国は近年まで紛争を経験し，現在も政治・社会的に不安定な状況にある国が多々ある。そうしたなかで障害者はどのように開発に関与し得ているのだろうか，また開発への関与から排除されているのだろうか。東南アジアや南アジアでの「障害と開発」分野での知見は，この地域における彼らをも包摂した開発に寄与しうるのだろか。本書はこうした疑問に答えるため，サブサハラ・アフリカ諸国研究の蓄積を基盤に，アフリカ地域における障害と開発の政策と実情を明らかにした上で，各国での問題点の違いや共通する課題について分析することを目的としている。本書では，アフリカ全域ではなく，中東に含まれることの多い北アフリカを除くサブサハラ・アフリカ諸国を取り上げる。またさらに，これら地域の障害と開発に関する実情の分析を通じて，アフリカ開発会議（Tokyo International Conference on African Development: TICAD）の枠組み等ですでに取り組まれているアフリカ地域の障害当事者の開発への寄与のあり方と可能性について，アフリカ地域における障害の状況と障害当事者たちの運動などを各地域の地域研究をベースとして検討し，同地域の今後の展望に障害を包摂せしめるための土台を提供することも目的とする。

　1981年の国際障害者年以降，世界的な障害者の完全参加と平等に向けた取

り組みは，途上国においても積極的に行われた．とくにアジア太平洋地域では国連アジア太平洋経済社会委員会（United Nations Economic and Social Commission for Asia and the Pacific: UN ESCAP）がリーダーシップをとって，「アジア太平洋障害者の10年」が1993－2002年に実施された．この取り組みはタイやマレーシア，シンガポールなどで大きな成果を挙げ，その後，残りのCLMV[(1)]諸国を対象に2003年から2012年までの第2次10年が実施され，さらに第3次の10年が仁川戦略文書を基に，2013年から2022年までの10年間を対象期間として現在実施されている（UNESCAP 2014）．こうした成功の背景にはアジア太平洋地域の全体的な経済発展もあると考えられるが，日本や中国などの国々が中心となって積極的な支援が行われたことにもよる．

このような地域的な取り組みは，アジア太平洋のみならず，世界的に実施されてきている[(2)]．しかし，アフリカ地域では，「アフリカ障害者の10年」が最初，1999[(3)]～2009年に設定されたが，事務局のコーディネーションの問題により，この期間に同地域で進展はほとんどみられなかった（長瀬 2006）．その後，改めて第2次アフリカ障害者の10年が2010年から2019年の期間で現在，実施されている．その中間年にさしかかる2013～2014年にあたって，現在の課題を整理することは，開発課題に明確なビジョンを与えることにもなる．アジア太平洋地域での成果がどこまでアフリカ地域に応用可能なのかを検証するという意義もある．アジア諸国に比べて，アフリカ諸国は貧困問題，HIV/エイズ問題等，開発にかかわる問題がさらに大きい地域である．このことは大きな経済成長を達成したアジア諸国のような政府による政策的介入を，容易に期待できない環境があることを意味する．そうしたアフリカ諸国が抱える開発への壁は，障害当事者にとってどのように影響しているのか，またそれらの問題への処方箋はあるのか，問われている問題は多い．

本書では，以上の問題意識に鑑み，アフリカ地域における障害当事者団体へのアクセスについての言及や社会の枠組の中の障害（Disability）を見出すことを，各章を通じての共通主題とした．本書では，各国の地域研究の蓄積をベースに，障害学の枠組みで統一的に把握することをめざした．すなわち，

これまで単発で出て来たアフリカ諸国の障害者についての研究を，改めて障害を障害者個人や医療の対象に還元してしまう「障害の医療・個人モデル」ではなく，「障害の社会モデル」の観点からまとめた。つまり，社会の問題として，機能的障害がある時に障害者が直面する障壁をDisabilityと呼んで，社会のあり方を考えるという「障害の社会モデル」を念頭においた形にし，障害当事者にみえている社会とは何か，国家や地域社会などの社会と障害当事者はどのような関係を築いてきているのか，といったことを明らかにすることを試みた[4]。言い換えれば，障害を医学の問題やリハビリテーションの問題にしてしまうのではなく，社会の発展のなかで障害の意味も変わることを重視した見方を取ろうとしている。このため，障害当事者たちの活動が実際にどのように各国で異なっているのか，また各国の政策における障害観の違いについても，これを統一性が取れていない問題とするのではなく，むしろアフリカの多様性と各国の発展段階を示すものとして受容しようとしている。

　本書では，これまでアジア地域で試みられてきた，地域研究における「障害と開発」のアプローチをサブサハラ・アフリカ諸国に敷延していく。比較対象とするアジア地域では，政府と当事者団体とのかかわり方が「障害と開発」のアプローチでは，非常に重要であった。しかし，アジア地域には，開発途上国のなかでも，これまで経済成長を実現してきた国々，また現在，経済成長の途上にある中進国などが多かったため，政府と当事者との間の関係を分析することで，障害当事者団体が発展しうる背景を説明できたことが理由として考えられる。しかし，アフリカ諸国においては，必ずしも政府の役割に多くを期待することは，少なくとも財政的にはできない。したがって，国際NGOとの連携やアフリカ連合（AU）のような地域間協力の枠組などが，障害者をも包摂する開発のあり方を考える際には，アジア以上に重要なファクターになってくると考えられる。

　その上で，各国の発展段階や国情も異なることも考え，1．各国の障害者数・統計には可能なかぎり触れ，2．その国の障害者についての先行研究の

サーベイをするという二つのベースの上に立ち，3．障害者の実情と当事者団体の活動と政策状況を概説し，4．障害学の観点からの考察を行う。

以上の4点を各章で共通して取り上げた。

本章では，それらの各国での議論に先立ち，アフリカにおける「障害と開発」の先行研究を振り返るとともに，アフリカでは，この領域でどのような課題があるのかを先行研究によりながら整理した。その後，各章で各国の状況について議論を展開する。その後，最終章においてとくにポスト・ミレニアム開発目標を念頭におきながら，アジアとは異なるアフリカの特徴について改めて整理し，障害を開発目標に組み込んで行く際にアフリカの経験，課題がどのような意義をもつのかを議論する。

第1節　アフリカにおける「障害と開発」研究

1．アフリカにおける障害統計

図1-1は，WHO and World Bank（2011）で紹介されている世界保健調査（World Health Survey: WHS）のデータを元に，この調査で障害者比率が得られているアフリカ大陸の国々について，障害者比率をグラフにしたものである。WHSは，いわゆるセンサスで行われているような単純な障害の有無を問う形ではなく，障害当事者の困難の度合いを数値化して得た数字である。全世界で数値が入手可能な59の国々での障害者対人口比率の平均は，15.6％となっている。また参考のため，アフリカ各国のセンサスで得られている数字をグラフにしたものを図1-2として掲載した。図1-2は，各国で障害の定義が異なっていることから，0.5％から5.0％とさらに比率の幅も大きくなっている。こうした各調査の特徴を念頭において，図をみてみると，アフリカにおいても障害者は，障害の定義などを調整した上でみると，世界の多くの国々と同様に10％から15％近くが大勢を占める比率で分布していることがわ

図1-1　アフリカ諸国の世界保健調査に見る障害者比率（％）

（出所）　WHO and World Bank（2011）より筆者作成。

かる（森・山形 2013）。

　ここで数字が得られている国が限定的であるように，アフリカ諸国における障害者統計の実態についても，センサスで障害者調査が行われている国は少ない。まだ十分なものであるとはいえないが，それでもサンプル調査などの形でいくつかの国々からデータが得られている。とくに南部アフリカ諸国については，後で南アの項で述べるように生計の調査までが徐々にカバーされてきており，それを元に他の国々での調査・研究の広がりが期待される。

　ここで図1-1と図1-2を並置したことの意味を再述しておくと，アフリカにおける障害の状況を明確にとらえるという観点からである。つまり，障害の定義が異なる二つの図が互いに補完しあっているためである。図1-2にみられるような各国の障害の定義の違いによるばらつきを後述する「障害の社会モデル」の観点からとらえ直した数字が図1-1に現れている。アフリカ各国のなかではまだそうした理解は普及しておらず，従来の医学的な障害観が支

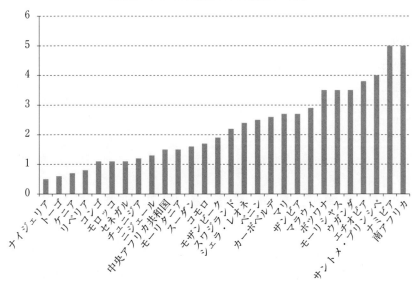

図1-2 アフリカ諸国の障害者比率（％）

（出所）WHO（2011）の Technical Appendix A よりアフリカ諸国で国勢調査による障害者比率が得られている国を抽出。

配している状況を示すためでもある。障害の定義は，WHOで医学的な定義が支配していた国際障害分類（International Classification of Impairments, Disabilities, and Handicaps: ICIDH）の時代から，現在，障害者が実際に社会で直面するバリアの度合いに注目したWHOの新しい障害定義である国際生活機能分類（International Classification of Functioning, Disability and Health: ICF）に至って大きく変わってきている。こうした障害定義の変化は，アフリカにおいても各国の障害統計をどのように整えて行くのかという課題を突きつけている[5]。図1-1と図1-2の違いは，いってみれば，こうした障害の社会モデルのアフリカでの普及がいまだ各国には行き渡っていない状況を示している。

　アフリカの障害者統計についても，さまざまな努力はされている。そうした努力の一つとして，2001年にウガンダのカンパラで「アフリカのための障害統計ワークショップ（Workshop on Disability Statistics for Africa）」が，国連統

計局とウガンダ人口事務局および統計局によって開催されている。このワークショップは，エジプト，エチオピア，ケニア，ナミビア，ナイジェリア，南アフリカ，スーダン，タンザニア，ウガンダ，ザンビア，ジンバブエのアフリカ11カ国の政府統計担当者，国連難民高等弁務官事務所（Office of the United Nations High Commissioner for Refugees: UNHCR）からの代表者が参加して開かれたもので，WHO，米国アメリカ疾病管理予防センター（Centers for Disease Control and Prevention: CDC），ノルウェイの Stiftelsen for industriell og teknisk forskning: SINTEF[6]，日本の大学[7]，国連統計局が実施したものである。このワークショップでは，障害統計のつくり方，普及の仕方，データ集計についての理解の広げ方，ある政策目的のためのデータの特定の仕方などを，参加者は学習した。アフリカの実際の障害統計の状況については，Eide and Loeb（2005）が，これをまとめているが，南部アフリカを除くと満足な統計はまだ整備されていないことがわかる。

　以上のような問題点はあるが，アフリカ諸国の障害データについて，世界銀行と WHO がとりまとめた「世界障害報告」（WHO and World Bank 2011）によりながら，アフリカ地域における障害の概況を簡単にみてみる。表1-1は，この「世界障害報告」からアフリカ地域を他地域と比較できるように抜き出したものである。表1-1をみるとわかるようにアフリカ地域では重度障害では男女ともに高所得国や東南アジアと比べても高いことがわかる。

　中・重度障害の合計でも同様であるが，全年齢では，比率が低くなるが，これには他地域と比べて人口構成の違いが影響していると思われる。アフリカでは事情は異なり，他地域より重度障害者の比率が全年齢にわたって高くなっている。疾病状況についてはこの地域で改善の兆候がある疾病もある一方，貧困状況については，マラウィとナミビアのように障害者の所得が低いとされている国もあるが，シェラレオネ，ザンビア，ジンバブエでは必ずしもそうとはいえず，南アフリカの東ケープのように，障害補助金給付制度により障害者の方が所得状況が改善されているというケースもあるという（WHO and World Bank 2011, 40）。

表1-1 2004年地域・性別・年齢で見た中・重度障害者の推定比率(%)

	アフリカ	高所得国[1]	東南アジア	世界全体
重度障害[2]				
男性				
0-14歳	1.2	0.4	0.7	0.7
15-59歳	3.3	2.2	2.7	2.6
60歳以上	15.7	7.9	11.9	9.8
女性				
0-14歳	1.2	0.4	0.7	0.7
15-59歳	3.3	2.5	3.1	2.8
60歳以上	17.9	9.0	13.2	10.5
全体				
0-14歳	1.2	0.4	0.7	0.7
15-59歳	3.3	2.3	2.9	2.7
60歳以上	16.9	8.5	12.6	10.2
全年齢	3.1	3.2	2.9	2.9
中・重度障害				
男性				
0-14歳	6.4	2.9	5.3	5.2
15-59歳	16.4	12.3	14.8	14.2
60歳以上	52.1	36.1	57.5	45.9
女性				
0-14歳	6.5	2.8	5.2	5.0
15-59歳	21.6	12.6	18.0	15.7
60歳以上	54.3	37.4	60.1	46.3
全体				
0-14歳	6.4	2.8	5.2	5.2
15-59歳	19.1	12.4	16.3	14.2
60歳以上	53.3	36.8	58.8	45.9
全年齢	15.3	15.4	16.0	15.3

(出所) WHO and World Bank (2011) 表.2.2
(注) 1) 高所得国とは, 2004年の米ドル表示の1人当たりGNIが, 10,066米ドル以上の国
2) 重度障害者とは, 同書で, 第Ⅵ級と第Ⅶ級, 中・重度は, 第Ⅲ級以上。なお, この等級はWHOと世銀の『世界疾病報告負荷』と呼ばれる調査で採用されている等級であり, ある疾病や障害によって犠牲になった人生の割合を計算したDALYs(障害調整生存年数)をベースとしている。いわゆる日本の障害等級は医学的な見方のみをベースとしているが, これとは基本的な考え方も異なる。

また別の統計として，オランダのライデン大学アフリカ研究センターは，世界の全障害者6億人のうち，4億人が開発途上国におり，その中の8千万人がアフリカにおり，10-15％が学齢期の子ども達であるという国連の推計数字を紹介している。アフリカでは，ここまで推計できるだけの数字がまだ揃っておらず，この国連の推計は，アジア太平洋地域におけるADB統計を基にした国連の記述を紹介していものである[8]。

2．統計からみる貧困問題と障害とのかかわり

「障害と開発」でも開発の大きな問題である貧困の問題は避けて通れない。前項の障害（発生）比率とは異なる，障害当事者達の具体的な生活状況や貧困の問題についての先行研究をここでみてみることにする。アフリカの障害者の貧困状況についても，家計調査や保健調査を用いた研究がいくつかみられる。Phillips and Noumbissi（2004）は，アフリカでは，障害統計が人口調査で集められているのにもかかわらず，そのデータの分析がされていなかったとして，1996年の南アフリカのセンサスデータをもとに，1970年代にOECD諸国で開発された無障害平均余命（Disability Free Life Expectancy: DFLE）[9]のような指標を作ろうとしたものである。DFLEの地域間での分布状況やジェンダーや年齢別の障害率を計算し，男性の方が若年齢層，成人層ともに障害比率が高いことを見出した。また南アフリカの西ケープやガウテンなどの富裕地域・都市部では余命がより長く，無障害率も高いことも見出している。逆にフリーステートや北西部のような貧困地域では，余命は短く，DFLEも低かったという。南アでのこうした研究から，アフリカ各国で障害統計がきちんと集められるようになれば，こうした障害のなかでの男女差や地域差のような興味深いデータが集められることがわかる。

　Filmer（2008）は，13カ国の家計調査のデータ（14調査）を分析している。各国の障害者比率は全人口の1-2％であるが，成人障害者は平均家計よりも貧しい傾向にあり，最下位5分位に入る可能性のあるものが10ポイント上

昇しているとしている。その理由として，彼らの教育の問題を挙げている。調査対象国のうちの3カ国で，非就学が原因の障害者の貧困比率が50％と高く，ジェンダー，農村部居住，経済状況といった他の要因を上回っていることが指摘され，学校に通えていないことが，彼らの貧困に結びついていると結論づけている。これは，障害そのものの対人口比率ではなく，途上国の障害者の貧困状況に迫る研究である。対象地域がアジア，ラ米，東欧，アフリカと非常に広いが，13カ国のうち，アフリカはチャド，ブルンディ，モザンビーク，南アフリカ，ザンビアと5カ国である。アフリカ地域だけに限定してみてみると，障害者比率には大きな違いはないものの，学校教育では，就学率はアジア並みの南アフリカを除くと6-11歳で0.19-0.42％，14-17歳で0.25-0.58％といずれも他の地域よりも低いことも明らかになっている。

　ノルウェイの経済研究所SINTEFによる保健調査のIngstad et al. (2007) は，ケニアを対象に，ケニアの障害者の生活状況を明らかにしようとしたものであり，同国においてどのように貧困が障害を生み出し，また逆に障害が貧困を生み出しているのかを分析したものである。この結果，障害者のいる家計における彼らの地位と状況の分析という複雑な課題に挑む必要性が認識された。さらに個人では障害当事者たちは自立した生活を望んでいるのにもかかわらず，それができないでいるという脆弱性も明らかになった。その背景には，支援機器・サービスの不足といった問題があり，問題解決のためには，アファーマティブ・アクション，教育や雇用での支援が必要なことが明らかとなった。必要な処方箋では，日本を初めとしたアジア地域でいわれているものと同様のものが必要なことがわかる。

　こうした貧困状況の調査に当たり直面する課題の一つに，定性的な研究と定量的な研究との間の関係がある。この方法論的問題については，いくつかの成果がある。Grut et al. (2005) は，障害と貧困の問題分析のためのインタビュー調査による定性的な研究の方法の提案と，ケニアでその方法を実際に用いた報告である。貧困が障害につながる経路として，環境汚染，保健ケアへのアクセス欠如，教育へのアクセス欠如，コミュニティ内のリソース（支

援要員,支援ファシリティ)欠如を挙げ,逆に障害が貧困につながる経路として,雇用・所得の欠如,適切な教育の欠如,情報・知識の欠如,先入観・態度・思い込みを挙げた。このほか,構造的なものとして,障害者を抱える家族メンバーがコミュニティ内の他の家族から支援を得られていないことや,家族ケア以外の支援がNGO,協会,私的個人に偏っている問題,政府の政策があっても政策実施の責任が不十分なこと,教育機関でのアクセス問題等があることが明らかになっている。Hoogeveen (2004) は,脆弱な集団は人数も少ないことが多く,目的にそぐわない標本調査から福祉に関する推計を得るしかないという問題に直面することが多いといっている。このため,彼はElbers et al. (2003) らによって開発されたセンサスデータを標本データと結びつける計量的方法を用いて,ウガンダでの障害者が世帯主である家計の貧困を明らかにしようとした。都市部では,消費貧困率が非障害世帯主の27％に比べて,43％と高率になっていることが明らかとなっている。また障害者のいる家計でも,世帯主が障害者の場合には,貧困率が世帯主が非障害者の場合よりも60％以上高いという推計結果も出ている。これらは,1991年と1992年のウガンダの家計調査をもとにしたもので,バイアスもあるとされているが,パイロット的な研究としての価値はあるだろう。

　また各国別の調査もウガンダや南アフリカ,ガーナなどで,詳細な研究の成果がいくつか出されている。Lwanga-Ntale (2003) は,ウガンダのそれまで10年間の家計調査および参加型貧困評価 (PPA) から貧困と障害,とくに慢性的貧困と障害との関係について明らかにしようとしたものである。障害者がウガンダにおいては,貧困者の中の貧困者であるばかりでなく,5年を超す長期間にわたり,また世代を超えて貧困者となってしまっている状況も明らかにした。

　障害者の貧困状況については,とくに労働との関係においては,他にもMitra, et al. (2011) のような研究もみられる。同論文では,データの品質を基準に選ばれたブルキナ・ファソ,ガーナ,ケニア,マラウィ,モーリシャス,ザンビア,ジンバブエ,バングラデシュ,ラオス,パキスタン,フィリ

ピン，ブラジル，ドミニカ，メキシコ，パラグァイの15カ国の開発途上国を対象に，2002-2004年のWHOによる調査を元にして，労働年齢の障害者の状況と貧困との関係を，明らかにしようとしたものである。この結果から，障害者の福祉状況は複数の観点からみてもかなり悪い状況にあること，障害と貧困との間の関係も複雑でさらに研究が必要なこと，教育，保健ケア，雇用が取り組むべき中心的な課題として挙げられることが明らかとなった。

以上，障害と貧困をめぐる分析は，アフリカにおいてもいくつか行われてきている。アジア同様に教育が貧困をもたらすファクターとして重要なことや，世代を超えた慢性的な貧困と障害とが関係していることなど共通点もある。しかしながら，実態の断片は明らかになってきているものの，障害者以外も含めたアフリカの貧困全体のなかでの障害者の貧困の位置づけやアジアとの比較の問題など，まだ十分に議論されていない問題が多数残されている。今後，障害者の貧困についての世界的な研究がさらに進むことにより，そうした課題が解決されていくことが，国際的な貧困削減のための諸努力をより効果的に進めるために必須であろう。

3．アフリカの「障害者の10年」と障害者の権利条約

旧OAU（Organisation of African Unity）（現AU（African Union））がこうしたアフリカの障害問題に取り組み始めたのは，第2章で詳述するように1988年，アフリカリハビリテーション研究所（ARI）がジンバブエの首都ハラレに設立された時である。2000年には，最初のアフリカ障害者の10年（2000～2009年）が宣言され，障害者の完全参加や平等な雇用に向けた啓蒙や政府の取り組みが計画された。2004年には，南アフリカのケープタウンにアフリカ障害者の10年事務局（SADPD）が設立され，デンマーク，スウェーデンといった国々を主要援助国として，エチオピア，ケニア，モザンビーク，ルワンダ，セネガルでの支援が始まった。SADPDの活動は西アフリカを中心としたも

ので、その後、ナミビア、南アフリカ、タンザニアといった南部、東部の国々にも広がった。残念ながらこの第1次アフリカ障害者の10年は失敗に終わったが、2006年の国連障害者の権利条約の国連総会可決と2008年の同条約の発効は、アフリカ諸国に次の10年に再度チャレンジさせるきっかけを与えることとなり、現在、再びアフリカとしての障害問題への取り組みが開始されている。

世界銀行は、そのウェブ・サイトにおいて、本書で取り上げている「サハラ以南のアフリカは21世紀の最も重要な開発課題である」として、アフリカにおいては、紛争、栄養失調、自然災害、HIV/エイズ[10]によって障害者の数が増加し続けていると報告している。国連のアフリカ地域ブロック事務所である国連アフリカ経済委員会（Economic Commission for Africa: ECA）は、アジア太平洋地域の同様の事務所であるESCAPがアジア太平洋障害者の10年の中心機関となったのに対して、同じような形で障害についての取り組みを強化しておらず、後に第2章で詳述するように、アフリカ障害者の10年は、アジア太平洋障害者の10年に刺激を受けてはいるものの、取り組みの主体は、アフリカでは、AUであった。

2006年に国連総会で採択され、2008年に発効した国連障害者の権利条約は、第2章で詳説されているようにアフリカ諸国にも影響を与えている。2015年2月1日現在、サブサハラ・アフリカ諸国のうち条約も議定書も批准した国が25カ国、条約のみ批准した国が14カ国、と条約の批准国では、合計で39カ国となり、世界で同様に批准した国々全体の25.8％をサブサハラ・アフリカ諸国が占めている。世界の障害者権利条約批准国の4分の1がサブサハラ・アフリカ諸国であるということは、すなわち南米には及ばないものの西欧と肩を並べる状況にあることを示し、議定書の批准国数ではアジアを遙かに上回る（図1-3）。こうした状況は、同地域の障害者権利条約への並々ならぬ関心を反映している。国連障害者権利条約は、その第32条が国際協力についての条項となっており、障害包摂的な国際協力、障害者のための能力開発支援、研究・技術協力の促進、技術援助・経済援助を謳っている。こうした条項が

図1-3 アフリカにおける国連障害者の権利条約の批准状況

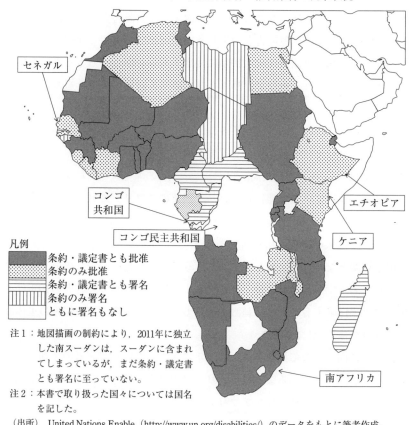

（出所）United Nations Enable（http://www.un.org/disabilities/）のデータをもとに筆者作成。

あることが，開発途上国にとっては同条約の大きな魅力の一つとなっていることは疑い得ないと考えられ，アフリカ諸国の関心が高いことも頷ける。そして同時に域内の努力として，現在はAUによる第2次「アフリカ障害者の10年」が，同条約に背中をさらに押される形で取り組まれている。

以上からわかるようにアフリカにおける障害に関しては，国際的な障害への関心のなかで多くの研究が取り組まれていることがわかる。域内においても障害への取り組みは，開発との関連で取り組まれており，今後の関心の高

まりが期待される。

 4．アフリカにおける「障害と開発」と障害学――日本と南アフリカにおける研究――

 アフリカにおける「障害と開発」分野での日本語による先行研究は非常に数少ないが，文化人類学の立場から，精力的な研究として亀井（2006），西（2011），戸田（2011）が出て来ている。亀井（2006）は，ろう者や手話という特定の障害からではあるが，アフリカにおいて障害当事者が創り出してきた障害当事者のための教育の歴史を整理したものである。
 一方，第3章でも取り上げるアフリカ地域のHIV/エイズについては，西（2011）がある。HIV/エイズは，従来の枠組みでは障害ではなく疾病とされていたが，障害の社会モデルでは，社会生活上直面する困難，つまり社会的障壁という観点から慢性病やHIV/エイズも「障害」のなかに入れて分析するようになってきている。HIV/エイズについては，アフリカの「障害と開発」を特徴づける大きな要素の一つであることから，第2節で改めて海外における先行研究を整理して取り上げる。西の研究は，エチオピアのグラゲ社会におけるHIV/エイズ予防介入の展開と，HIV不一致カップルの研究から，HIVポジティブのパートナーと互いに肯定的な関係を取り結ぶさまを「生きられた身体の政治」として描写することで，HIV/エイズについていわゆる忌避すべき病気としてしまうのではない新しい視点を提供している。
 つぎに西アフリカでの定点観測的なフィールド・ワークをベースとした戸田（2011）のような新しい研究も出て来ていることに注目したい。戸田の研究は，アジアではこれまで都市部の障害者と農村部の障害者という区分けはあったが，それにさらに熱帯雨林に住む障害者という新しい領域を開拓したこと，また彼らがそうした一見，なんの医療支援もないような環境下で生活できていることの背景を，コミュニティ内での自らの場を彼らが獲得するなかでケアが日常に内在化されるという興味深い現象を記述したものである。
 亀井，西，戸田と，さまざまな文化人類学的なアプローチによりアフリカ

地域の障害の状況は浮かび上がってきたが、これら相互をつなぐ「障害と開発」の視点からの統一的枠組みでの研究はまだなされていない。

また上記は、いずれも慢性病を含む障害を対象としたものであるが、これらに含まれない精神障害についても、落合（2007）のようなアフリカ地域における精神医療にアプローチした研究も出ている。国際的には、Watermeyer et al.（2006）が南部アフリカ地域の障害と開発に取り組んでいるほか、統計的な調査も北欧の研究者による Eide and Ingstad（2011）が出ており、他地域の状況との比較やこれまでの研究の検証などの材料が整いつつある。

つぎにアフリカの現地で研究されている障害学について言及しておこう。世界的に障害学が盛んな国としてイギリスおよびアメリカがあるが[11]、アフリカには南アフリカをはじめとした旧英領諸国がある。これらの国では、イギリスの障害学の流入も比較的早く、アフリカ域内の障害学研究者のジャーナルである African Journal of Disability も南アフリカを本拠地として発刊されている[12]。こうした点は、障害学という学術・政策研究がまだ立ち後れているアジアと比べて、南アフリカが優位に立っている部分で、それだけに、同国では、はじめに述べたような障害の社会モデルに立脚した障害者についての研究も進んでいる。

そうした南アフリカにおける障害学の研究での先行研究からいくつか、おもなものを紹介する。まず障害と貧困との関係を分析したものとして、Loeb et al.（2008）があげられる。これは、南アフリカのリソース[13]の貧弱さが障害者の生活水準にどのような影響を与えているのかを分析したものである。障害者と非障害者を、同じようにリソースの不足した東ケープ、西ケープの地域内で比較している。その結果、障害者のいる家計の状況は、障害者手当によって改善されているものの、教育や雇用といったそれ以外の貧困指標でみると、依然として障害者と非障害者の間には差があり、その原因として雇用の不足と初等・中等教育へのアクセスが悪いという問題が指摘されている。つまり、同地域におけるリソースの貧弱さとは、障害者が雇用され得ない背景、学校に通えない背景にある支援不足ということになる。

Loeb et al.（2008）で議論されている貧困については，それを経済理論を援用して論じた Graham, Moodley, and Selipsky（2013）がある。これは，南アフリカにおける貧困と障害との間の関係について論じたものである。センのケイパビリティ・アプローチがこの問題の議論で有用であると考えられるが，まだ十分に議論されていないとある。その上で，ヨハネスブルクの8つの地域での調査をケイパビリティ・アプローチの考え方を援用して分析したものである。社会開発政策・プログラムでさらに障害者にターゲットを当てることと，より広範な政策を講じる必要があることが示されている。

　Loeb et al.（2008）と Graham, Moodley, and Selipsky（2013）の二つからは，障害者が非障害者よりもより貧困な状況にいることがわかった一方で，その対策として教育や雇用，また社会開発政策のようなケイパビリティを高めるような諸政策が南アでは求められていることを明らかにしている。

　また都市部と農村部[14]の障害者の比較として，Maart et al.（2007）がある。社会環境がより大きな障害を生み出すという障害の社会モデルの観点に立ち，都市と農村部での障害者の直面するバリアを調べたものである。とくにWHOの障害分類である ICF（国際生活機能分類）の環境要因チェックリストを用いて，東ケープと西ケープで468標本を用いた調査を行った。身体障害（54.6%）と知的障害（14.6%），視覚・聴覚がそれぞれ9.9%という標本である。その結果，都市部の障害者の方が，製品，技術，自然環境，建築環境でよりバリアを抱えているという調査結果となった。農村部では，むしろ態度面でのバリアが大きかったという。サービス面では両者の程度は同じであった。ICFの調査項目も効果があり，今後の研究でも安心して使えるという結果も得られたとしている。

　都市部と農村部の障害者が直面するバリアが異なり，都市部の方がむしろ物理的な意味でのバリアが多く，農村部は人の態度のバリアが大きかったという指摘は興味深い。アジアでも実態調査などは行われているが，心理的な態度面のバリアと物理的なバリアの比較を学術的に行った研究は，管見のかぎりない。

このほか，ヘルスケアへのろう者のアクセスを論じた Haricharan et al.（2013），南アフリカにおける障害者の人権状況を論じた Heap, Lorenzo and Thomas（2009），高等教育機関の障害学生の人権について論じた Matshedisho（2007）など研究の幅があるのも南アの障害学の特徴である。

　これらをみてもわかるように障害学の研究は同国で比較的進んでおり，生計や貧困についての研究も人権などの研究と同様に活発に行われていることがわかる。ただ，南アの国内の問題として論じているものが大多数である。世界的な視野に立ったとき，アフリカの「障害と開発」の状況がどのように位置づけられるのか，障害者の状況はアジアなどとはどう違うのか，といった問題意識は，南アの障害学のなかでは浮かび上がっていない。アフリカのなかでの南アや他の国々の多様性をどう位置づけるかという問題とも併せて，議論すべき課題は残っているといえる。

第2節　アフリカの「障害と開発」の課題

1．先進諸国と異なって多様な障害概念

　障害といった時，森（2010a: 8-10）でも議論されているようにアジア地域で障害概念が各国さまざまであるという問題がある。同様の問題はアフリカでもあり，西欧や先進諸国とは異なった概念を手がかりに文化人類学の立場から，障害観の問い直しをしている Ingstad and Whyte（1995）がある。アフリカからは，ケニア，ソマリア南部地域，ザイール，ウガンダ，ボツワナ，タンザニアが取り上げられているが，障害概念は各国ごとに異なっており，たとえば，ケニアのマーサイにとっては，先進諸国で障害ということばで括られているものを指すようなあらゆるカテゴリーの「不能な状態」を包括するような一語が存在しない。また南部ソマリアでは，先進国の伝統的・医学的な障害概念と病気との間にはっきりとした境界がない。ザイールのソンゲ

社会では，障害は細かく細分化されている。つまり，各文化・地域ごとに障害概念はアフリカでも多種多様であるということである。同様の障害概念の多様性は，Mahama（2007）でガーナのDagbonの事例，Ogechi and Ruto（2002）がケニアの二つのコミュニティの事例を紹介している。これらの論文は，森（2010a）で一部紹介されているアジアでの状況と同様に，農村部においては，西欧の概念とは異なる多様な概念がアフリカでも存在していると理解できる。

アフリカの障害概念をめぐる状況は，一筋縄ではいかない。しかし本書では，そうした細かい状況には敢えて足を踏み入れることはしない。そうではなく，アフリカ全体の状況を把握するという意味で，アジアでは障害としてあまり認識されていないものについて着目することにした。本書の各章における各国の政策とのかかわりから，浮かび上がってくる障害概念の違い，そこに注目して行くことにする。

2．障害児教育と脆弱な人としての障害者

(1) 日本の障害分野国際協力に占める障害児教育

途上国の障害者の課題は，国際協力の場では，1970年代から登場してきており，JICA（国際協力機構）でも1980年代から障害福祉分野での青年海外協力隊員の派遣が始まっている（国際協力総合研修所 1996, 37）ほか，日本のNGOの活動も1990年代以降活発になってきているが，その多くはアジア地域を対象としていた。これは「アジア太平洋障害者の10年」（1993-2002）がその理由と考えられる。この時期は，アフリカには，まだ日本の国際協力も障害分野ではほとんどみられず，JICAが障害分野に本格的に乗り出すにあたって実施したアンケートの対象国でも，アフリカ諸国はザンビア，タンザニアのみという状況であった。このアンケートでは，「JICA事務所が設置されている途上国を中心として，これまでに障害福祉分野における研修員受け入れや協力隊の派遣等の実績が多い国」（国際協力総合研修所 1998, 7）を対象

にしていたが,その条件にかなったのがこの2国のみだったためと推定される。2000年代以降は,ルワンダで技術協力プロジェクトとして,「障害を持つ元戦闘員と障害者の社会復帰のための技能訓練及び就労支援プロジェクト」(2010-2013),南アフリカで個別専門家派遣事業として,「障害主流化促進アドバイザー」(2012-2014),民間NGOsとJICAが協力する研修員受入事業として,DPI(障害者インターナショナル)日本会議を日本側パートナーとする「アフリカ障害者の地位向上」(2002-2010)(その後,「アフリカ障害者メインストリーミング(自立生活)(2011-2013)」と名称を変更)研修が実施されている[15](国際協力機構人間開発部 2013)。

一方,青年・シニア海外協力隊については,アフリカ地域では1965年から2013年6月時点で258案件が実施され,障害児教育分野での派遣が59案件と22.9%を占めている(国際協力機構人間開発部 2013)。アフリカ地域においても障害児教育が,「障害と開発」領域で占める割合は高い。それでは,つぎにこのアフリカ地域における障害児教育について代表的な先行研究をいくつか紹介していこう。

(2) アフリカの障害児教育についての先行研究

アフリカにおける障害児教育についての先行研究は,非常に多岐にわたっている。その中から,学齢期以前の教育と以後の教育,とくに小学校教育あるいは基礎教育についての研究を一般的に論じたもの,実態調査の分析結果,特定の障害について障害児教育を論じたもの,識字や教育政策の位置づけを論じたものなどをここでは紹介することにする。まずは小学校就学前の教育である。

小学校就学前の教育については,Mashiri(2000)が,ジンバブエにおいて社会のネガティブな障害観と障害児教育政策の欠如のために,小学校就学前の教育から障害児が排除されている状況を分析している。こうした障害児に対する社会の偏見は,そのような子ども達に言及する時の言い方にも表れているとし,親は離婚や別居を迫られることもあるという。またそうした子ど

も達の世話が女性，とくに母親や祖母に委ねられていることも明らかにしている。教育の問題が社会の偏見やジェンダー役割と関連していることを指摘した論文である。

　つぎに小学校以後の基礎教育についての研究である。小学校時点の教育については，インクルーシブ教育の問題が論じられている。インクルーシブ教育の問題とは，一般の地域校における障害児の受け入れの問題である。たとえば，Jenjekwa, Ester and Julius（2013）は，ジンバブエでは，学校における周縁化された生徒達のインクルージョン保障が急速に進んでいるが，この政策には多くの問題があるとしている。定性的研究によって，教員養成カリキュラムの不足のために学習障害児の教育が犠牲になっているとするものである。小学校教員養成プログラムのなかでこうした子ども達への対応法を学べるようにすべきだと，同国の教員養成プログラムの再検討が指摘されている。インクルーシブ教育を実現するための教員というリソースの育成がいまだ不十分な状況についての問題提起である。

　インクルーシブな教育については Ngcobo and Muthukrishna（2011）のような論文もみられる。同論文では，南アフリカの5つの学校を対象に行った障害児インクルーシブ教育の調査で，障害児の教育にしっかりと取り組むためには，イデオロギー的，また構造的な力関係が学校にどのような影響を及ぼしているのかを理解することが大事で，そのため，空間性が重要だとしている。ある学校空間における毎日の個人的・文化的実践が，特殊教育の伝統的な形態に支配的なディスコースの強化で果たす役割に焦点を当てた論文である。やや抽象的な文脈であるが，インクルーシブ教育の問題点を別の観点から指摘したものである。

　また基礎教育については，地域の学校で障害児を受け入れるというのとはまた異なった方法として，Zindi（1997）が論じているような，身体障害がある人たちや障害ゆえに教育機関で有意義な教育を受けられない人たちの問題の軽減策として，遠隔教育という方法がある。ラジオやテレビを用いることで，家に在宅のまま受けられる教育も議論されている。同論文ではジンバブ

エと南アでこうしたシステムが成果を挙げていることから，アフリカ全体での実施を勧告している。遠隔教育はアジアでも提言されているが，まだ具体的に国全体で体系として位置づけられたところはない。

　基礎教育についての先行研究の最後は，教育権と障害児教育とを関連づけた研究である。Nyirinkindi (2006) は，人権法の観点からウガンダにおける障害児の基礎教育における教育権の現状を分析した論文である。同国の障害児教育のカリキュラムで，「障害」を「困難」「機能的障害」「社会的障害」「遅滞」として分類していることが障害児の虐待や差別を永続させていると主張している。障害児の分離教育が彼らの完全なインクルージョンや参加を妨げているとも述べている。ウガンダで障害児の窮状を克服するためには，教育がその足がかりになるべきだとして，1995年の憲法，1996年の子ども法，普遍的初等教育法（Universal Primary Education: UPE）に期待している。しかし，Nyirinkindi (2006) は，政府のインクルーシブ教育の概念において，首尾一貫性と主張の不変性が保障されるべきだとし，インクルーシブ諸政策での矛盾点は最小にされなければならないと主張している。こうした基礎教育については，現場での実践の状況に関する論文も多い。

　現場での状況についての研究では，Ross (1988) がある。Ross (1988) は，1980-1983年に実施されたUNESCOによる東部・南部アフリカの特殊教育の調査プロジェクトの成果について述べている。ボツワナ，エチオピア，ケニア，レソト，マラウィ，モーリシャス，セイシェルズ，ソマリア，スワジランド，ウガンダ，タンザニア，ザンビア，ジンバブエが対象となっている。これらの国々の政治的，経済的，社会的文脈における特殊教育サービスと関連した社会プログラムをまず描写している。これらには，「学校農業プログラム：カラチナ知的障害児学校」「知的障害児のためのより効果的な教育プログラム」「障害者のリハビリテーション，訓練，雇用」「家族や両親の支援プログラム：コミュニティに根ざしたアプローチ」「就学前および就学語の障害児のインテグレーション[16]」などが含まれている。また地域校に障害をもつ子どもを通わせるインテグレーションについても早くからZindi (1996)

のような論文も出ている。これは，ジンバブエの16歳前後中学校第3学年に在学する500人の生徒（男女半々）にアンケートを行い，障害児のインテグレーションに対する彼らの態度を調査した結果をまとめたものである。彼らの態度はどちらかといえば，インテグレーションに肯定的なもので，男女間でも統計的に有意な差は無かった。つまりこれは，非障害生徒が障害を受け入れている様子を分析したものといえる。

　つぎに特定の障害についての先行研究である。障害児教育については，耳の聞こえる子ども達のなかで学ぶインクルージョンでは，ろう児にとって最も大きな問題であるコミュニケーションの障害が壁となりがちである。このため，国連障害者権利条約でもインクルーシブ教育という方法が必ずしもよいわけではないと，例外的な措置も認められている（森 2010b）。

　ろう者の具体的な教育事例も見逃せない。Chimedza（1999）は，ジンバブエのろう教育が長い間，残存聴力の利用と読唇を強調する口話法で行われていたが，そうした教育下で生徒がどのようなコミュニケーションを獲得し，どのような文のパターンが用いられているかを9人の生徒とその教師を対象に調べたものである。その結果，教師は，ほぼ三回繰り返して生徒に説明をしており，それは一般の教室での状況とそう変わらず，障害児担当の教師も格別，一般の教室での方法と違うことはしていないことがわかった。結果として，ろう生徒の言語年齢は同じ年齢の子ども達よりもかなり低いものとなっていることもわかった。この問題を解決することが，教師達の主たる課題であり，その上，クラス内のろうの友人とのコミュニケーションを否定していることが，問題をいっそう複雑化していることもわかった。

　また口話教育よりも新しいろう教育の流れであるバイリンガル教育についての論文も出ている。Adoyo（2002）は，ケニアのバイリンガル教育についての論文である。ろう児が学業面で同年齢の聴児の後塵を拝していることの最大の原因として，教師が子ども達への教授言語を欠いている問題が挙げられるが，子ども達にも理解できるカリキュラムを手話バイリンガリズムとともに採用することで，子ども達の言語的アクセシビリティが改善するという

議論を行っている。こうしたバイリンガル教育をインクルージョンのなかで実践することは，さらにも増して難しい課題があるが，具体的にケニアという国のなかで実践が可能かどうかが議論されている。

また盲教育分野では，ジンバブエにおける分析として Zvobgo（1990）がある。これは，1981年から1987年の間の盲人の教育と雇用見込みについての研究である。同国では，盲教育は，政府と盲人評議会（the Council for the Blind）の合同プロジェクトとして実施されている。まず，同評議会は学校の教科書や卒業試験を点訳している。2番目に，同評議会は学校当局に盲児教育と晴眼児教育を地域の一般校に統合させるよう奨励している。3番目に，学校当局との間で校舎を盲人がさまざまな機会に支援を得る際に頼りにできるリソース（支援サービス，支援機器）・センターとしても使えるよう提携している。4番目に個人や団体が盲児の教育の出資者となるよう求めるためのスポンサーシップ・スキームを立ち上げている。政府も盲生徒のための国による訓練プログラムを立ち上げ，さまざまなコースを用意している。参加教員に手当も支払われ，盲人評議会には補助金も出ている。また政府は盲生徒と晴眼生徒とのインテグレーションも促進している。こうしたことの結果として，1981年以来，盲生徒の就学率は上がったが，盲の小学校と中学校を出た人たちはなおも，有給の職を得るのに苦労しているという。

先述のインクルーシブ教育を個別の障害児について分析したものとして，Mushoriwa（2001）のジンバブエの盲の小学校生徒のインクルーシブ教育についての研究がある。2000年に行ったある小学校での50人の盲生徒を対象とした調査で障害者自身のインクルーシブ教育への評価を調べたものである。点字を用いてのリッカート尺度によるアンケート調査により，大多数（63%）の生徒がインクルーシブ教育には反対であることがわかった。社会的な拒絶や学業上の拒絶を彼らの多くは経験しており，インクルーシブ教育では，有用な技能や知識を獲得できないと感じていた為である。この評価は必ずしも一般的なものとはいえないが，ジンバブエの現状のなかでは盲の子どもたち自身はインクルーシブ教育を必ずしも評価していない実例としてありうべき

インクルーシブ教育のあり方を考えるための参考にすることができよう。

さらに Urombo (1999) は，ジンバブエの学習障害児の障害児クラスにおける数学の授業について1997年に調べたものである。対象は，同国 Masvingo 地区の44の政府認可校の246人の学習障害児である。障害児クラスにいる学習障害生徒の方が一般クラスで学んでいる同じような生徒よりもよい成績だったという。学習障害児を早期発見し，介入することで彼らの成績が向上することや，学習障害児を対象としたクラスで学べる環境を与えることで，非障害児のクラスにいる学習障害児よりもよい成績を達成できているという。これもまたインクルーシブ教育ではなく，専門的な障害児教育の必要性を支持する結果となっている。おそらく障害児教育のための教員の訓練，教室のファシリティといったリソースがまだ不足している現状では，インクルーシブ教育を実践しようとしても当事者たちには歓迎されない部分がアフリカではまだ大きいということがいえよう。

以上でわかるように，個別の障害についてもさまざまな立場からケース・スタディ，実証研究等が行われている。しかし，障害種別がろうと盲に偏っていたり，南部アフリカと東アフリカの研究が多いといった国の偏りは依然としてあるため，アフリカの障害児教育の全体像はまだつかみにくい。

一方，障害児教育では，識字の問題も重要である。Indabawa (2000) は，ナイジェリアにおいて1989年から1990年に実施された識字実験プロジェクトの報告である。このプロジェクトは，貧困者が社会経済的な不利を克服することをめざしたもので，450人が参加したが，プロジェクトの終わりには，84.4％（380人）が終了テストに合格している。またこれによって，新たに識字を得た70人が公務員の職を得，250人（55.5％）は，さらに勉学を続けることができたという。一方で，資金不足のため，よい資質をもつ教師を手配できなかったり，勉学を続けられなかった者がいたりしことも事実としている。

政策的な課題として，障害児教育へのリソース配分の問題がある。そうしたリソース配分問題については，Malakpa (1994) がある。それまで30年間の間，アフリカでは紛争や政争が拡大し，そのために多数の身体，心理的，

情緒的,知的障害者を生み出したのにもかかわらず,その後の再建キャンペーンは,特殊教育やリハビリテーション・サービスをさほど強調してこなかったと述べている。1989年以後のリベリア内戦も例外ではなく,その後の再建・復興は,特殊教育やリハビリテーション・サービスをかけ声倒れにした。このことが,個人のニーズという意味だけでなく,社会経済的発展やアフリカの伝統にとっても重要な問題であるとしている。障害者がそもそもどうしてアフリカで多数いるのに,こうしたいびつな構造があるのかという問題提起をしている。

また,第5章で越境する障害者の問題が取り上げられているが,アフリカの障害児教育でも,この問題は例外ではない。Thomas (2004) は,南アフリカにおける障害児とその親の移民ステータスについての研究である。移民だから障害児が多いということはないことが研究で明らかになっており,親が移民の場合の利点としては,親が南部アフリカ開発共同体 (South African Development Community: SADC) 加盟国以外から来た場合のみで,このほかの発見として,南アフリカの国内移住の場合には,南アフリカの非移住者の子どもよりは障害児である確率が高いというものがある。国外からの移民の子どもの障害児の場合には,国内移住者や非移民の子どもの障害児よりも中等学校を卒業する確率が高いが,最近のSADC諸国からの移民の場合には,南アフリカ生まれの人たちの子どもよりは学校入学率が低いこともわかったという。

障害児教育については,このほかにも多くの論文があるが,本書では,ケニアの手話についての研究も続けている宮本による第4章の分析でろう者コミュニティの形成とのかかわりや手話の言語権の問題で議論する。

(3) 脆弱性と障害

障害者は,教育の対象である子ども同様,開発過程における脆弱なグループとして位置づけられることが多い (森・山形 2014, 9-16)。一方,障害者自身のなかでもこうした脆弱性は議論されることがあり,障害女性やHIV/エ

イズと障害者といったイシューについては，障害と他の脆弱性との交差性の問題（飯野・西倉, 2014）であり，これはアフリカでも重要な問題である。

障害女性やHIV/エイズの障害者についての論考はまだ少ないが，Lorenzo（2001）は，アフリカのフェミニスト雑誌に掲載されたもので，南アフリカの西ケープでの障害女性の社会的統合と経済的自立のためのプロジェクトの報告である。1996年のMasiphatisane障害フォーラムを契機として，キリスト教系NGO，大学のリハビリテーション学部，障害当事者団体とが共同で行ったプロジェクトである。

またMcElligott（2003）は，世界銀行のN. Groceらのアフリカにおける HIV/エイズ問題と障害への取り組みを紹介している。HIV/エイズ問題に取り組んでいる諸団体への調査等で，この課題への障害インクルージョンがまだ進んでいないことや，障害者の間でのHIV/エイズ問題への啓蒙が十分でない問題などを指摘している。

こうした従来のHIV/エイズ政策が障害者を十分に考慮していないという問題は，Onyewadume, Amusa, and Dhaliwal（2001）でも論じられている。同論文は，従来のHIV/エイズについての報告が非障害者についてのものに偏っており，障害者ではなく，性的に活発な人たちをイメージしていたという問題を指摘して，政府は障害者も含めたあらゆる人たちがHIVウィルスに感染するのだということを念頭においた政策を実施すべきと勧告している。

特定の障害とHIV/エイズについても，Dawood, et al.（2006）が知的障害についての分析を行っている。これは，軽度知的障害者のHIV/エイズに関連した知識，態度，性的実態を調査したものである。質問票は90人の南アフリカのダーバンに住む同じ教育機関出身の知的障害者個人に送付された。調査によって，彼らのHIV/エイズについての知識，とくにそのありよう，感染，治療の点で，深刻なほどに大きいギャップと誤った思い込みが彼らにあることが明らかになった。メディアをはじめとする膨大な情報に触れるなかで，ジェンダー役割についての教育や不品行の蔓延といった社会的構築物が，被験者の態度や行動，とくに性行動やリスク予防のための態度にマイナスの

影響を及ぼしていることが分かった。さらに，性交渉や意思決定，具体的にはコンドームの使用について，彼らが低い自己満足感しか得られていないこともわかった。しかも，性的に活発で，避妊具を用いているのは彼らのなかでもごくわずかであることもわかった。こうした知見は，HIV/エイズについての実証的論文や，発達理論，適切な諸理論，保健行動の諸モデルの背景とは違うものとして論じられている。この研究は，この特別な成人集団のHIV感染の心理教育的動学へのよりよい理解に役立つだろうし，HIV/エイズのこの集団内での諸問題に対処する際，私たちの知識を深める研究をさらに進めるばかりでなく，彼らに合わせた教育プログラムの試みに情報を与えるのにも役立つだろう。

　女性やHIV/エイズの障害者のような脆弱性を二重に抱えている人たちの問題は，アフリカに限らず，多くの途上国が共通して抱えている問題である。南アジアのように女性当事者の運動が盛んな地域では，女性障害者についての論考や運動が盛んであるが，アフリカでも，同様の意味でとくにHIV/エイズの問題は避けられない。

　脆弱な障害者については，他にも青年障害者や障害者の家族も関連領域といえよう。Runhare（2004）は，ジンバブエにおいて障害のある生徒たち50人が，ある大学のインクルーシブな条件下で，どのように対処しているか，その度合いについて，1995年から2002年にかけて集められたデータにより調査したものである。こうした障害学生の比率は同大に在学する学生総数の1%未満で，学部も主として人文・教育・社会科学学部と限られた状況にあり，大学からの障害関連サービスにも満足していないことがわかったという。大学まで障害学生が進学するには大変な苦労があったと考えられるが，ようやくそこまで進学してもまだ多くのバリアがあることが，こうした論文から窺える。こうした学業でのバリアは，彼らが十分に教育を受けられない状況，そして貧困につながっていくということは先述のFilmer（2005）での分析が明らかにしたとおりである。

　一方，Miles（2006a）は，乳幼児100人当たり1人から3人に起こるといわ

れている，命にかかわる水頭症と二分脊椎についての論文であるが，その家族について言及している．迅速な手術や注意深い管理によってリスクは相当程度減ったが，そうした対策はほとんどのアフリカの人たちには利用不可能なままである．本論文は，医療の発展，家族やコミュニティの解決法といったような，長く家族やコミュニティの重度障害児のケアを支援してきたものについて，証拠に基づいて，ベニン，エジプト，エチオピア，ガーナ，ケニア，マラウィ，モロッコ，ナイジェリア，ソマリア，南アフリカ，スーダン，タンザニア，ウガンダ，ザンビア，ジンバブエでその痕跡をたどろうというものである．また，二分脊椎や水頭症の子どものためのコミュニティに根ざしたリハビリテーション（Community-Based Rehabilitation: CBR[17]）についての記述がある．重度障害のある子どもや成人が生き延びる数が増えたことから来るCBRの問題が，彼らのためのケアや機会について複雑な状況をもたらしている．より適切な情報，先住民の知識の認識，コミュニティで使えるリソース（障害者支援のための諸手だて）や経済的支援をうまく使うことが，水頭症，二分脊椎，その他の重度障害のあるアフリカ人の人生を改善するために必要であると述べている．

　障害者のなかにも脆弱な人たちがいたり，障害青年は満足に学校に行けなかったり，大学に入学しても十分な勉学環境が得られなかったり，障害児をもつ家族も困難に直面したりしていることなど，他の途上国と共通する問題があり，またアフリカ域内でとくに問題となっているHIV/エイズの問題は障害者にとっても切実な問題であることなどが理解できる．とくにHIV/エイズについては，アジア以上にアフリカで注目されているだけに，これと障害との関係は考慮すべきテーマであろう．本書でもエチオピアや南アフリカについて，HIV/エイズ政策と障害政策との間の関連について論じる．

3．コミュニティと障害者

　アフリカの「障害と開発」を考える際に，障害コミュニティや地域コミュ

ニティと障害者について考察しておくことは重要なことである。コミュニティという時,「障害と開発」では,二つのコミュニティを考えなければならない。第1はろうコミュニティに代表されるような障害当事者によるコミュニティである。第2は,地域コミュニティである。前者は,障害当事者団体のコアとなって,そうした障害当事者団体を通じての開発への参画につながっていくものである。後者は,地域コミュニティ開発に障害者も主流化されていくことで,やはり地域開発を通じたその国の開発に参画していくことにつながる。

それでは,まず第1の障害当事者のコミュニティである。アフリカについては,アジア同様,ろう者のコミュニティに注目してアフリカでの状況を探った論文がいくつかある。Miles (2006b) は,古代から2000年代までの北東アフリカの障害に関する諸論文を集めたリストであるが,同じ著者によるMiles (2004) は,アフリカの歴史に登場するろう者やジェスチャーを位置づけている。ろう者集団のドキュメンタリーも25カ国で存在する。旅行者の記録,法的記録や家系図のようなもの,政府の記録,学校や宣教関係の記録から,言語学的な研究,民話研究,小説,宗教的な語り,マイム,ダンスまでさまざまなものにあたった結果である。

そうしたろう者のコミュニティにおける手話の問題については,本書でも第4章のケニアや第7章のセネガルで触れられているが,Chimedza (1995) は,ジンバブエのろう者が用いる手話の地域的バリエーションについての論文である。Mashonaland, Manicaland, Masvingo, Midlands, Matabeleland という5つの地域について同じ語の手話表現がどのように異なっているかを調べたものである。被験者のろう成人の数は40人。動詞や名詞は,ほぼ同じであるのに対し,代名詞や形容詞が地域ごとの違いを見せたという。写像性の高い手話は,実際のものの形や動きを表しており,すべての地域で似通っていた。こうした特性を教育や辞書制作に生かせるのではないかというのが同論文の結論である。ただ,いずれも文化人類学的な記述や言語の記述にとどまっており,政策との関連や貧困との関連についての分析はほとんどない。

一方，もう一つのコミュニティ，地域コミュニティに関連しては，本章第2節でも述べたCBRの問題に触れておきたい。CBRについては，Disler (1984) のような，南アフリカのケープタウンの障害者の窮状について分析した報告書やWHO and SHIA (2002) がある。後者は，WHOとスウェーデンの障害分野の国際協力機関であるSwedish Organizations of Disabled Persons International Aid Association (SHIA) によるアフリカ大陸からガーナ，南アメリカからガイアナ，アジアからネパールという三地域でのCBRの調査である。アフリカのガーナでは，SHIAとノルウェイ障害者協会 (NAD) の支援，またWHO, ILO, UNESCOやUNDP，イタリア系障害者支援NGOであるAIFO (Associazione Italiana Amici di Raoul Follereau) からの協力も得て，1992年に始められたが，CBRによる所得創出効果などは実施地域ではあがったものの，CBRがまだ実施されていない地域も多く，各機関間の調整の弱さ，持続可能性の問題，障害者データの不足など課題がいくつかあることが明らかになっている。ただ，同報告は各国の状況については報告しているものの，CBRのアフリカにおける位置づけを探るための資料にはまだ乏しく，3カ国間での比較についての論考もない。

　ここで登場しているCBRについては，アフリカ地域では，他にもIngstad (1997) という医療人類学的研究がある。これは，ボツワナでの1981-1984年までのフィールドワークをもとにした，CBRについての研究である。同国は，人口が少なくやりやすいだろうという理由もあり，1979年にWHOのCBRプログラムのパイロット国として選ばれた国である。保健省の社会福祉担当官を中心にピラミッド型の組織によって実施されたが，CBRの村落保健ワーカー機能を同国で担った家庭福祉教育専門家 (family welfare educator) がプライマリー保健ケアしか担わず，またCBRワーカーとしての訓練も受けなかったために失敗に終わったことを報告している。また社会福祉担当官自身もソーシャル・ワーカーとしての機能しか果たしておらず，リハビリテーション専門家としての訓練を受けていなかったことも失敗の原因だとしている。いわば，CBRプロジェクトの失敗事例の研究である。

必ずしも失敗事例ばかりではなく，CBR の効果やその要因について論じた Igbalajobi and Idajili（2000）のような研究もある。これは，障害者のための CBR のナイジェリアにおける試みである。1000人の対象者が研究に参加し，うち300人が成人障害者，300人が貧困者，300人がホームレス，残る100人がリハビリテーション・センターにいる人たちである。寝起きの場所，服，職業訓練，インフラ，職業紹介といった領域での状況を調査している。CBR パッケージによってこれらの要素の改善がみられたという報告である。

また Finkenflügel（2005）は，南アフリカの CBR について，さまざまな関係者とその役割を CBR プロジェクトへの影響，目標達成の観点から研究したものである。対象となったのは，同国内で確認された30件を超える CBR プロジェクトのうち，10プロジェクトである。中間現場監督者あるいはリハビリテーション・テクニシャンと呼ばれる人たちの役割がとくに分析され，彼らの最も分権的でコミュニティ思考のリハビリテーションワーカーとしての役割が重要なことが見出されたという。

しかし，CBR のフィールドである農村部について，アフリカでは，これらとは異なった観点からの議論も存在する。それは現地の実情との齟齬である。McLaren（1984）は南アフリカの Kwazulu 地域農村部の Mseleni 関節病（MJD）として知られる疾患をもつ人たちが直面する社会経済的障害状況についての研究である。この地域の保健当局が，進行性の失調，外眼筋麻痺といった症状を分析して，障害年金支給のための基礎情報を得ようとしたものである。また南アフリカ全体での農村部の障害者から経済社会的状況や予防のためのデータを得ようとしたものでもある。

こうした障害をもたらす特殊な疾病は，障害当事者にとっては，どのように受け止められていたのだろうか。当事者の立場からの CBR への評価として，Nyathi（1986）がある。Nyathi（1986）は，講演録であるが，ジンバブエの農村部の障害者の抱える問題を障害当事者団体（ジンバブエ障害者全国評議会，National Council of Disabled Persons of Zimbabwe: NCDPZ）のリーダーの立場から明らかにしたものである。この講演では，障害者の抱える社会的スティ

グマによる差別の問題に対処するため，NCDPZがどのような活動をしているか，アウトリーチ・プログラムを中心に紹介し，障害当事者たちがリハビリテーション・サービスにアクセスできていないこと，ソーシャル・ワーカーが農村部の彼らの問題に対して前向きでなければならないこと，コミュニティの動員が大切なこと，社会開発アプローチが必要なことを主張している。支援を提供するという問題だけでなく，社会的なバリアの問題がここで議論されている。

　さらに Jackson and Mupedziswa（1988）は，ジンバブエの Gutu 地方の赤十字による農村部 CBR における同地域の人たちの障害とリハビリテーションに対する考えや態度を検証したものである。少数標本による調査であるが，調査対象の56％が家族内の魔女や悪霊など伝統的なものを非難しており，33％が神を非難していて，障害が自然に起きたといっていたのはごくわずかだったという。調査対象の36％が伝統的な対処に頼り，64％が西欧医学的対処，62％が両方に頼っていた。しかし，彼らが信じる障害原因とそれに対する対処の間にはなんの相関もなく，信じている対処策に効果があったかどうかの間にも相関はなかった。赤十字による CBR 自体は，現実に役立っていると評価されているが，人々の障害原因についての考えには，ほとんど影響を与えていなかったこともわかった。

　CBR の R は，リハビリテーション（Rehabilitation）の R であるが，いわゆる医療的な対応であっても，現場でこうした伝統的な価値観からのチャレンジを受けていることがわかる。こうした伝統的な価値観からのチャレンジの問題は，アフリカの他の場所でも多く登場し，マスコミでの自閉症のような障害をもつ子どもへの迷信に基づく虐待に関連した報道でも問題として取り上げられている[18]。アジアでの CBR は，中西・久野（1997）で紹介されているように広く普及している一方で，中西（2008）が指摘しているように当事者主体から遊離しているという問題を抱えている。しかし，アフリカでは概して，CBR 自体は，アジアと比べると，普及，成功しているとはいえず，いまだ模索の段階にあるといえよう。

4．障害と就労あるいはビジネス

　障害者の貧困の問題を考える際に，そこからの脱却の一つの手だては，就労である。ILO（1989）では，世界各国での障害者によるビジネス事例53例を紹介した報告書であるが，アフリカの事例も紹介されている。

　具体的な分析としては，先に述べた南アフリカで雇用を障害者の貧困削減に結びつけるための政策的努力としてアファーマティブ・アクションを採用していることを，Ngwena（2006）が紹介している。同論文は，南アフリカの1998年雇用平等法が障害を不当な差別の原因となるものの一つとして挙げ，障害者雇用でアファーマティブ・アクションを規定していることを取り上げて分析している。そして，IMATU 社とケープタウン市の裁判判例で，この法律に基づいて，障害について医学モデルではなく，社会モデルを採用することで，法廷が障害を法的に構築することに成功した事例を検討したものである。法の目標が差別の防止にあるのであれば，医療モデルでは限界があったスティグマ，偏見，先入観，無関心から生じる戦うための論拠を組み立てるのに，障害の社会モデルが役立っていたことを明らかにしている。

　また障害の社会モデルから帰結として重視される経済エンパワメントの問題については，Gathiram（2007）がこれを論じている。南アフリカは障害について，障害の社会モデルに基づいた開発アプローチをとっており，この目的のために，障害者の経済的エンパワメントの優先順位が高くなっている。実証的なデータを用いて，同論文では，新しい民主的制度ができるまでの12年間の進展を身体障害者のアフリカの経済生活への統合と比べながら調べたものである。同国では，ポジティブな政策的な枠組みが存在し，それを支える法制や数多くのプログラムが存在している。政策刷新への意欲や実際に取られた指導力にもかかわらず，数多くの課題，とくに過去の不利益の結果やそこから生じたことなどが，経済的エンパワメントのための諸政策の前に頑なに立ちはだかっている。メインストリーミング政策と障害者のための諸プ

ログラムが正の結果をもたらすための決定的必要条件であると本研究は結論づけている。障害者の雇用で多部門的なアプローチが必要なことを同論文は示しているといえる。

　一方，本書でも第6章で展開される障害者の自己雇用も貧困からの脱却のためのもう一つの手だてである。同様の事例についての研究は，アフリカではまだ非常に少ないが，Aderinto (1997) は，ナイジェリアのイバダンにおける障害者起業についての研究である。職種，ジェンダー種別，年齢，婚姻状況，フォーマル教育歴，障害，エスニシティ，借り入れの源泉などの情報が集められた。またどのようにして事業を成功させているのかについての情報も集められた。障害をもつ職人の能力を人々が信じていない問題や，障害者のビジネス改善の方法，彼らに対するバイアスを減らす方法，障害者起業支援のための政府の関与のあり方などについても述べたものである。同論文でも論じられているように社会環境の問題や政策から受ける影響は，障害当事者による起業でも無視できない。障害当事者のもつ知恵が発揮されるような政策，起業のための環境整備は，ILO (2003) でのアジアでの好事例によるまでもなく，重要な課題である。アフリカでも自己雇用の事例についてのさらなる研究が求められているし，それを可能にする条件の整理が必要である。

第3節　本書の構成

　本書はまず総論である本章で，アフリカにおける「障害と開発」のとらえ方の枠組みについて先行研究を紹介しながら提示した後，アフリカの「障害と開発」の地域内の試みであった「アフリカ障害者の10年」について小林論文で考察する。1999年にアフリカ統一機構（OAU）が制定した「アフリカ障害者の10年（1999-2009年）」とそれが失敗した後，改めて仕切り直されてスタートした第2次「アフリカ障害者の10年（2010-2019年）」が分析された。

OAUを引き継いだアフリカ連合（AU）が第1次10年，そして第2次10年に公式な裏付けを与えている一方で，第1次の10年が失敗した最大の原因である，経済的支援の担い手の不足と責任を負うべき事務局の不在は，第2次の10年でもなお続いている。小林論文では，第2次の10年の事務局とされている「アフリカ障害者の10年事務局」（SADPD）の基盤と公式性が今なお貧弱な状況にあることを指摘している。また同時に世界的にみて，アフリカの最大の問題が貧困にあることも改めて指摘されている。

　引き続き，各国別の検討を行う。まず第3章の西論文では，東アフリカから，まずエチオピアをとりあげ，同国における「障害と開発」が，「二重統治」と「2010年体制」というキー・タームで要約される開発主義的な体制のなかにあり，ポストミレニアム開発目標の保健政策の諸議論の文脈で国際的に高い評価を得ているということと，同時にHIV/エイズ陽性者や障害者がその枠組みからこぼれ落ちてしまっているという現状を論じている。さらにこうしたこぼれ落ちた人たちを救済する仕組みとして期待されるべき当事者団体の活動も，同国の政治的体制ゆえに国際的な支援を受けることに制約がある。そのために当事者団体の活動が制約されてしまっているという実情が分析されている。かつてアジアでも韓国やシンガポールなど開発主義的体制と呼ばれた制度があった。これらの国々の体制とエチオピアがどのように似ていて，違うのか検討することはアジアとの比較という意味で重要である。

　つぎに東アフリカ地域の2カ国目のケニアについて第4章で宮本論文が同国の「障害と開発」を，ろう教育とろうコミュニケーションの形成を中心に論じている。2010年のケニア新憲法のなかで障害者の権利が明確に規定されたことを紹介しており，この憲法で，ろう者の言語としてケニア手話が認められた。しかし，国会において公式の地位が得られた一方で，同国の国語としての実質的地位の確立に向けて，ろう教育の場での標準化，教科書作成，教師養成，シラバス等がいまだ残された課題となっている。この現状について宮本論文は，同国のろう教育の現状について詳細な記述をすることで，問題の所在を探っている。

つぎに，西アフリカ地域について，第5章で戸田論文は，コンゴ民主共和国（旧ザイール）のキンシャサとコンゴ共和国のブラザヴィル，この二つの都市の間にあるコンゴ川の国境ビジネスに携わる障害者の事例分析により，同地域における「障害と開発」について論じている。乗船料の障害者割引料金制度（介助者同伴可能制度を含む）がもたらした障害当事者たちによる自律的なビジネスの興味深い事例である。政府や当局による厳密なコントロールがなく，いわば緩い制度のなかで障害者たちの商才が発揮されている。こうした形で収入を得る糧を見つけた障害者の周辺で，介助は雇用関係の形で機能しているなど，いわば，障害の社会モデルでいう「無力化する社会」（Disabling Society）[19]とは逆に，障害当事者が活躍する状況が起きている事例といえる。

第6章では同じ西アフリカのセネガルにおける「障害と開発」を亀井が論じている。同国には「アフリカ障害者の10年」の西・中部・北アフリカ地域事務局や，マリの治安悪化のため移転してきた西アフリカ障害者団体連盟本部もおかれている。こうした西アフリカの中心として国際的な活動も展開しているセネガルについて，障害児教育学校の現状，障害当事者団体の現状の概要についてろう者を中心に明らかにしている。またセネガルにおける障害者の就労状況やろう者の宗教といった障害者を取り巻く社会の状況がみえる環境の分析も行っている。

最後に第7章で，南部アフリカからアパルトヘイトを経て民主化を成し遂げた南アフリカを取りあげ，牧野論文が南アフリカにおける「障害と開発」を論じた。憲法で障害を明示的に取りあげて，差別を禁止し，アファーマティブ・アクションを同国では政策に取り入れている。なかでも民主化後の与党アフリカ民族会議（ANC）の全国総合障害者戦略白書（INDS）に象徴される障害者政策の方向性が，障害の社会モデルに基づく障害のメインストリーミングをめざしていたことが，重要な特徴として挙げられた。さらに同国では，他のアフリカ諸国と比べ障害学が発達しており，そのことも同論文では紹介されている。主要な先行研究トピックスとして，「障害とジェンダー，

人権」「障害者の貧困と生計」「障害者手当」「障害者政策」「障害者運動」で
すでにいくつかの論文が出ている。論文では，今後の方向として，黒人の経
済力強化法（BEE法）制度と障害者手当制度についてさらなる研究の深化の
期待が述べられている。

　終章となる第8章では，以上の各論文を承けて，2015年に目標年を迎える
ミレニアム開発目標（MDGs）とその後のポストミレニアム開発目標となる
持続可能な開発目標（SDGs）を見据えながら，これからの開発における諸
課題は，アフリカの障害者を念頭におくと，どのような方向をめざすべきか
を論じる。

おわりに

　アフリカ大陸は，南北東西に大きな広がりを見せており，それだけにアフ
リカそのものを「障害と開発」に寄せる形であっても，ステレオタイプ的に
論じることはできない。ここでは，そうした多様なアフリカを前提とした上
で，本章の随所で述べたようなアジアにおける「障害と開発」にかかわる諸
発見や実態を念頭に，アフリカでのそれがどのように異なるのかを論じてい
く。多様なアフリカを「障害と開発」の観点から論じるとともに，「障害と
開発」の諸課題を真に国際的な観点から考える時にどのような課題に注目す
る必要があるのかをあぶり出していくこと，その2点が本書の課題である。
　「障害と開発」というのは，森（2008）でも論じられているように，一義
的には，開発途上国の障害者の問題についての事実の発見であり，そこから
の論考である。しかし，それのみではなく，とくに開発論が課題とする「貧
困削減」に「障害学」による障害当事者の観点からの社会の見直しというア
プローチから迫ろうというものでもある。アジアにおいては，その主たる処
方箋は，強く社会への介入を行う財政力もその背景となる国全体の経済成長
もみられたことから，政府による障害者政策にいかに障害当事者を参加させ，

彼らのニーズを当事者の観点から政策に反映させるかという課題に行き着いた。またアジアでは，先進諸国での処方箋をそのまま用いるのではなく，依然，先進諸国と比べて相対的には弱い政府の財政力から，中央集権的な処方箋のみではなく，村落コミュニティの発展のなかに障害者を組み込む CBR 戦略や，都市部で成功例を積み重ねつつある自立生活運動のように分権的にコミュニティを活用して，開発課題のなかに障害課題を組み込む道が各国で探られてきているといえる。政府による障害者支援策の充実と地域コミュニティ開発への障害者の包摂がアジアの特徴であったといえよう。

それに対し，アフリカでは，同様のアプローチが可能なのかどうか，またもし可能でないとすれば，どのような問題があるのか，それを本書は論じる。さらに，「障害」概念についても，アジアと同様のものでよいのか，そうではないのかという課題もここで，俎上に上ることになる。

これらの検討から，アフリカの地域的多様性は，障害について「障害の社会モデル」を前提としてもなお存在しているといえる。HIV/エイズと障害への対応も国によってかなり差があることや，政府の制度が比較的整っているなか当事者団体主体で障害者対応が進んでいる南アのような国から，エチオピアのように開発主義体制での積極的な関与がメインの国，政府の関与が比較的希薄で障害によっても差が目立つ東・西アフリカの国，それぞれ違いもみえてきた。また障害者政策がアジアでは，国連 ESCAP のイニシアティブで障害当事者団体も巻き込む形で政府主導で進んでいるのに対し，アフリカでは，それとは若干，方向が異なる可能性もみえてきている。今後は，これらのアフリカの「障害と開発」の特徴のあぶり出しをアジアの状況との比較も念頭においてさらに進めていくこととしたい。

〔注〕
(1) アジア大平洋地域の中でも他の国々に比べて経済発展の支援を集中して行うべきとされている Cambodia, Laos, Myanmar, and Vietnam。
(2) 地域的な取り組みとしては，「アジア太平洋障害者の10年」の他には，本書で紹介する「アフリカ障害者の10年」の他，アラブ地域障害者の10年（2003-

2012）がこれまで実施されている。
(3) アフリカ障害者年の開始年については，国連文書では，2000年となっているが，アフリカ連合（AU）の公式文書では，1999年開始となっている。本書第2章の注3を参照のこと。
(4) 「障害の社会モデル」を開発論の中で論じたものとして，森（2008）や森（2015）がある。
(5) ICIDHとICFについては，森（2008, 9-11）を参照のこと。
(6) SINTEFは，ノルウェイの経済研究所。当初，1950年にノルウェイ工科大学に設立されたスカンジナビア諸国で最大の社会科学系の独立研究所である。名称を邦訳すると科学・産業研究基金。「障害と開発」領域では，南部アフリカの障害者生計調査を南アフリカの障害学研究者や障害当事者団体と協力して行っており，その成果がEide and Ingstad（2011）にまとめられている。
(7) 具体的には，日本社会事業大学。同大は，日本の厚生労働省が設立した私立大学で，財源の多くを国費に負っている。日本のソーシャル・ワーカーの育成では中心的な存在となっている大学である。
(8) 同大学のアフリカの障害については，以下のウェブページで見られる。
http://www.ascleiden.nl/content/webdossiers/disability-africa
国連の推計数字は国連ESCAPによるアジア太平洋地域の障害統計をベースとした数字からの推計である。
(9) 「無障害平均余命とは，『健康上の問題で日常生活に何か影響がありますか』との問に対し『ない』とされる者を『無障害者』とし，通常の平均余命の考え方に則って，無障害である期間の平均を試算したものである。」（内閣府2006，第3章　高齢者の人生の再設計　第1節　変わる高齢者像）OECD諸国で1970年から統計に取り入れられるようになった指標である。ここでの障害は，本書でもはじめにで論じているWHOのICIDHを初めとする障害概念の変化により異なった数字になる。
(10) HIV/エイズと障害の関係については，後段の第2節で触れる。
(11) 英米の障害学については，杉野（2007），川島（2011）が，その動向をつかむ上で参考になる。
(12) 同ジャーナルについては，以下のウェブページで情報を得ることができる。
http://www.ajod.org/index.php/ajod　（2015/02/06　ダウンロード）
(13) 本書では，障害者が社会の中で生活していくために必要な諸資源をリソースと呼ぶ。リソースは障害や発展段階によって様々となる。例を挙げると教育面でのリソースは，肢体不自由者にとっては学校に通うことができる通学支援であり，視覚障害者にとっては学校の教材が弱視者にもアクセス可能な拡大文字，あるいは盲人にもアクセス可能な点字で提供されていることになる。就労においてもそうした支援がどれだけ合理的な配慮として普通に提供

されているかが，このリソースの問題ということになる。
⑭　本書では，Urban/Rural の訳語として都市部／農村部をそれぞれ用いることにする。もちろん，これはたとえば，農村部は農業地域のみを指すわけではなく，一次産業を中心とした地域で，都市のような諸リソースが不足している地域のことを指す。
⑮　同プロジェクトについての状況は以下のウェブページでみることができる。http://www.jica.go.jp/southafrica/office/information/event/20140228.html （2015/02/06　ダウンロード）
⑯　インテグレーション（Integration）は，インクルージョン（Inclusion）よりも前の概念である。両者が区別して使われる際には，障害者をリハビリテーションやトレーニングを通じて社会に適応させた上で彼らを受け入れるというのが前者の概念である。しかし，これは障害当事者主体ではなく，彼らの障害を社会から逸脱したものとしてとらえていることに変わりは無い。これに対しインクルージョンでは，障害当事者も社会の一員であることを認識した上で，彼らが非障害者と同等に社会に参加できるように社会も変わっていく，学校の側も変わっていくことを目指したものである。両者には，主体がだれか，また変わっていかないといけないのは誰かという点について大きな違いが見られる。
⑰　UNDP が推進した地域開発に障害者を統合していく枠組み。その後，WHO，ILO，UNESCO によって，1994年の合同方針で，「CBR は障害をもつすべての子どもおよび大人のリハビリテーション，機会均等化および社会統合に向けた地域社会開発における戦略の一つである。CBR は，障害のある人，家族およびコミュニティ並びに適切な保健医療・教育・職業・社会サービスが一致協力することによって実施される」ものとして定義された。詳細は，森（2008）を参照のこと。
⑱　たとえば，マラウィ，ウガンダ，ガーナなどのアフリカ諸国において，自閉症・自閉症的傾向を持つ子ども達が，魔術使い・魔女として虐待されたり殺されたりしている。"Africa: Child-witchcraft or Autism symptoms?"，Afrik News 2010年02月09日　（http://www.afrik-news.com/article17924.html，2015/02/02，ダウンロード）
ナミビアの障害者全国連合会（NFPDN）の議長である Martin Tjivera 氏，障害を魔術と結びつける文化的な迷信があることに失望の意を表明。"Namibia: Dispel the Belief That Disabled People Are That Way Because of Witchcraft"，All Africa 2006年11月01日（http://allafrica.com/stories/200611010700.html，2015/02/02，ダウンロード）のようなものがある。
⑲　オリバー（2006: 45-47）に基本的な考え方が述べられている。

〔参考文献〕

<日本語文献>
飯野由里子・西倉実季 2014.『「複合的」が意味するもの——交差性概念に基づく「複合的な差別」の検討——』障害学会障害学会第11回大会ポスター報告.（http://www.jsds.org/jsds2014/poster/jsds11_poster24.html, 2015/02/06　ダウンロード）

イングスタッド，ベネディクト，スーザン・レイノルズ・ホワイト 2006．中村満紀男・山口恵理子監訳『障害と文化——非欧米世界からの障害観の問い直し——』明石書店．(Ingstad, Benedicte and Susan Reynolds Whyte. 1995. *Disability and Culture*. Berkeley: University of California Press)

落合雄彦・金田知子編著 2007．『アフリカの医療・障害・ジェンダー——ナイジェリア社会への新たな複眼的アプローチ——』晃洋書房．

オリバー，マイケル 2006　三島亜紀子ほか訳　『障害の政治——イギリス障害学の原点——』明石書店．(Oliver, Michael. The Politics of Disablement. London: Macmillan Education, 1990.)

亀井伸孝 2006．『アフリカのろう者と手話の歴史——A・J・フォスターの「王国」を訪ねて——』明石書店．

川島聡 2011．「差別禁止法における障害の定義——なぜ社会モデルに基づくべきか——」松井彰彦・川島聡・長瀬修編『障害を問い直す』東洋経済新報社．

国際協力機構　人間開発部 2013．『すべての人々が恩恵を受ける世界を目指して——「障害と開発」への取り組み——』国際協力機構．(http://gwweb.jica.go.jp/km/FSubject0601.nsf/b9ebd9a793e2456249256fce001df569/39b4b47bdddbec5a49257bd0000b7d46/$FILE/JICA%E9%9A%9C%E5%AE%B3%E3%81%A8%E9%96%8B%E7%99%BA%E3%83%91%E3%83%B3%E3%83%95%E3%83%AC%E3%83%83%E3%83%88%28%E5%92%8C%E6%96%87%29.pdf, 2015/02/06　ダウンロード）

国際協力総合研修所 1996．『「障害者の国際協力事業への参加」（第1フェーズ）報告書』　国際協力総合研修所．

——— 1997．『「障害者の国際協力事業への参加」（第2フェーズ）報告書』国際協力総合研修所．

小林昌之編 2012．『アジアの障害者雇用法制——差別禁止と雇用促進——』　アジア経済研究所．

杉野昭博 2007．『障害学——理論形成と射程——』東京大学出版会．

戸田美佳子 2011．「アフリカに『ケア』はあるか？——カメルーン東南部熱帯林に

生きる身体障害者の視点から——」『アジア・アフリカ地域研究』10(2) 3月 176-219.
内閣府 2006.『平成18年版 国民生活白書 多様な可能性に挑める社会に向けて』内閣府.
長瀬修 2006.「アフリカ障害者の10年の課題と展望」『アジ研ワールド・トレンド』(135) 12月 32-33.
中西由起子・久野研二 1997.『障害者の社会開発——CBRの概念とアジアを中心とした実践——』明石書店.
中西由起子 2008.「途上国での自立生活運動発展の可能性に関する考察」森編『障害と開発——途上国の障害当事者と社会——』(研究双書 No. 567) アジア経済研究所 229-256.
西真如 2011.「疫学的な他者と生きる身体——エチオピアのグラゲ社会におけるHIV/AIDSの経験——」『文化人類学』76(3)：267-287.
宮本千穂 2007.『開発援助の新しい潮流：文献紹介 No. 69 Allan L. Hammond et al. 2007. The Next 4 Billion: Market Size and Business Strategy at the Base of the Pyramid, World Resource Institute』 FASID.
森壮也 2008.『障害と開発——途上国の障害当事者と社会——』(研究双書 No. 567) アジア経済研究所.
—— 2010a.『途上国障害者の貧困削減——かれらはどう生計を営んでいるのか——』岩波書店.
—— 2010b.「手話とろう文化」松井亮輔・川島聡編『概説 障害者権利条約』法律文化社 282-298.
—— 2015.「障害」黒岩・高橋・山形編『テキストブック開発経済学』第3版 有斐閣 253-267.
森壮也・山形辰史 2013.『障害と開発の実証分析——社会モデルの観点から——』勁草書房.

＜外国語文献＞

Aderinto, Adeyinka Abideen. 1997. "Breaking through Barriers: A Survey of Disabled Entrepreneurs in Ibadan City." *African Notes* 21 (1/2)：86-94.

Adoyo, Peter Oracha. 2002. "Emergent Approaches in Bilingualism in Deaf Education in Kenya." *Stichproben: Wiener Zeitschrift für kritische Afrikastudien* Jg. 2. (3)：83-96.

Andereasen, Alan R. 1993. "Revisiting the Disadvantaged: Old Lessons and New Problems." *Journal of Public Policy and Marketing* 12 (2) Fall: 270-275.

Burck, Deliane Jannette. 1989. *Kuoma Rupandi = (The parts are dry): Ideas and Practices Concerning Disability and Rehabilitation in a Shona Ward*. (Research

reports, no. 36) Leiden: Afrika Studiecentrum.
Chimedza, R. 1995. "A Survey of Sign Language Differences among Deaf Adults in Zimbabwe." *Zimbabwe Journal of Educational Research* 7 (3) : 314-322.
────── 1999. "Examining Classroom Discourse in an Oral Programme at a Special School for Deaf Students in Zimbabwe." *Zimbabwe Journal of Educational Research* 11 (3) : 183-201.
Choruma, Tsitsi. 2006. *The Forgotten Tribe: People with Disabilities in Zimbabwe.* London: Progressio.
Cobley, David S. 2012. "Towards Economic Empowerment: Segregation versus Inclusion in the Kenyan Context." *Disability and Society* 27 (3) Apr.: 371-384.
Dagut, Helen and Ruth Morgan. 2003. "Barriers to Justice: Violations of the Rights of Deaf and Hard-of-Hearing People in the South African Justice System." *South African Journal on Human Rights* 19 (1) : 27-56.
Dawood, Naseema, et al. 2006. "Knowledge, Attitudes and Sexual Practices of Adolescents with Mild Retardation, in Relation HIV/AIDS." *African Journal of AIDS Research* 5 (1) : 1-10.
Disler, Peter 1984. *Second Carnegie Inquiry into Poverty and Disability.* (Carnegie Conference Paper; no. 186) Cape Town: SALDRU, School of Economics, University of Cape Town. (http://opensaldru.uct.ac.za/bitstream/handle/11090/251/1984_disler_ccp186.pdf?sequence=1, 2015/01/07 ダウンロード)
Eide, Arne H. and Benedicte Ingstad, ed. 2011. *Disability and Poverty: A Global Challenge.* Bristol: Policy Press.
Eide, Arne H. and Mitch E. Loeb 2005. "Data and statistics on disability in Developing Countries." DFID. (http://r4d.dfid.gov.uk/pdf/outputs/disability/thematic_stats. pdf, 2014/12/26 ダウンロード)。
Elbers, Chris, Jean O. Lanjouw and Peter Lanjouw 2003. "Micro Level Estimation of Poverty and Inequality." *Econometrica* 71(1) Jan.: 355-364.
Filmer, Deon. 2005. *Disability, Poverty and Schooling in Developing Countries: Results from 11 Household Surveys.* (Social Protection Discussion Paper, no. 0539) Washington, D.C.: World Bank. (http://siteresources.worldbank.org/SOCIAL. PROTECTION/Resources/SP-Discussion-papers/Disability-DP/0539.pdf, 2014/12/26 ダウンロード)
────── 2008. "Disability, Poverty, and Schooling in Developing Countries: Results from 14 Household Surveys." *World Bank Economic Review* 22 (1) : 141-163.
Finkenflügel, Harry. 2005. "Stakeholders' Influences in CBR Projects in Southern Africa." *Asia Pacific Disability Rehabilitation Journal* 16 (2) : 3-28. (http://english. aifo.it/disability/apdrj/apdrj205/safrica.pdf, 2015/01/05 ダウンロード)

Gathiram, Neeta 2007. "Economic Empowerment of Physically Disabled People in South Africa: Challenges and Prospects." *Journal of Social Development in Africa* 22 (1) : 143-164.

Government of Botswana. Ministry of Health. 1996. "National Policy on Care for People with Disabilities, Republic of Botswana." (http://www.gov.bw/en/Citizens/Sub-Audiences/People-with-Disabilities-/National-Policy-on-Care-for-People-with-Disabilities/, 2015/01/07 ダウンロード)

Graham, Lauren, Jacqueline Moodley and Lisa Selipsky 2013. "The Disability-Poverty Nexus and the Case for a Capabilities Approach: Evidence from Johannesburg, South Africa." *Disability and Society* 28 (3) Aug.: 324-337.

Grut, Lisbet and Ingstad Benedicte. 2005. *Using Qualitative Methods in Studying the Link between Disability and Poverty: Developing a Methodology and Pilot Testing in Kenya*. (SINTEF Report for World Bank) Oslo: SINTEF. (http://siteresources.worldbank.org/DISABILITY/Resources/Regions/AfricalCKenya.pdf, 2014/12/26 ダウンロード)

―――― 2006. *This is My Life- Living with a Disability in Yemen - A Qualitative Study*. (SINTEF Report for World Bank) Oslo: SINTEF. (http://siteresources.worldbank.org/DISABILITY/Resources/Regions/AfricalCKenya.pdf, 2014/12/25 ダウンロード)

Haricharan, Hanne Jensen, et al., ed. 2013. "Can we Talk about the Right to Healthcare without Language? A Critique of Key International Human Rights Law, Drawing on the Experiences of a Deaf Woman in Cape Town, South Africa." *Disability and Society* 28 (1) July: 54-66.

Heap, Marion. 2006. "Sign-Deaf Spaces: the Deaf in Cape Town Creating Community, Crossing Boundaries, Constructing Identity." *Anthropology Southern Africa* 29 (1/2) : 35-44.

Heap, Marion, Theresa Lorenzo and Jacky Thomas 2009. "We've Moved Away from Disability as a Health Issue, It's a Human Rights Issue': Reflecting on 10 Years of the Right to Equality in South Africa." *Disability and Society* 24 (7) November: 857-868.

Heston Phillips and Amadou Noumbissi. 2004. "Disability in South Africa." *African Population Studies* (19), suppl. B: 115-138. (http://www.bioline.org.br/pdf?ep04038, 2015/01/07 ダウンロード)

Hoogeveen, Johannes G. 2004. "Measuring Welfare for Small but Vulnerable Groups Poverty and Disability in Uganda." *Journal of African Economies* 14 (4) : 603-631. (http://siteresources.worldbank.org/DISABILITY/Resources/280658-1172608138489/MeasuringWelfHoogeveen.pdf, 2014/12/26 ダウンロ

ード)
Igbalajobi, M. and Godiya Idajili 2000. "Rehabilitation Package for the Disabled, Destitutes and Homeless in Borno and Yobe States." *Annals of Borno* 17/18: 30-38.

Indabawa, Sabo A. 2000. "Overcoming Destitution through Literacy: A Case of the Disabled Persons' Literacy Programme in Kano State, Nigeria." *Journal of Social Development in Africa* 15 (1) : 15-26. (http://archive.lib.msu.edu/DMC/African%20Journals/pdfs/social%20development/vol15no1/jsda015001003.pdf, 2014/12/26 ダウンロード)

Ingstad, Benedicte. 1997. *Community-Based Rehabilitation in Botswana: The Myth of the Hidden Disabled*. Lewiston, NY: Edwin Mellen Press.

Ingstad, Benedicte, and Lisbet Grut. 2007. *See Me, and Do not Forget Me: People with Disabilities in Kenya*. Oslo: SINTEF. (http://siteresources.worldbank.org/DISABILITY/Resources/Regions/AfricalCKenya2.pdf, 2014/12/25 ダウンロード)

Ingstad, Benedicte and Susan Reynolds Whyte ed. 1995. *Disability and Culture*. Berkeley: University of California Press.

ILO (International. Labour Office) 1989. *Self-Employment for Disabled People: Experiences from Africa and Asia*. Geneva: ILO.

ILO (International. Labour Office) Regional Office for Asia and the Pacific, 2003. *Moving Forward: Toward Decent Work for People with Disabilities- Examples of Good Practices in Vocational Training and Employment from Asia and the Pacific*. Bangkok: ILO.

Jackson, H. and R. Mupedziswa 1988. "Disability and Rehabilitation: Beliefs and Attitudes among Rural Disabled People in a Community Based Rehabilitation Scheme in Zimbabwe." *Journal of Social Development in Africa* 3 (1) : 21-30. (http://archive.lib.msu.edu/DMC/African%20Journals/pdfs/social%20development/vol3no1/jsda003001005.pdf, 2015/01/07 ダウンロード)

Jenjekwa, Vinsent, Rutoro Ester and Runyowa Julius 2013. "Inclusive Education and the Primary School Teacher Education Curriculum in Zimbabwe: The Need for a Paradigm Shift." *The International Journal of Humanities & Social Studies* 1 (3) Sept.: 21-28. (http://theijhss.com/4.HSS1309-003.pdf, 2015/01/05 ダウンロード)

Kotze, Nico 2003. "The Inclusion of South Africans with Disabilities in Public Space: A Bloemfontein Case Study." *Urban Forum* 14 (4) Oct.-Dec.: 366-378.

Labuschagne, J. M. T., J. C. Bekker and C. C. Boonzaaier 2003. "Legal Capacity of Mentally Ill Persons in African Societies." *The Comparative and International Law Journal of Southern Africa* 36 (1) : 106-120. (http://www.jstor.org/discover/1

0.2307/23252226?sid=21105660137913anduid=62anduid=3anduid=26176andui d=67anduid=2anduid=26178anduid=3738328, 2015/01/20 ダウンロード)
Leisinger, Klaus M. 2007. "Corporate Philanthropy: The 'Top of the Pyramid.'" *Business and Society Review* 112 (3) Sept.: 315-342.
Loeb, Mitchell, et al. 2008. "Poverty and Disability in Eastern and Western Cape Provinces. South Africa." *Disability and Society* 23 (3) June: 311-321.
Loeb, Mitchell E., Arne H. Eide, and Daniel Mont. 2008. "Approaching the Measurement of Disability Prevalence: The Case of Zambia." *ALTER - European Journal of Disability Research / Revue Européenne de Recherche sur le Handicap* 2 (1) Jan./Mar.: 32-43. (http://siteresources.worldbank.org/DISABILITY/Resources/Data/ApprchngMeasureZambia.pdf, 2014/12/25 ダウンロード)
Lorenzo, Theresa. 2001. "Collective Action for Social Change: Disabled Women in the Western Cape." *Agenda: Empowering Women for Gender Equity* 16 (47) : 89-94. (http://www.jstor.org/stable/4066459?seq=1#page_scan_tab_contents, 2014/12/26 ダウンロード)
Lwanga-Ntale, Charles. 2003. "Chronic Poverty and Disability in Uganda." Paper presented at the International Conference: Staying Poor: Chronic Poverty and Development Policy at the University of Manchester, 7th - 9th April 2003. (http://www.chronicpoverty.org/uploads/publication_files/CP_2003_lwangaNtale.pdf, 2014/12/26 ダウンロード)
Maart S. et al. 2007. "Environmental Barriers Experienced by Urban and Rural Disabled People in South Africa." *Disability and Society* 22 (4) June: 357-369.
McLaren, Pam. 1984. *Motor and Ocular Impairment in Rural Kwazulu : A Prevalence Study.* Cape Town : SALDRU, School of Economics, University of Cape Town. (http://opensaldru.uct.ac.za/bitstream/handle/11090/324/1984_mclaren_ccp288.pdf?sequence=1, 2015/01/20 ダウンロード)
Malakpa, Sakui. W. G. 1994. "The Role of Special Education and Rehabilitation in Post-war Resettlement and Reconstruction: The Case of Liberia." *Liberian Studies Journal* 19 (1) : 1-11.
Mahama, Edward Salifu. 2007. "Voices of the Disabled in Dagbon." *TICCS Newsletter* (35) : 8-13.
Mashiri, P. 2000. The Socio-Cultural and Linguistic Aspects of Childhood Disability in Shona Culture. *Zimbabwe Journal of Educational Research* 12 (2) : 170-194.
Matshedisho, Knowledge Rajohane. 2007. Access to Higher Education for Disabled Students in South Africa: A Contradictory Conjuncture of Benevolence, Rights and the Social Model of Disability. *Disability and Society* 22 (7) November: 685-699.

McElligott, M. 2003. "Disabled People 'at Significantly Increased Risk' of HIV Infection." *allAfrica* Dec. 2, 2003. (http://allafrica.com/stories/200312020521.html, 2014/12/26 ダウンロード)

Miles, M. 2004. "Locating Deaf People, Gesture and Sign in African Histories, 1450s-1950s." *Disability and Society* 19 (5) August: 531-545.

――― 2006a. "Children With Spina Bifida and Hydrocephalus in Africa: Can Medical Family and Community Resources Improve the Life Changes?" (http://www.independentliving.org/docs7/miles200609.pdf, 2015/01/20 ダウンロード)

――― 2006b. "Disability & Deafness in North East Africa: Egypt, Sudan, Djibouti, Eritrea, Ethiopia, Somalia - Introduction and Bibliography, mainly non–medical, with historical material and some annotation." Buffalo, NY: Center for International Rehabilitation Research Information and Exchange (CIRRIE) (http://cirrie.buffalo.edu/bibliography/neafrica/index.php, 2015/01/05 ダウンロード)

Mitra, Sophie. 2008. "The Recent Decline in the Employment of Persons with Disabilities in South Africa, 1998-2006." *South African Journal of Economics* 76 (3) Sept.: 480-492.

Mitra, Sophie, Aleksandra Posarac and Brandon Vick. 2011. *Disability and Poverty in Developing Countries: A Snapshot from the World Health Survey.* (Social Protection Discussion Paper, no.1109) Washington, D.C.: World Bank. (http://siteresources.worldbank.org/SOCIAL.PROTECTION/Resources/SP-Discussion-papers/Disability-DP/1109.pdf, 2014/12/26 ダウンロード)

Morgan, Ruth 2008. *Deaf Me Normal: Deaf South Africans Tell Their Life Stories.* Pretoria: UNISA Press.

Mushoriwa, T. D. 2001. "The Views of Blind Pupils Towards Inclusive Education." *Zimbabwe Journal of Educational Research* 13 (3) Nov.: 302-315.

Namibian Economic Policy Research Unit 1995. *Disability and Rehabilitation in Namibia: A National Survey.* (NEPRU research report), Windhoek: Barbro Isabel Bruhns.

Ngcobo Jabulani, and Nithi Muthukrishna 2011. "The Geographies of Inclusion of Students with Disabilities in an Ordinary School." *South African Journal of Education* 31 (3) 357-368. (http://sajournalofeducation.co.za/index.php/saje/article/viewFile/541/257, 2014/12/26 ダウンロード)

Ngwena, Charles. 2006. "Deconstructing the Definition of 'Disability' under the Employment Equity Act: Social Deconstruction: Legal Deconstruction." *South African Journal on Human Rights* 22 (4) : . 613-646 and 2007, 23 (1) : 116-156.

Nyathi, Livion. 1986. "The Disabled and Social Development in Rural Zimbabwe."

Journal of Social Development in Africa 1 (1) : 61-65 (http://archive.lib.msu.edu/DMC/African%20Journals/pdfs/social%20development/vol1no1/jsda001001009.pdf, 2015/01/07 ダウンロード)

Nyirinkindi, L. 2006. "A Critical Analysis of Paradigms and Rights in Disability Discourses." *East African Journal of Peace and Human Rights* 12 (1) : 49-64.

Ogechi, Nathan Oyori, and Sara Jerop Ruto 2002. "Portrayal of Disability through Personal Names and Proverbs in Kenya: Evidence from Ekegusii and Nandi." Wien: *Stichproben: Wiener Zeitschrift für kritische Afrikastudien* 3/2002, Jg.2: 63-82. (http://stichproben.univie.ac.at/fileadmin/user_upload/p_stichproben/Artikel/Nummer03/Nr3_Ogechi_Ruto.pdf, 2014/12/26 ダウンロード)

Onyewadume, I. U. , L. O. Amusa and H. Dhaliwal. 2001. "HIV/AIDS Prevention Paradigms: Are Iindividuals with Disabilities Neglected?" *PULA: Botswana Journal of Africn Studies* 15 (2) : 249-252. (http://archive.lib.msu.edu/DMC/African%20Journals/pdfs/PULA/pula015002/pula015002011.pdf?origin=publication_detail, 2014/12/26 ダウンロード)

Oosterlaken, Ilse. 2008. *Product Innovation for Human Development: A Capability Approach to Designing for the Bottom of the Pyramid.* (Working paper of the Centre for Ethics and Technology) Delft: Delft University of Technology.

―――― 2009. "Design for Development: A Capability Approach." *Design Issues* 25 (4) Autumn: 91-102.

Opini, Bathseba M. 2010. "A Review of the Participation of Disabled Persons in the Labour Force: The Kenyan Context." *Disability and Society* 25 (3) May: 271-287.

Phillips, H. and Noumbissi A. 2004 "Disability in South Africa." *African Population Studies* 19 (2) : 115-138.

Prahalad, C. K. 2004. *The Fortune at the Bottom of the Pyramid: Eradicating Poverty through Profits.* Philadelphia: Wharton Publishing.

Ringold, Debra Jones. 2005. "Vulnerability in the Marketplace: Concepts, Caveats, and Possible Solutions." *Journal of Macromarketing* 25 (2) Dec.: 202-214.

Ross, D. H. 1988. *Educating Handicapped Young People in Eastern and Southern Africa in 1981-83.* Paris: UNESCO.

Rowland, William. 2004. *Nothing about Us without Us: Inside the Disability Movement of South Africa.* Pretoria: UNISA Press.

Runhare, T. 2004. "Provision of Equal Education for Students with Disabilities at Tertiary Institutions in Zimbabwe: Prospects and Barriers." *Journal of Social Development in Africa* 19 (1) : 151-167. (http://allafrica.com/stories/200312020521.html, 2014/12/26 ダウンロード).

Thomas, Kevin J. A. 2004. "Disability among the children of migrants in South Africa."

African Population Studies 19, suppl. B: 139-164.
United Nations Office of Special Advisor on Africa 2011. *Microfinance In Africa: Overview and Suggestions for Action by Stakeholders* [n.p.] UN.
UN ESCAP (United Nations Economic and Social Commission for Asia and the Pacific) 2014. *Incheon Strategy to "Make the Right Real" for Persons with Disabilities in Asia and the Pacific*. Bangkok: UNESCAP. (http://www.unescapsdd.org/files/documents/PUB_Incheon-Strategy-EN.pdf, 2015/05/01 ダウンロード)
Urombo, Regis. 1999. "The Effectiveness of Special Classes on the Performance of Slow Learners in Mathematics in Primary Schools in Masvingo Region, Zimbabwe." *Zimbabwe Journal of Educational Research* 11 (2) : 114-135.
Watermeyer, B., et al. 2006. *Disability and Social Change: A South African agenda*. Cape Town: HSRC Press.
WHO (World Health Organization) and SHIA (Swedish Organizations of Disabled Persons International Aid Association) 2002. *Community-Based Rehabilitation as We Have Experienced It...: Voices of Persons with Disabilities in Ghana, Guyana and Nepal. - Part 2 Country Reports*. Geneva: WHO. (http://siteresources.worldbank.org/DISABILITY/Resources/280658-1172671461088/CommunityBased2.pdf, 2014/12/26 ダウンロード)
WHO (World Health Organization) and World Bank. 2011. *World Report on Disability*. Geneva: WHO. (アラナ・オフィサー，アレクサンドラ・ポサラック編　長瀬修監訳　石川ミカ訳　2013.『世界障害報告書』明石書店。)
Zindi, Fred. 1997. *Special Education in Africa*. Botswana: Tasalls Publications.
Zvobgo, C. J. 1990. "Education and Employment of the Blind in Zimbabwe, 1981-1987." *Zimbabwe Journal of Educational Research* 2 (2) : 164-203.

第2章

障害に関するアフリカの地域的取り組み

小　林　昌　之

はじめに

　アフリカ連合（African Union: AU）の前身であるアフリカ統一機構（Organisation of African Unity: OAU）は，国連障害者の10年（1983-1992年）終了後，アジア太平洋地域につづいて「アフリカ障害者の10年」（1999-2009年）を制定し，それをAUに引き継いだ。アジア太平洋地域においては国連アジア太平洋経済社会委員会（Economic and Social Commission for Asia and the Pacific: ESCAP）の主導により地域の障害イシューが改善していったものの，第1次アフリカ障害者の10年は実質的成果がないまま終了したといわれている。後述のとおり，AUの障害問題の専門機関であるアフリカ・リハビリテーション研究所（African Rehabilitation Institute: ARI）が弱体であったことやアフリカ大陸の障害当事者団体が集うアフリカ障害者連盟（Pan African Federation of the Disabled: PAFOD）の取り組みも十分でなかったことが一因とされる。

　それにもかかわらず，AUはアフリカ障害者の10年を延長し，「アフリカ障害者の10年」（2010-2019年）を採択した。この第2次アフリカ障害者の10年では，2006年に制定された国連障害者権利条約との整合性が勘案され，障害者権利条約への批准も呼びかけられている。その一方で，AUは独自にアフリカ人権憲章[1]のもとで，専ら障害者の権利に関して定める議定書を新たに策定しようとしている。障害イシューに関して，アフリカは地域として取

り組み,アフリカ独自の発展を遂げようとしているのだろうか。

本章では,「障害と開発」に関するアフリカの地域的な取り組みがどのように構築され,どのような課題を抱えるのか明らかにすることを目的とする。とくに,アフリカ障害者の10年をはじめとしたアフリカ大陸の取り組みの内容および実施体制において,アフリカ固有の要素が反映されているのか否か検討する。以下,まず障害者の権利擁護に関する地域的な取り組みを論じた先行研究をレビューし,つぎに2度のアフリカ障害者の10年およびアフリカ人権憲章の障害者に関する権利議定書の内容について検討し,最後にこれらを実施するための地域的な実施体制について考察する。

第1節　先行研究

日本語文献でアフリカ障害者の10年について論じたものとしては長瀬 (2006) がある。アフリカ障害者の10年の課題について,軸となるべき政府間機構の AU および障害分野の中核的機関である ARI が弱体であったことや推進役として期待された障害者団体である PAFOD も十分な取り組みができなかったことが一因であると指摘しており (長瀬 2006, 32),本章も同じ認識を共有する。しかし,長瀬 (2006) では,その背景や10年の内容の議論はなく,その後採択された第2次アフリカ障害者の10年を含めた内容の考察が必要となっている。本章ではアフリカの地域としての取り組みの一つとして,2度のアフリカ障害者の10年の内容を考察するとともに,障害イシューに関する AU の新しい取り組みについても検討する。

外国語文献でアフリカ全体に関する障害者の権利について論じたものとして,Dube (2007) はアフリカの人権システム全般を説明し,そのなかにおける障害者の権利保護について論じている。とくに,アフリカ人権憲章およびそれに基づく議定書ならびにこれらを裁定するアフリカ人権裁判所を理解するうえで興味深い。また,Biegon (2011) はアフリカでは障害イシューは伝

統的に人権システムの外におかれていたが，国連障害者権利条約の採択にともない徐々にアフリカにおいても人権課題として認識されるようになったことを指摘し，アフリカの地域的な障害者法体制の形成について論じている。規範内容および制度的構造を批判的に検討しており，当該地域の法学者の視点，認識を理解するうえで参考となる。Reenen and Combrinck（2011）も人権に対するアフリカ的なアプローチの存在に言及し，伝統的に個人の権利・利益は共同体や社会の福祉の下にあると認識されてきたとする。同論文は，アフリカレベルの人権文書を概観したうえで，障害者権利条約を批准した4カ国の障害者法制を分析する。Ssenyonjo（2012）はアフリカ人権憲章の30年を振り返り，アフリカ地域の人権システムについて論じるものの，障害者についてはわずかに Yeung Sik Yuen（2012a）がアフリカ人権委員会の高齢者・障害者の権利に関するワーキング・グループ議長の立場からその取り組みを概説するのみである。ワーキング・グループで検討されている障害者の権利に関する議定書については Kamga（2013）がその必要性について論じている。アフリカ人権憲章について，本章ではとくにそれを補完する障害者権利議定書の制定に関する議論について考察する。AU では，障害アーキテクチャと呼ばれる障害イシューに関する新しい構想が進められており，そのなかで本議定書は障害イシューを AU 人権委員会や AU 裁判所などの公的制度に乗せる根拠を提供するものとして重要となると思われる。

なお，*African Disability Rights Yearbook* が2013年より刊行されており，アフリカ全体，地域共同体およびアフリカ諸国の政策・立法の発展状況，障害者権利条約の履行状況などを把握するうえで有用である（Pretoria University Law Press 2013～）。また，国際協力の視点からアフリカの障害者の人権を論じたものとして Katsui（2012）がある。同論文はウガンダにおける参与観察を含めた事例研究を基礎におきながら，国際協力における人権に基づくアプローチのあり方について分析する。研究，実務の両方にとって示唆的である。

第2節　アフリカ障害者の10年と大陸行動計画

1．第1次アフリカ障害者の10年

国連障害者の10年（1983-1992年）はアフリカの障害者の生活の質に大きな改善をもたらさなかったとされる（African Union n.d.a, 1）。そこで，1999年にアフリカの主要な障害当事者団体は，障害と人権の開発協力に関するアフリカセミナー（African Seminar on Development Co-operation on Disability and Human Rights）に集い，アフリカの障害者の10年を求める決議を採択した（SADPD [n.d.a]）。

障害当事者団体などの働きかけもあり，1999年4月にナミビアのウィントフックで開催されたOAUの労働社会問題委員会の会合においてアフリカ障害者の10年を宣言することが勧告された。これを受けて，1999年7月にアルジェリアのアルジェで開催されたOAUの第35回首脳会合でアフリカ障害者の10年（1999-2009年）が採択され，2000年7月にトーゴのロメで開催されたOAUの第36回首脳会合で正式に宣言された[2]（African Union [n.d.b] 8, 9）。

2．大陸行動計画

アフリカ障害者の10年の大陸行動計画は，2002年2月にエチオピアのアディスアベバで開催されたアフリカ障害者の10年に関する汎アフリカ会議で作成された。会議はARIと障害当事者団体（PAFOD，アフリカ盲人連盟（AFUB），世界ろう連盟・アフリカ（WFD Africa），インクルージョン・アフリカ（Inclusion Africa））の協働により開催され，国連機関も参加し，アフリカ障害者の10年の全体目標に合致する活動が整理された。その後，2002年6月に南アフリカのダーバンで開催されたOAUの大臣協議会[3]および通常会合，ならびに2002年7月に開催されたAUの執行理事会において大陸行動計画は公式に

表2-1　障害関係年表

1963年	アフリカ統一機構（OAU）・発足
1981年	*国際障害者年*
1981年	アフリカ人権憲章（バンジュール憲章）・採択［1986年発効］
1982年	*国連・障害者の10年（1983〜1992）・採択*
1987年	アフリカ人権委員会・設立
1988年	アフリカ・リハビリテーション研究所（ARI）・設立
1990年	アフリカ子どもの権利と福祉憲章・採択［1999年発効］
1992年	*アジア太平洋障害者の10年（1993〜2002）・採択*
1998年	アフリカ人権裁判所議定書・採択［2004年発効］
1999年	障害と人権の開発協力に関するアフリカセミナー・開催
1999年	アフリカ障害者の10年（1999〜2009）・採択
2002年	アフリカ連合（AU）・発足［OAUの改組］
2002年	アフリカ障害者の10年（1999〜2009）大陸行動計画・策定
2003年	アフリカ地域障害協議会議・開催
2003年	女性の権利議定書（マプト議定書）・採択［2005年発効］
2006年	*国連・障害者権利条約・採択［2008年発効］*
2006年	アフリカ青年憲章・採択［2009年発効］
2007年	アフリカ民主主義・選挙・統治憲章・採択
2007年	高齢者の権利に関するフォーカル・ポイント・発足
2009年	アフリカにおける国内避難民の保護・支援のためのアフリカ連合条約（カンパラ条約）・採択［2012年発効］
2009年	高齢者および障害者の権利に関するワーキング・グループ・発足［フォーカル・ポイントの改組］
2009年	障害者権利議定書（アクラ草案）・作成
2010年	アフリカ障害者の10年［延長］（2010〜2019）・決定
2012年	障害者権利議定書・コンセプト・ペーパー・作成
2014年	障害者権利議定書（第2草案）・公表
2014年	アフリカ障害同盟（ADA）・SADPDから名称変更
2014年	アフリカ障害フォーラム（ADF）・設立合意
	アフリカ・リハビリテーション研究所（ARI）・解体
	アフリカ連合障害研究所（AUDI）・設立

（出所）　筆者作成。
（注）　斜体は国連の動向。

裏書きされることになった。

　アフリカ障害者の10年の目標は，アフリカの障害者の完全参加，平等およびエンパワメントとされ，大陸行動計画は，加盟国が国家計画を策定するうえでのガイドラインならびにアフリカ障害者の10年の実施のためのメカニズムを設ける役割を担う。このなか，アフリカ障害者の10年を運営する責任はOAUの専門機関でジンバブエのハラレに本部をおくARIに与えられた。ARIは，アフリカ大陸レベル，地域レベル，国家レベルにおいて大陸行動計画が実施されるよう政府および障害当事者団体を支援するものとされた。また，ARIは障害者の10年の事業計画策定に当たり，障害当事者団体，とくにPAFOD，AFUB，各国政府，およびその他の地域的障害者組織と協力するものとされた。

　大陸行動計画はまず加盟国がとるべき行動を列挙している。すなわち，OAU加盟国は，障害者の社会での自立，完全参加，機会の均等に資する措置を形成するために障害者の状況を調査する必要があることに加え，下記の行動をとるべきだと謳う（para.17）。

- 障害者の社会・経済開発への完全参加を奨励する国のプログラムや政策を策定または改定すること。
- 国の障害調整委員会を創設または強化し，障害者および障害団体の効果的な代表を保障すること。
- 国際開発機関および組織と協力して，地域に根差したサービス提供を支援すること。
- 障害をもつ児童，青年，女性，成人に対する肯定的な態度の助長，文化・スポーツ活動，物理的環境へのアクセスとともに，リハビリテーション，教育，訓練および雇用へのアクセスを保障する措置を実行する努力をさらに促進すること。
- 障害者およびその家族を対象とする貧困削減プログラムを開発すること。
- コミュニティーや政府の障害に対する良心的意識を強化するプログラム

を設けること。
・平和を促進し，その他の障害原因に注意を払うことで障害を予防すること。
・アフリカ政府の社会・経済・政治アジェンダにおいて障害を主流化すること。
・国連の障害者の機会均等化に関する基準規則の実施の先頭に立ち，アフリカの障害者の利益を保護するための政策や立法の基礎として基準規則を使用することを保証すること。
・障害者の権利を促進，モニターするためにすべてのOAUおよび国連の人権文書を適用すること。

上記の行動を前提に，目標を実現するに当たり12の目的が設定され，それぞれに具体的な行動が列挙されている。設定された12の目的は次のとおりである。

目的1　障害者の完全で平等な参加を促進する国家政策，プログラムおよび法律を策定・実施すること[4]。
目的2　経済・社会開発プロセスへの障害者の参加を促進すること。
目的3　公的な政策決定体制への障害当事者自身の参加を促進すること。
目的4　障害者への支援サービスを向上すること。
目的5　障害をもつ子ども，青年，女性，高齢者への特別措置を促進すること。
目的6　リハビリテーション，教育，訓練，雇用，スポーツ，文化および物理的環境へのアクセスを保障・向上すること。
目的7　障害原因を予防すること。
目的8　人権としての障害者の権利を促進・保護すること。
目的9　障害当事者団体の開発を支援・強化すること。
目的10　資源を動員すること。

目的11　アフリカ障害者の10年の活動の調整，モニタリング，評価のためのメカニズムを提供すること。
目的12　障害意識全般，およびとくにアフリカ障害者の10年の認知について啓発・向上すること。

　上記のうち，アフリカ固有の行動を求めている内容としては次のものがある。加盟国の5人のアフリカ議会議員のうち最低1人の障害者を含めること（目的3）。計画的な地雷除去プログラムを導入すること，アクセス可能な形でHIV/エイズの情報を障害者に提供すること（目的7）。障害者の権利に関するアフリカ憲章を制定すること（目的8），などである。第1次アフリカ障害者の10年の大陸行動計画は，障害者の問題に対するローカルなアプローチを提供し，ローカルに解決することを意識していたものの（para.4），内容的には国連障害者の10年をほぼ踏襲していたといえる。

3．第1次アフリカ障害者の10年の評価

　2008年のAU社会開発大臣会会合において社会開発に関するウィントフック宣言が採択され，アフリカ障害者の10年（1999-2009年）の大陸行動計画の履行状況に関する評価の実施が勧告された[5]。勧告を受け，AU委員会は大陸行動計画に記載された重要課題分野に基づき，加盟国が行動計画を実施するにあたって設けた国内レベルでの戦略およびメカニズム，ならびに実施にあたって直面した阻害要因について回答を求める質問票を作成した（African Union n.d.a）。

　前述のとおり，行動計画は12の目的から構成されており，質問票も12の目的のマトリックスとなっている。それぞれの目的について複数の指標が設けられており，回答欄にはこれらの指標に対する対応，具体的達成内容，阻害要因，結果の評価を記すことになっている[6]。指標に対する対応は，Yes/Noまたは数値，その他は自由記載となっている。

質問票の回収率は低かったとされ，調査結果は作成されたものの公表はされていない。SADPD（n.d.c）によると，質問票は設定された目的と達成度のギャップについて回答を求めていたにもかかわらず，多くの国の回答は自国の障害政策等の発展を強調する内容となっていたという。これら政府の主張に対する裏付けあるいは相互検証するための障害者や障害当事者団体からのインプットは欠落していたとされる。また，障害イシューを扱う規範枠組みや国家開発戦略の存在を示す証拠は発見されなかったという。行動計画を実施するための具体的な財政配分についても，大陸レベルにおいても，加盟国レベルにおいても結局実現されていないことが指摘されている[7]。さらに，障害女性の問題については，この10年はほとんど注目されなかったとしている（SADPD n.d.c, 7-8）。

この調査結果のなかでいくつかの勧告が出されている（SADPD n.d.c, 8）。たとえば，大陸および国レベルにおける障害者の権利の尊重・促進を保障するための制度的枠組み，システム，インフラを設計する必要性が勧告された。また，国家開発に関するプログラムや政策がどのように障害インクルーシブとなるよう設計されているのか明確に示すべきであることも勧告された。そして，調査の段階ですでに26カ国のアフリカ諸国が障害者権利条約に批准していたことから，障害者権利条約に従うという，アフリカ大陸の新しい政治的意思にのっとり，障害者の10年を延長する必要性が勧告された。

4．第2次アフリカ障害者の10年と大陸行動計画

前述の2008年のAU社会開発大臣会合では，第1次アフリカ障害者の10年の評価実施が勧告されるとともに，アフリカ障害者の10年の延長が検討された。そして，2010年の第2回AU社会開発大臣会合（2nd AU Conference of Ministers for Social Development: CAMSD2）で延長が勧告され，2011年の執行理事会によって裏書きされた[8]。その後，第2次アフリカ障害者の10年（2010-2019年）の大陸行動計画策定にあたっては，前述の調査結果をふまえ，障

害当事者団体からのインプットを受けながら[9]，「障害者の福祉と権利の促進」を主題とする第3回社会開発大臣会合において内容が議論された[10]。

新しい大陸行動計画案は第1次行動計画から構成を変え，加盟国に求める行動や各アクターの責任などがより詳細に記載されている[11]。構成は，第1部：背景と状況，第2部：国内履行の戦略的課題分野，第3部：アフリカ障害者の10年（2010-2019年）の大陸行動計画の実施に関する主要アクターの責任の3部構成となっている。

第2次アフリカ障害者の10年は，「延長された」10年であることから基本的には第1次アフリカ障害者の10年の大陸行動計画を引き継ぎ，目標として「アフリカにおける障害者の完全参加，平等およびエンパワメント」が謳われている。目的も2000年の宣言に依拠し，障害者の社会における自立，完全参加，機会均等に資する措置の形成を掲げる。大陸行動計画は，障害者の状況を調査することに加え，第1次で掲げられた10項目のうち9つを引き継ぎ，AU加盟国がとるべき12の行動を定めている[12]。新たに追加された3つの行動は下記のとおりである（para.12）。

・すべての障害関係事業およびプログラムにおいてジェンダー平等を保障すること。
・すべての活動において農村地域に居住する障害者のインクルージョンを保障すること。
・障害者権利条約および同選択議定書を批准，履行すること。

「第2部：国内履行の戦略的課題分野」では，障害者権利条約の内容なども加味しながら，8つの戦略的課題の大項目の下に必要に応じて小項目が設けられ，それぞれに目標および加盟国がとるべき行動が目的として掲げられている。導入（2.1）を除いた大項目は次のとおりである。

2.2　障害のための国内調整および主流化メカニズム

2.3　障害に関する統計，調査および証拠集め
2.4　障害者の非差別，法の下の平等および残酷な扱いと搾取からの自由
2.5　健康とリハビリテーション
2.6　適切な生活基準および社会的保護
2.7　社会のすべてのセクターにおける障害者のインクルージョンの促進
2.8　障害当事者団体，すべての省庁における障害担当，地方政府および政府間組織の制度的開発，アドボカシー，組織支援および強力な役割
2.9　アフリカ障害者の10年（2010-2019年）の大陸行動計画の実施に関するモニタリング，評価および報告

　導入では，AU委員会は，大陸行動計画の実施に関する報告やレビューを目的として，戦略的課題分野の進捗に関して加盟国と連絡を取り合うべきことが記されており，AUが組織としてアフリカ障害者の10年の実施にかかわろうとする姿勢あるいは期待がみられる。後述する第3部にも表れている。
　上記の戦略的課題の目標・目的のうち，アフリカ固有の行動を求めている内容としては次のものがある。たとえば，「2.2　障害のための国内調整および主流化メカニズム」では，障害児童，障害青年，障害女性，高齢障害者ならびに平和と安全保障などに関する主流化を求めている。このなかで，障害児童についてはアフリカ子どもの権利と福祉憲章，障害青年についてはAU青年憲章，障害女性についてはAU女性の10年（2010-2020年）および女性の権利議定書，高齢障害者については高齢者の権利議定書にそれぞれ言及がある。
　紛争については，アジア太平洋障害者の10年でも言及はあるものの，障害原因の一つとして取り上げているにとどまる。それに対してアフリカでは「2.2　障害のための国内調整および主流化メカニズム」において主流化が必要な戦略的課題の分野として単独で取り上げられている。「平和と安全保障」（2.2.1.5）では，災害や緊急事態のみならず，紛争および紛争後の復興において障害者の安全を確保し，保護することが目標として掲げられ，そのために

加盟国がとるべき13の優先行動が示されている。たとえば，障害者の避難，搾取と暴力からの保護，人道救助へのアクセス，紛争後の開発過程への参加，障害者となった退役軍人や元戦闘員への支援などが挙げられている。

HIV/エイズに関する言及が複数の項目でみられるのも大陸行動計画の特徴である。たとえば，「2.5 健康とリハビリテーション」では，国民一般に提供されるHIV/エイズ予防，治療および支援サービスへの障害者のアクセスを保証することを求めている。また，「2.6 適切な生活基準および社会的保護」では，HIV/エイズ陽性者およびエイズに起因して障害者となった個人に有益な社会的保護事業を提供することを求めている。なお，健康に関して，とくに障害の原因となるものとして，FGM（女性器切除）など有害な伝統的慣行の除去に努めることが挙げられている。

そのほか，「2.7 社会のすべてのセクターにおける障害者のインクルージョンの促進」に関して，各国からアフリカ議会に参加する5人の委員のうち最低限1人は障害者とする努力や民間・政府の雇用において障害者が全従業員数の最低5％を占める措置をとるべきことなどが求められている。

第3部は，第2次アフリカ障害者の10年の大陸行動計画の実施に関する主要アクターの責務について規定する。主要アクターとして言及されているのは，AUの関連機関，AU加盟国，ARI，障害当事者組織（DPO），国連機関を含む国際機関である。AUの関連機関としては，AU委員会およびアフリカ人権委員会（African Commission on Human and Peoples' Rights）の2つをとくに名指している[13]。また，再編される予定のARIに対しては，次のような行動を求めている。

a) AU加盟国に対してアフリカ障害者の10年（2010-2019年）大陸行動計画の普及，支援を奨励すること。
b) 加盟国および地域経済共同体（Regional Economic Communities）による大陸行動計画の実施を促進，監督すること。
c) ILOのような専門機関の専門家の協力のもと，大陸行動計画の履行の

ための技術支援を加盟国に提供すること。
d) 政府およびパートナーによる大陸行動計画の優先行動領域に対する分担金の配分をモニターすること。
h) アフリカ障害者の10年の期間中，世界の他の国々およびAU加盟国間の経験と情報の交換を保証・促進すること。
i) 大陸行動計画の実施のために資源を動員すること。
j) 大陸行動計画の実施に関する加盟国の報告を評価すること。

　一方，主要なアクターとして国連機関を含む国際機関にも言及があるものの，大陸行動計画では，国連アフリカ経済委員会（ECA）への言及はなく，ILOのような専門国際機関から障害者雇用に関する技術支援を求めると記すにとどめられている。

5．小結

　第1次アフリカ障害者の10年は，障害者の問題に対するローカルなアプローチの提供を意識していたものの，内容的にはほぼ国連障害者の10年を踏襲していた。障害に関する地域的な取り組みとして先行していたアジア太平洋障害者の10年が不十分ながらもポジティブな評価を得ていたのに対して，第1次アフリカ障害者の10年の成果は限定的であったとされる（Biegon 2011, 59-60）。第1次アフリカ障害者の10年をレビューした調査結果では，障害イシューに関するアフリカ大陸の規範枠組みと財政配分の欠如，障害女性に関する取り組みの遅れなどが指摘され，その結果，延長の必要性が勧告されている。
　第2次アフリカ障害者の10年では，調査結果の勧告をふまえ，国際的な行動規範となりつつある，障害当事者本人および障害当事者団体からのインプットを受けて大陸行動計画が策定された。内容的には，加盟国がとるべき行動として，ジェンダー平等，農村地域におけるインクルージョン，障害者権

利条約の批准の3点が新たに加えられた。また，紛争，HIV/エイズ，有害な伝統的慣行の除去にも焦点が当てられ，アフリカで問題となっている課題への取り組みが反映されているといえる。さらに，第1次アフリカ障害者の10年が不調に終わったのは，ARIが弱体であり，地域としての責任者が不明確であったことが一因とされていたことから，第2次アフリカ障害者の10年の大陸行動計画では実施体制を明確に記した。主要なアクターとしては，AU委員会，アフリカ人権委員会，再編後のARIが挙げられており，AUの体制をもって実行していこうという姿勢が表れている。

第3節　アフリカ人権憲章と障害者権利議定書

1．アフリカ人権憲章

　人権保障に関するアフリカ地域の基本文書は，アフリカ人権憲章である。これを執行する機関として，アフリカ人権憲章によりアフリカ人権委員会が設立された。アフリカ人権憲章には，最後にAUに加盟した南スーダン以外の53カ国すべてが批准している。また，アフリカ人権委員会を補完する機関として，アフリカ人権裁判所が議定書によって設置されている[14]。裁判所の管轄範囲は広く，アフリカ人権憲章，各議定書および当事国が批准した人権文書に及ぶものの[15]，2013年7月現在，アフリカ人権裁判所議定書の批准は27カ国のみとなっている。
　障害者に関しては，アフリカ人権憲章第18条第4項が「高齢者と障害者はさらに心身のニーズを維持するための特別な保護措置を得る権利を有するべきである」と謳っているものの，障害者の問題は全体のなかに埋没してきた。そうしたなか2000年以降に採択された同憲章の議定書ならびにアフリカのその他の憲章も障害者に言及するものが増えていることが指摘されている（Combrinck 2013, 364-365）。たとえば，アフリカ人権憲章に関する「女性の権

利議定書」や「アフリカ青年憲章」「民主主義・選挙・ガバナンスに関するアフリカ憲章」などである。ただし，そのほとんどが例示的な言及であり，内容が限られている。

　アフリカ人権憲章第18条の内容を実現する一環として，まず2007年にアフリカ人権委員会の下に高齢者の権利に関するフォーカル・ポイントが設置された。その後，2009年に高齢者および障害者の権利に関するワーキング・グループに改組された[16]。任務は，高齢者と障害者の権利に関する議定書草案の基礎となるコンセプト・ペーパーの作成やデータ収集などであり，当初はこのうちとくに高齢者の権利に焦点が当てられていた（Yeung Sik Yuen 2012b, para.2, 4）。

　障害者の権利に関する議定書については，当初，制定すべきであるかが議論され，いくつかの批判が存在していた。たとえば，アフリカ人権憲章およびそのほかの議定書の履行状況からみての否定的な意見や国際条約としては障害者権利条約があり，別の議定書を策定することは障害者の権利擁護の水準を引き下げてしまうおそれがあるなどである（Viljoen and Biegon n.d., 38-41）。しかし，議論段階であったにもかかわらず，アフリカでは，戦争，貧困，伝染病，高齢化，栄養失調，自然災害，事故などさまざまな社会的経済的な要因によって障害者の数が増加していることを理由に，アフリカ固有の障害者の権利に関する議定書が必要だとして，ワーキング・グループは短期間で最初の草案（アクラ草案）を作成した（Yeung Sik Yuen 2012b, para.8, 9）。

　ワーキング・グループは当初与えられたコンセプト・ペーパー作成の任務を飛び越えたうえ，作成されたアクラ草案は各方面からの批判，とくに障害当事者団体からの強い拒否を受けた。その最大の理由は，草案策定にあたって，国際的な規範となりつつあった障害当事者を含むステーク・ホルダーの参加と協議が行われなかったことである（Combrinck and Mute 2014, 313）。内容的にも，障害の社会モデルや障害者権利条約などの国際標準を取り入れることなく作成されていた。一方で，議定書が形をもったことから，AUとしては障害者の権利に関する議定書策定は既定路線となっていった。

その後，批判を受けて，2011年に障害当事者および専門家がワーキング・グループに新たに加えられ，2012年にコンセプト・ペーパーが作成された。これをもとに草案の起草が進み，ステーク・ホルダーに意見を求めるため2014年に議定書草案（第2草案）が発表された[17]。

2．障害者の権利に関する議定書

　全30カ条からなる議定書草案（第2草案）[18]は，アフリカ人権憲章や障害者権利条約では注目されなかった問題を取り上げ，アフリカの特徴や現実の問題を解決するためにそれらを詳細に明示することによって，アフリカの障害者の権利保障の水準をあげることを意図しているとされる（Combrinck and Mute 2014, 315-316）。パブリック・コメントの呼びかけ文も，ワーキング・グループは草案起草にあたって，障害者権利条約の文言と精神を毀損しないことを前提としつつ，アフリカの文脈で規定を設けることを試み，アフリカのその他の人権文書を勘案しながら行ったと説明している。
　議定書草案の前文は，障害者の権利を保障するために，政策，法律，行政行為および資源の基礎となるアフリカ大陸の堅固な法的枠組みを制定する必要があるとの認識のもと，障害者が人権および基本的自由を完全かつ平等に享受できるよう障害者の権利の保障，保護，促進をする議定書を制定すると謳う。障害に基づく差別は禁止され，合理的配慮の否定は差別であると定義され，障害者権利条約と整合性を保つ[19]。
　締約国の一般的義務としては，障害に基づく差別なく，障害者の権利と尊厳を保護かつ促進することを確保するために，政策的，立法的，行政的，制度的および財政的な措置を含め，適切かつ効果的な措置をとることが求められている（第2条）。適切な措置の例示として，議定書に抵触する，障害者に対する有害な慣習，伝統，文化的，宗教的その他の慣行に対して，適切な方法で，改善，違法化，犯罪化または反対運動を行うべきことが記されており，一般的義務を定める条項のなかにもアフリカ固有の問題への対処が提示

第2章　障害に関するアフリカの地域的取り組み　69

されている。

　上記の有害な慣行については独立した条文が別途設けられており，締約国は「魔術やタブーのように障害者の殺害，遺棄または虐待を正当化することに使われる有害な文化的，宗教的またはその他の社会的慣行に対して，法的制裁，教育および啓蒙活動をとおして闘いまたは改善することですべての障害者に対する保護を確保する」ことが求められている（第5条）。アフリカでは，アルビノの人の体の一部が，富と権力を手に入れる魔術師の力を強めるとか，逆に不幸をもたらすとか，さまざまな迷信が残っており，しばしば死に至る攻撃がなされていることが背景にある[20]。議定書草案は障害の定義のなかではアルビノについて明示しないものの，AU人権委員会は，同議定書起草のなかでアルビノの人の権利保障を含めるよう決議している[21]。同様な視点から議定書は司法へのアクセス権に関して，「適切かつ効果的な裁判（justice）へのアクセスを否定するために，伝統的形式の裁判を利用することがないよう」確保すべきであると定め，障害者が障害を理由に国家の司法制度へのアクセスを否定されないよう明示している（第8条）。

　そのほか障害者権利条約と異なる点として，差別からの保護の適用範囲が挙げられる。議定書草案では，両親，保護者，介護者が障害者と関係があることを理由に差別されることがないよう保護を求めている（第3条）。一方で，障害者自身もその他の個人，家族，およびコミュニティーに対して責任を有していることを政府は認識すべきであると定めている。その責任には，家族，コミュニティーおよび国家の完全な一員として社会・経済・政治的な役割を果たすこと，ならびに，アフリカの統一の維持・促進を含め，アフリカの良好な文化的価値を維持・強化することなどが含まれる（第23条）。

　また，障害女性については，障害者権利条約が障害女性の人権保障を求める一般的な規定になっているのに対して，議定書草案は保障すべき場面を具体的に例示する。そこで規定されている内容は，(a) 障害女性が，社会，経済，政治的意思決定および活動に参加すること，(b) 障害女性は，性的またはジェンダーに基づく暴力から保護され，性的またはジェンダーに基づく暴

力に対してリハビリテーションおよび精神的支援が提供されること，(c) 障害女性の性的およびリプロダクティブ・ヘルス・ライツは保障され，障害女性は自らの生殖を保持し，管理する権利を有すること，(d) 障害女性は結婚する権利を行使できること，(e) 障害のある母親は自分の子どもを養う権利を有し，障害を理由に子どもを奪われない権利を有すること，である（第19条）。

3．小結

　国連の人権諸条約と同様にこれまでアフリカ人権憲章と同議定書のなかに埋もれていた障害イシューが，障害者権利議定書としてAUの人権システムのなかに明確に位置づけられることは障害者の権利擁護の向上をもたらすものと期待される。障害者権利議定書という法的文書に依拠して，障害イシューがAU人権委員会やAU裁判所などの制度枠組みの俎上に乗りやすくなるからである。とくに，障害者権利条約では手当されていなかった有害な慣行の除去や障害女性が直面する具体的問題が明示的に規定されたことで，アフリカ固有の障害イシューの解決可能性を広げている。ただし，障害者の日常の営みに関しては次節で述べる地域的取り組みの実施体制による影響が大きいであろう。

第4節　地域的取り組みの実施体制

1．アフリカ・リハビリテーション研究所（ARI）

　ARI（African Rehabilitation Institute）は，AUの専門機関であり，1988年にジンバブエのハラレに設立され，地域支部を有する[22]。ARI設立合意書によると，ARIはアフリカ諸国に現存する多様なサービスや施設を活用して，リハ

ビリテーションおよび障害予防をめざすリージョナルおよびサブ・リージョナルな調査や訓練プログラムを開発・促進する研究所である。アフリカ大陸における障害予防と障害者に対するリハビリテーションを中心として，障害にかかわるすべての事項の調整をはかるため設立されたとされ，AUの政治的機構に対して報告する任務を負う[23]。

ARIの目的はOAU/AU加盟国を支援することにあり，設立合意書では次の任務が定められている。たとえば，

(a) 予防およびリハビリテーション・サービスの開発を促進するための統一的なアプローチを開発すること。
(b) 障害のために急速に変化する世界に適応することが困難なハンディキャップのあるアフリカ人のニーズを満足させるための施設をつくること。
(c) アフリカ大陸のすべての国においてリハビリテーション・センター設立を促進すること。アフリカ地域内における障害者のリハビリテーション領域に関して可能なかぎり基本的概念や原則を調和させ，戦略を策定する支援をすること。
(g) アフリカ諸国および世界の他の国との経験や情報の交換を保証，促進すること。
(h) 固有の教育または研究のための施設や材料を開発することを念頭に，障害予防とリハビリテーション領域に関する特別なプロジェクトを組織すること，などである。

ARIはOAU/AUからアフリカの障害イシューに関する業務を主導する任務が与えられ，アフリカ障害者の10年の宣言にあたっては重要な役割を担い，本来，アフリカ障害者の10年の大陸行動計画の目的実施にあたってはその調整役とモニタリングを期待されていた（Chalklen, Swartz and Watermeyer 2006, 94; African Union n.d.b, 4)。しかし，2012年現在で，ARI設立合意書を批准した国は26カ国とAU加盟国53カ国の半分にとどまり，また過去10年，主要な

加盟国からの拠出金の不払いによって深刻な財政問題に苦しんできたことが報告されている (African Union 2010, 4)。それゆえ,アフリカ障害者の10年の推進にあたっては,AU の機関である ARI よりも NGO であるアフリカ障害者の10年事務局 (SADPD) が前面に出ていた。

2. アフリカ障害者の10年事務局 (SADPD)

2003年に南アフリカで開催されたアフリカ地域障害協議会 (Disability African Regional Consultative Conference: ARCC) の最終宣言のなかにアフリカ障害者の10年を推進する組織を設立する必要性が盛り込まれた[24]。この提案は障害当事者団体によってなされ,同団体については南アフリカ政府がホストすることを表明した。設立にあたっては南アフリカ政府が ARI と協議し,PAFOD をはじめとするアフリカの障害当事者団体が SADPD (Secretariat of the African Decade of Person with Disabilities) の設立に取り組むものとされた。事務局設立後はこれまで障害者について一切言及がない NEPAD (アフリカ開発のための新パートナーシップ) との調整役も果たすことが期待された[25]。

2004年に SADPD は南アフリカのケープタウンに設立され[26],その後,本部はプレトリアに移された。SADPD の最終的なビジョンは,障害者が人権を享受できるアフリカ大陸をつくることにある。そのために SADPD は,障害者の人権とインクルーシブな開発を促進するために AU,アフリカ各国政府,市民社会,障害当事者団体と共同して働くアフリカの知識ベースの組織となることをミッションとしていることを謳う。

さて,SADPD は確かに重要な役割を果たしているものの,OAU および AU の公的文書をみるかぎり,アフリカ障害者の10年の宣言および同大陸行動計画を採択した OAU または AU からは公式な事務局としての委託はない。アジア太平洋障害者の10年を ESCAP 事務局がリードしたのと異なり,SADPD は繰り返し自己の存在の正統性を主張するなど公的な事務局であることを暗に主張してきたものの,「事務局」という名称はミスリーディング

なところがある。南アフリカ政府や障害当事者団体が参加するARCCにおいてアフリカ障害者の10年を推進するNGO設立の必要性が決議され、これを受けてSADPDは設立された組織であるものの、自らも述べているとおり障害当事者を主体とするNGOの一つにすぎない。

一方、AUが採択した「アフリカ障害者の10年（2010-2019年）の大陸行動計画」においては、第1次アフリカ障害者の10年を組織する責任がARIに与えられ、活動の計画にあたっては障害当事者団体、とくにPAFODとAFUBと責任を共有することが記されていることに加え、SADPDへの言及も存在する。すなわち、「大陸の障害当事者団体はその後になってアフリカ障害者の10年（1999-2009年）の大陸行動計画の実施促進を支援するためにアフリカ障害者の10年事務局（SADPD）を設立した」と記している。AUの公式ウェブページに掲載された2005年のアフリカ障害者の10年国際パートナー会議の構想覚書も、SADPDは大陸行動計画の履行を促進・啓発する任務が与えられていると記しており[27]、AUとしては一定程度SADPDを障害者の10年「事務局」として活用しようという意図があることが示唆される。

SADPDの元CEOで国連の障害特別報告者を務めたチャルクレン氏も、ARCCの決議はアフリカ障害者の10年の活動を推進するためにアフリカ大陸レベルでのNGO設立の必要性を訴えたものであったとする（Chalklen, Swartz and Watermeyer 2006, 94）。公式にはARIがAUの障害イシューについての任務を有するものの、ARIがその職責を履行せず、AUがその責任を果たさないなか、SADPDはアフリカ大陸横断的に障害者の10年推進の中心的組織として活動してきたことは間違いない。

こうしたなか、SADPDは名称をアフリカ障害同盟（African Disability Alliance: ADA）に変更し、次項で述べるAU障害アーキテクチャ（African Union Disability Architecture: AUDA）というAUの新たな動きに対応しようとしている。いずれアフリカ障害者の10年は終了することに加え、AUDAでは、AUのカウンターパートとして、アフリカ全体をカバーする障害当事者団体の窓口が重要な役割を担うことが予想されるからである。こうしたSADPD/

ADAの動きとは別に，2014年に約40の地域と国レベルの障害当事者団体が集い，AUDAに障害当事者の声を反映させることを目的にアフリカ障害フォーラム（African Disability Forum: ADF）が発足した。発足にあたっての背景説明では，アフリカでは長らくアフリカ地域全体を対象範囲とする障害当事者団体・ネットワークを欠き[28]，当初PAFODはそうした意図をもって設立されたものの大陸のほかの障害当事者団体からは受け入れられなかった。同様にSADPDも名称をADAに変更しフォーラムの一部の機能を引き受けることになったものの，アフリカ大陸の障害当事者団体を代表するような構成にはなっていないため新たにADFをつくる必要性があると述べている[29]。

ADFは新たな団体の設立をめざしているのではなく，既存の大陸レベル，サブ・リージョナル・レベルの団体を代替することなく，現存する団体，ネットワークのうえに発展する統括的なフォーラムになることをめざしている[30]。具体的には，投票権を有する正会員と投票権をもたない協力会員で構成され，正会員は，障害当事者の全国組織[31]によって構成されるアフリカ大陸レベルの組織，障害横断的統括組織の国代表によって構成されるサブ・リージョナルな連盟，および国レベルの障害横断的全国組織など障害当事者を主とする団体・ネットワークであり，協力会員は障害サービス提供団体，開発NGOや大学など各種の非政府組織を想定している。今後，アフリカ大陸の障害当事者の声を統一的に発信できるか，その発展方向が注目される。

3．ARIの解体とAU障害研究所の設立

アフリカ障害者の10年の延長の審議と並行して，AUの専門機関であるARIの役割の再検討が始まった。ARIはリハビリテーションについて研究・開発し，アフリカ大陸における既存のリハビリテーション・センターなどを調整，強化することを目的に設立された。この任務遂行のためにARIはARI加盟国から年間拠出金を受けとることになっていた。しかしながら，前述のとおり，過去10年，主要な加盟国からの拠出金不払いによってARIは

深刻な財政問題に苦しんできた。

　こうした状況を打開するため，2008年に AU 委員会は ARI の機構改革の検討を要請した（African Union 2010, 4）。2010年に AU 執行理事会は，アフリカ障害者の10年の延長を求めた CAMSD2の勧告を裏書きし，ARI に関してはより効果的に障害者のニーズに対応し，かつ ARI が延長された10年の主導的役割を果たすために，財政および行政的管理ならびに ARI の機構改革に関する ARI の臨時理事会を即時に実施すべきことを指示した[32]。

　2012年の AU 社会開発大臣会合では，第2次アフリカ障害者の10年の大陸行動計画の審議・採択とともに，ARI の機構改革の提案ならびに AU 障害アーキテクチャ（AUDA）に対する決定を検討した[33]。このうち，AUDA は障害イシューに関するアフリカの取り組みの青写真となっている。AUDA は，アフリカの障害者の完全参加，平等，エンパワメントを促進することを目的として3つの構成部分からなり，前述したアフリカの障害に関するさまざまな地域的取り組みの体系化が試みられている。構成の3つの柱は，第1に，法的内容として，アフリカ人権憲章に関する障害者の権利に関する議定書の制定。第2に，プログラム的内容として，延長されたアフリカ障害者の10年（2010-2019年）のための大陸行動計画の策定。第3に，制度的内容として，障害インクルーシブな発展の促進と障害者の権利保障をめざす締約国を支援する AU 障害研究所（AU Disability Institute, AUDI）の設立となっている[34]。

　2013年の専門家会合では，AUDI は，AU の社会問題局長に直接報告する任務を負い，その主たる機能は第2次アフリカ障害者の10年の大陸行動計画の履行を唱導し，コーディネートすることにあるべきことが強調された。そして，2014年の会合で，ARI の清算と代替機構の検討を任務とする第7委員会で，障害者権利議定書草案の完成の優先的推進とともに，AUDI の定款の起草，AUDI の受入国との契約の起草が勧告され[35]，設立に向けた作業が開始されている。

4. 小結

　OAU／AU としてアフリカ障害者の10年などの地域的取り組みを主管する予定だった機関は ARI であった。しかし，ARI 設立に加盟する国が少なく，また拠出金の不払いなど財政的な困難を抱えていたこと，さらにはそもそもリハビリテーションと障害予防を任務の中心としていたことから，権利擁護を含むアフリカの地域的取り組みに対する積極的な貢献は限られた。AU，障害当事者団体ともに同様な認識を共有し，それゆえ SADPD が頼りにされ，実質的にアフリカ障害者の10年の事務局としての機能も果たしてきたといえる。

　しかしながら，AU は第 2 次アフリカ障害者の10年を契機に，AU の枠内で障害イシューに対する取り組みの青写真をつくり，法・事業・制度の 3 構成からなる体制つくりを試みている。ARI に替わり設立される AUDI は，リハビリテーションだけでなく，障害インクルーシブな発展と障害者の権利保障への支援が期待されている。このように，AU は自ら障害イシューに関する地域的取り組みに責任をもち，ライツ・ベースの国際的な動向に対応する姿勢を見せており，AUDA の今後の進展が注目される。

おわりに

　第 1 次アフリカ障害者の10年の大陸行動計画は，障害者の問題に対するローカルなアプローチを意識していたものの，内容的にはほぼ国連障害者の10年を踏襲していた。実施面においては，OAU／AU および加盟各国のオーナーシップ意識が希薄であったため，アフリカ大陸としての規範枠組みの確立や財政配分が欠如し，十分な成果があがらなかった。

　こうした失敗を受け，延長された第 2 次アフリカ障害者の10年では，障害

当事者からのインプットを受けて大陸行動計画が策定され，内容的には新たにジェンダー平等，農村地域におけるインクルージョン，障害者権利条約の批准がとるべき行動として加えられ，さらに紛争，HIV/エイズ，有害な伝統的慣行の除去にも焦点が当てられた。第2次アフリカ障害者の10年では，アフリカで問題となっている課題への取り組みがより明確に反映されたといえる。これは起草中であるAU障害者権利議定書においても同様である。障害者権利条約では手当されていなかった有害な慣行の除去や障害女性が直面する具体的問題が明示的に規定され，アフリカ固有の障害イシューの解決可能性を広げている。

　実施体制について，AUは国連組織に頼らず，AU自らの障害イシューに関する地域的取り組みに責任を持とうとする姿勢が示されている。第2次アフリカ障害者の10年を契機に，AU枠内で障害イシューに対する取り組みを行うべく青写真としてAU障害アーキテクチャを構想し，法・事業・制度の3構成からなる体制つくりが試みられている。AU障害者権利議定書は障害イシューに法的根拠を与えAU人権委員会やAU裁判所などによる救済を可能とするものであり，新しく設立されるAU障害研究所も障害インクルーシブな発展と障害者の権利保障への支援が役割として期待されている。アフリカ全体の障害当事者の声の統一も含め，現在議論されているAU障害アーキテクチャは実現し，地域的な取り組みが促進されるのか，今後の発展動向が注目される。

〔注〕
(1) 正式名称「人および人民の権利に関するアフリカ憲章」（African Charter on Human and Peoples' Rights 〔通称：バンジュール憲章〕）OAU Doc CAB/LEG/67/3 Rev3（1981年6月26日採択，1986年10月21日発効）。
(2) Decision CM/DEC.535 (LXXII) Rev.1. なお，第1次アフリカ障害者の10年の期間は，OAUとAUの文書では1999年～2009年となっているが，国連の文書では2000年～2009年と標記されている。本章では，当事者であるOAU/AUの文書に従う。
(3) Decision CM/DEC/676 (LXXVI).

(4) 各目的には具体的な行動が列挙されている。例えば，目的1を達成するための具体的活動として以下が挙げられている（para.20）。
  a) 障害者の生活に否定的な影響を与えるすべての立法を，議会や国家を通して見直し，必要に応じて修正すること。
  b) 機会均等を目的とした障害関係の授権法を，議会や国会を通して，採択，公布すること。
  c) 権利憲章に障害に基づく差別を禁止する条項を組み込むよう，議会や国会を通して，修正すること。
  d) 議会に障害に関する委員会を設置すること。
  e) 障害者に優しい政策やプログラムを開発すること。
(5) African Union, First Session of the AU Conference of Ministers in Charge of Social Development Windhoek, Namibia 27-31 October 2008 (CAMSD/EXP/4(I), Social Policy Framework for Africa.
(6) 指標に対する対応は，Yes/No または数値，その他は自由記載となっている。目標1に対応する質問1は次のとおりである。
  (1)障害者の平等な参加の促進とともに，障害者の権利を促進／保護する立法の有無
  (2)障害者の権利を保護する権利章典の有無
  (3)議会における障害に関する委員会の有無
  (4)総人口に対する障害者の割合
  (5)障害者に優しい政策やプログラムの有無
(7) 財政危惧については，大陸行動計画自体のなかで言及がある。アフリカ障害者の10年の宣言から大陸行動計画策定の間，「アフリカ諸国はアフリカ障害者の10年を実施するための財政支援の提供を約束した国がないことを知っておくべきである。それゆえ財政資源の欠如によりいずれの活動プログラムも全く実施されることなく2年が経過した」（para.15）と危機感を喚起している。
(8) Executive Council, "Decision on the Report of the Second Session of the African Union Conference of Ministers of Social Development," Doc.EX.CL/634 (XVIII), EX.CL/Dec.625 (XVIII).
(9) 例えば，MDAC (2011)。
(10) African Union, 3rd Session of the AU Conference of Ministers of Social Development, "Theme: Promoting the Rights and Welfare of Persons with Disabilities," Addis Ababa, Ethiopia, 26-30 November 2012, (Concept Note).
(11) "Continental Plan of Action for the African Decade of Persons with Disabilities 2010-2019," http://sa.au.int/en/sites/default/files/CPoA%20Handbook%20%20AUDP%20English%20-%20Copy.pdf, accessed January 11, 2015.
(12) 再掲されなかったのは，国連の障害者の機会均等化基準規則の使用に関す

る項目である。
⑬　AU委員会とアフリカ人権委員会には次の行動が求められた。
　a）アフリカ障害者の10年の大陸行動計画の履行の報告，モニターおよび実施を保証するための障害に関する特別報告者を指名する決議をAU首脳会議に提案すること。
　b）関係するAU政治組織（社会開発大臣会合，執行理事会（executive council），首脳会議（総会）（Assembly of Heads of State and Government））に対して2年に1回，10年大陸行動計画の実施について報告すること。
　c）アフリカ独自の障害者権利文書（障害者の権利に関する議定書）の開発のための広範でインクルーシブな議論を組織すること。
　d）委員会の職員および他のAU機関を含め，AUの政治的・系統的機能のすべての機構における障害者のインクルージョンを実現すること。
　e）大陸行動計画の優先行動領域を実現する各国政府の立法，政策およびその他の手段開発に対する技術支援を提供すること。
⑭　Protocol to the African Charter on Human and Peoples' Rights on the Establishment of an African Court on Human and Peoples' Rights（2004年1月25日発効）。
⑮　http://www.african-court.org/en/index.php/about-the-court/brief-history, accessed January 11, 2015.
⑯　Resolution ACHPR/Res143 (XXXXV) 09.
⑰　"Comments invited on Draft Protocol on the Rights of Persons with Disabilities in Africa," http://www.achpr.org/news/2014/04/d121, accessed January 11, 2015.
⑱　アフリカ障害者権利議定書
　　前文
　　第1条　定義
　　第2条　一般的義務
　　第3条　平等と非差別
　　第4条　生存権および人間の安全保障の権利
　　第5条　有害な慣行
　　第6条　リスクの状況
　　第7条　法の下の平等
　　第8条　司法へのアクセス権
　　第9条　コミュニティでの生活
　　第10条　アクセシビリティー
　　第11条　教育の権利
　　第12条　入手可能な最高の健康水準へのアクセスの権利
　　第13条　リハビリテーションとハビテーション
　　第14条　労働の権利

第15条　適切な生活水準の権利および社会的保護への権利
第16条　政治および公の活動に参加する権利
第17条　自己を代表すること
第18条　スポーツ，娯楽，文化に参加する権利
第19条　表現および意見の自由および情報へのアクセス
第20条　障害女性
第21条　障害児童
第22条　高齢者
第23条　責任
第24条　統計およびデータ
第25条　実施と監視
第26条　救済
第27条　議定書の解釈
第28条　署名，批准，承諾
第29条　効力の発生
第30条　修正および改訂

⒆　第1条（定義）
(b)「障害に基づく差別」とは，ほかの者との平等を基礎として，政治，経済，社会，文化，市民またはほかの分野における，すべての人権および基本的自由の承認，享受または実行を毀損または無効化する目的または効果を有する，障害に基づくあらゆる区別，排除または制限，を意味する。障害に基づく差別は合理的配慮の否定を含む。
(c)「障害者」とは，長期の身体，精神，知的，発達または感覚機能障害と環境，態度またはその他のバリアーとの相互作用が，ほかの者との平等な社会への完全かつ効果的な参加を阻害されている人を含む。
(e)「合理的配慮」とは，障害者が他の者との平等を基礎としてすべての人権と基本的自由を享受または実行することを確保するために，特定のケースに必要である，不適切または過剰な負担を課さない，必要かつ適切な修正または調整を，意味する。

⒇　国連でも懸念が表明されている。"Persons with albinism," Report of the Office of the United Nations High Commissioner for Human Rights (A/HRC/24/57) 12 September 2013.

㉑　決議263 "Resolution on the prevention of attacks and discrimination against persons with albinism"（54th Ordinary Session of the African Commission on Human and Peoples Rights, 22 October - 5 November 2013）。

㉒　1987設立とする文書もある（African Union 2010, 4）。ARI設立合意書は1985年に署名のために開放され，1991年に発効した。

(23) "African Decade of Disabled Persons (1999-2009) International Partners Meeting, Addis Ababa, Ethiopia, 21-22 September 2005 (Concept Note)," at www.africa-union.org/africandecade/concept_note.htm, visited January 15, 2014.

(24) Disability African Regional Consultative Conference (ARCC) Final Statement, 6 May 2003 (Annex from note presented by South Africa to UN Secretary of the Ad Hoc Committee on a Comprehensive and Integral International Convention on the Protection and Promotion of the Rights of Persons with Disabilities (16-27 June 2003) A/AC.265/2003/CRP/11.

(25) アフリカ障害者の10年の大陸行動計画は，当初，成長と持続的発展を加速させ，蔓延した深刻な貧困を削減することを基本目標に含むNEPADのサブ・プログラムとみなされていた（"African Decade of Disabled Persons (2000-2009)," www.un.org/esa/socdev/enable/disafricadecade.htm, visited January 15, 2014）。

(26) 2003年9月に非営利NGOとして南アフリカに登録され，2004年から活動が開始されたとされる（Veen 2009）。

(27) "African Decade of Disabled Persons (1999-2009) International Partners Meeting, Addis Ababa, Ethiopia, 21-22 September 2005" (Concept Note), at www.africa-union.org/africandecade/concept_note.htm, visited January 15, 2014.

(28) "African Disability Forum (ADF) established at Regional Meeting," at http://www.uneca.org/media-centre/stories/african-disability-forum-adf-established-regional-meeting, accessed January 11, 2015.

(29) African Disability Forum (ADF) Launch Meeting, 17-19 November 2014, UN Conference Center, Addis Ababa, Ethiopia (Background Paper).

(30) Ibid.

(31) 障害当事者の親が構成する団体も含む。

(32) Executive Council, "Decision on the Report of the Second Session of the African Union Conference of Ministers of Social Development," Doc.EX.CL/634 (XVIII), EX.CL/Dec.625 (XVIII).

(33) African Union, "3rd Session on the AU Conference of Ministers of Social Development Addis Ababa, Ethiopia, 26-30 November 2012, Theme: Promoting the Rights and Welfare of Persons with Disabilities (Concept Note)".

(34) Decision on the Report of the Third Session of the African Union Conference of Minsters of Social Development Doc.EX.CL/769 (XXII) (EX.CL/Dec.750 (XXII).

(35) Agenda Item 6: Proposal for the Replacement for the ARI – Disability Institute and Transitional Mechanism（ARIの代替構造の提案－ AU障害研究所および移行メカニズム）, Report of the Experts' Meeting of the 1st Meeting of the Committee of 7 on Liquidation of the Assets of/ Replacement Structure for the African Re-

habilitation Institute (ARI), Addis Ababa, Ethiopia, 28-29 October 2013 (Fourth Session of the AU Conference of Ministers of Social Development (CAMSD4) Addis Ababa, Ethiopia 26-30 May 2014 (CAMSD/EXP/5 (IV)).

〔参考文献〕

＜日本語文献＞
長瀬修 2006「アフリカ障害者の10年の課題と展望」『アジ研ワールド・トレンド』(135) 12月 32-33.

＜外国語文献＞
AU (African Union) 2010. "Report of the Chairpersons of the AU Commission on the Implementation of the Decisions of the First Session of the African Union Conference of Ministers of Social Development, 27 to 31 October 2008, Windhoek, Namibia," 2nd Session of the African Union Conference of Ministers of Social Development (Theme: Strengthening Social Policy Action towards Social Inclusion), 21-25 November 2010 Khartoum, Sudan (CAMSD/EXP/3(II)).
―――― [n.d.a] "Plan of Action on the African Decade of Disabled Persons –Questionnaire and Framework for Reports on Progress Achieved by Member States towards the Implementation of the AU Plan of Action on the African Decade of Disabled Persons," at http://www.africa-union.org/root/UA/Annonces/SA/2010/jan/Questionnaire on PoA ON DISABILITY- FORMATTED- last version.doc, visited January 15, 2014.
―――― [n.d.b] "Continental Plan of Action for the African Decade of Persons with Disabilities 1999-2009" at http://sa.au.int/en/sites/default/files/Disability_Decade Plan of Action -Final.pdf, visited January 15, 2014.
Biegon, Japhet. 2011. "The Promotion and Protection of Disability Rights in the African Human Rights System," In *Aspect of Disability Law in Africa*, edited by Ilze Grobbelaar-du Plessis and Tobias van Reenen. Pretoria: Pretoria University Law Press, 53-83.
Chalklen, Shuaib, Leslie Swartz, and Brian Watermeyer. 2006. "Establishing the Secretariat for the African Decade of Persons with Disabilities" In *Disability and Social Change: A South African Agenda*, edited by Brian Watermeyer et al.. Cape Town: HSRC Press, 93-98.
Combrinck, Helene. 2013. "Disability Rights in the African Regional Human Rights

System during 2011 and 2012," In *African Disability Rights Yearbook*, Vol. 1. Pretoria: Pretoria University Law Press (PULP), 361-368.
Combrinck, Helen and Lawrence M. Mute. 2014. "Developments Regarding Disability Rights during 2013: The African Charter and African Commission on Human and Peoples' Rights." In *African Disability Rights Yearbook*, Vol. 2. Pretoria: Pretoria University Law Press (PULP), 309-317.
Dube, Angelo Buhle. 2007. "Protection of the Rights of Persons Living with Disabilities under the African Human Rights System." LLM Degree Thesis, University of Pretoria.
Mental Disability Advocacy Center (MDAC). 2011. "MDAC Written Submission to the African Decade of Persons with Disabilities for the Development of the African Union Continental Disability Strategy (2010 - 2019)," 31 August 2011, at http://mdac.info/sites/mdac.info/files/2011_08_30__mdac_AU_Continental_Disability_Strategy.pdf, visited January 15, 2014.
Kamga, Serges Alain Djoyou. 2013. "A Call for a Protocol to the African Charter on Human and Peoples' Rights on the Rights of Persons with Disabilities in Africa." *African Journal of International and Comparative Law* 21 (2) June: 219-249.
Katsui, Hisayo. 2012. *Disabilities, Human Rights and International Cooperation: Human Rights-Based Approach and Lived Experiences of Ugandan Women with Disabilities*, (The Center for Human Rights of Persons with Disabilities Publication Series, No 8) Vaasa: VIKE: The Center for Human Rights of Persons with Disabilities.
Pretoria University Law Press. 2013. *African Disability Rights Yearbook*, Volume 1, 2013, Pretoria: Pretoria University Law Press.
Reenen, Tobias Pieter van and Heléne Combrinck. 2011. "The UN Convention on the Rights of Persons with Disabilities in Africa: Progress after 5 Years." *SUR: International Journal on Human Rights* 8 (14) June: 133-165.
SADPD (Secretariat of the African Decade of Persons with Disabilities) 2010. *Annual Report*, at http://african-decade.co.za/wp-content/uploads/2012/10/Annual-Report_Web1.pdf, visited January 15, 2014.
────── 2012 "The Secretariat of the African Decade of Persons with Disabilities" (Brochure), at http://african-decade.co.za/wp-content/uploads/2012/10/Brochure_Print.pdf, visited January 15, 2014.
────── [n.d.a] "The Secretariat of the African Decade," at http://www.africa-union/africandecade/history.htm, visited January 15, 2014.
────── [n.d.b] "2009-2014 Strategic Plan Summary," at http://african-decade.co.za/wp-content/uploads/2012/10/StrategicSummary_2012_Final.pdf, visited January 15,

2014.

────── [n.d.c] "A Civil Society Proposal for an African Disability Strategy to the AU Commission of Labour and Social Affairs," Prepared by Rudo M. Chitiga for the Secretariat of the African Decade of Persons with Disabilities.

Ssenyonjo, Manisuli, ed. 2012. *African Regional Human Rights System: 30 Years after the African Charter on Human and Peoples' Rights*. Leiden: Martinus Nijhoff Publishers.

Van der Veen, Judith. 2009. "Occupational Therapy and the African Decade of People with Disabilities towards the Future and Beyond 2010." (PPT). Pretoria: SADPD.

Viljoen, Frans and Japhet Biegon [n.d.] *The Architecture for an African Disability Rights Mechanism*, Pretoria: SADPD.

Yeung Sik Yuen, Yeung Kam John 2012a. "The Right of Older Persons and Persons with Disabilities in Africa." In *African Regional Human Rights System: 30 Years after the African Charter on Human and Peoples' Rights,* edited by Manisuli Ssenyonjo. Leiden: Martinus Nijhoff Publishers, 213-231.

────── 2012b. "Report of the Chairperson on the Working Group on the Rights of Older Persons and People with Disabilities in Africa." Presented at 52nd Ordinary Session of the African Commission on Human and Peoples' Rights, 9-22 October 2012.

第3章

開発主義体制下のエチオピアにおける保健政策と HIV陽性者・障害者のニーズ

西　真如

はじめに

　本章では，エチオピアで生活するHIV陽性者および障害者の生活の質を向上させるための取り組みについて，おもに同国の保健政策とのかかわりに着目して検討する。エチオピアにおいて障害者の生活の質の問題は，2010年頃からようやく政策課題として認識されるようになった。これに対してHIV問題は[1]，障害問題に先んじて重要な政策課題となり，当事者団体が果たす役割も大きい。同国の障害政策・当事者運動が抱える課題について理解する上で，HIV問題への取り組みの経験は有益な指針となり得る。またエチオピアの保健政策は，同国で生活するHIV陽性者・障害者の生活の質を左右する重要な要因の一つである。エチオピアの保健政策は近年，ポストMDGsの政策目標に関する議論（ミレニアム開発目標の期限である2015年の先を見すえた，グローバルな政策目標の合意形成をめざす議論）の文脈において，低コストで質の高い保健サービスを提供する体制づくりのモデルケースとみなされることがある（Balabanova et al. 2013; Baker et al. 2013; Singh and Sachs 2013）。エチオピア政府は2005年以降，トップダウン型の国民動員に基づく地域保健の取り組みを加速させており，母子保健や感染症対策といった分野で保健指標の顕著な改善がみられる。

エチオピアの現在の保健政策は，国民全般における保健指標の向上という点ではたいへん有効なものに違いないが，HIV 陽性者や障害者の生活の質を高めるための開発という視点からは，どのように評価できるのだろうか。エチオピアでは，陽性者や障害者の多様な保健ニーズに応えるサービスが提供されているのだろうか。また当事者が政策形成に参加する政治的なアリーナは開かれているのだろうか。本章では以上のような視点から，エチオピアの保健政策とその背景にある開発体制の問題点，および当事者運動の課題について検討したい。

　本章では，「2010体制」ということばでエチオピアの開発体制を説明することにする。「2010体制」とは，同国の急速な経済成長を背景として，国家が開発の資源を独占して国民の福利（welfare）の向上をめざした大規模な公共投資をおこなうと同時に，市民社会を政策決定の場から排除し，社会経済開発における非政府組織の役割を厳しく制限する体制のことである。これは冷戦下の東南アジア諸国でみられた権威的な開発主義体制に似た体制を，現代のアフリカにおいて現出させようとする試みであると考えて差し支えないだろう[2]。

　本章で明らかにするとおり，「2010体制」下のエチオピアの保健・社会福祉政策は，HIV 陽性者や障害者が抱える多様な保健ニーズに応じたサービスの提供を視野に入れたものではない。また開発資源を政府が独占する傾向のもとで，HIV 陽性者や障害者の生活の質を向上させるために当事者の組織が果たす役割も制限されてきた。ただし HIV 陽性者と障害者の二つの当事者運動を比較するならば，HIV 陽性者団体が全国的な活動ネットワークの形成に成功し，「2010体制」下の厳しい政策環境のなかでも政府との一定の交渉力を発揮してきたのに対して，障害者団体はより厳しい状況におかれている。本章では，二つの当事者運動にこのような違いが生じた要因についても検討する。

　なお本章でいう保健ニーズとは，抗 HIV 治療のような医療的ニーズだけではなく，当事者の健康と生活の質にかかわるニーズを含む。障害者のため

のCBR（Community-Based Rehabilitation, コミュニティに根ざしたリハビリテーション）や，本章第3節で取り上げる陽性者への訪問ケアは，当事者の保健ニーズと密接に関連する取り組みである。行政とのかかわりでは，保健行政や社会福祉行政ととくに関連するニーズである。なお当事者の健康と生活の質に関連する分野としては，広くは教育なども含まれる可能性があるが，本章では保健および社会福祉の分野に絞って分析することにする。以下本章の第1節では，保健普及員制度を中心にエチオピアの保健政策の特徴について述べる。またその背景にある「2010体制」について概説する。第2節では，HIV問題および障害問題に関する政府の取り組みについて述べる。第3節および第4節は，それぞれエチオピアにおけるHIV陽性者団体の活動事例と，障害者団体の活動事例について述べる。そして第5節において，開発体制下のエチオピアにおける保健政策と当事者運動の課題について考察する。

第1節　エチオピアの保健政策と「2010体制」

1．トップダウン型の地域医療——保健普及員と「開発部隊」

　ボストン・コンサルティング・グループが作成し，『新たな繁栄——サハラ以南アフリカにおける福利向上のための戦略——』と題された報告書（以下BCG報告書と記す）によれば，エチオピアは経済成長の果実を国民の福利に結びつけることに最も成功したアフリカ諸国の一つである。またその成功は，とりわけ基礎保健の領域において顕著であるという。その成果は保健指標の改善に現れており，2005～2010年の間に国民の平均寿命が3.5年伸長し，乳幼児死亡率は23％も減少した。BCG報告書は，これらの成果をもたらした主要な要因として，エチオピアの保健普及員制度を挙げている（Baker et al. 2013）。著名な医学雑誌 *The Lancet* に掲載されたレビュー論文においては，エチオピアの保健普及員制度は限られたコストで国民に保健サービスを提供

するための画期的な手法であり，その成功は2012年8月に逝去した故メレス・ゼナウィ首相と，同年まで保健大臣を務めたテオドロス・アドハノムのリーダーシップによるところが大きいと評価された（Balabanova et al. 2013）。保健省は，保健普及員の配置に加えて農民や非正規部門の従事者を視野に入れた包括的な健康保険制度の導入も進めることで，ポストMDGsにおける同国の地域保健体制を強固なものにしようとしている[3]。

エチオピアの取り組みがことさらに高く評価されるのは，ポストMDGsの保健政策において，個別の健康指標の達成度よりも低・中所得国におけるユニバーサル・ヘルスケアすなわち包括的な保健サービスの提供を進める制度の導入（Rodin and de Ferranti 2012; WHO 2010）の整備に重点をおくとの合意が形成されつつあることと関連している。ユニバーサル・ヘルスケアを提供する制度として実質的に想定されているのは，ヘルスワーカーの全国展開（Singh and Sachs 2013）および国民健康保健制度（Anand 2012; Oxfam 2013）である。そのなかでエチオピアは，サハラ以南アフリカ諸国の水準と比較して優れた開発ガバナンスのもと，ミレニアム開発目標関連の指標で一定の成果を示した上で，保健普及員や健康保健制度に代表されるような包括的な保健制度の導入に積極的に取り組んでいるとみられている。

エチオピア人民民主革命戦線（Ethiopian Peoples' Revolutionary Democratic Front: EPRDF）が1991年に政権を引き継いだとき，同国の保健体制はサハラ以南アフリカの水準からみてもきわめて貧弱なものであり，とりわけ農村部における保健サービスは著しく限定されていた。エチオピア政府は，援助国および国際機関の協力を得て2015年までに四次にわたる保健セクター開発計画（Health Sector Development Programme: HSDP）を策定・実施し，農村部で保健所の設置を進めるとともにマラリアやHIVといった感染症への対策を推進してきた。同国における保健分野の国民1人当たり財政支出は，1995年から2013年までの18年間で8倍以上に増加している[4]。

2005年に発表された政府の第3次保健セクター開発計画（HSDP-Ⅲ）では，保健普及員の養成と配置が最重要課題と位置づけられ，2009年までに3万人

を超える普及員が全国の農村に配置された（Koblinsky et al. 2010）。エチオピアの保健普及員は，有給で雇用される地方政府職員であり，地域住民の健康を改善するための基礎的な保健知識・情報の普及活動をおこなう。保健普及員の活動分野は，疾病予防，母子保健，環境衛生の三分野にまたがる16の保健パッケージとして定義されている（Workie and Ramana 2013）。疾病予防の分野に含まれるパッケージは HIV・性感染症予防，結核予防，マラリア予防等であり，母子保健には家族計画，予防接種，栄養等が，環境衛生には屎尿処理，廃棄物処理，給水衛生等のパッケージが含まれる。

保健普及員に採用されるのは女性に限られており，農村出身で中等教育を受けた女性の雇用創出という面でも重要な制度となっている。保健普及員として採用されるには，10年間の初等・中等教育を卒業したあと，職業技術訓練校において1年間の専門訓練を受ける必要がある。エチオピア政府が短期間で3万人もの普及員を配置することができた背景には，HSDPと平行して実施されてきた教育セクター開発プログラム（ESDP）のもと，全国に職業訓練校の設置が進められたこと，および女子の初等・中等教育の就学機会が拡大されてきたことがある。

保健省がめざすのは，基礎保健に関する知識を国民に届けるための一貫した制度づくりである。同省は2012年から，保健普及員と連携して地域で活動する「開発部隊」（Development Army）の組織化を進めている（Kesetebirhan 2013）。開発部隊とは，政府がすべての国民をコミュニティ開発の取り組み（とりわけ基礎保健分野の取り組み）に動員する目的でつくらせる，近隣組織の一種と考えてよいだろう。開発部隊という単一の組織があるのではなく，各地方自治体の指導の下で近隣30世帯ごとに組織される「開発チーム」が実際の活動単位となる。開発チームの構成員となるのは女性であり，彼女らはそれぞれの地域で活動する保健普及員の指導を受けて，保健分野を中心とする政府の開発プログラムの普及のために無償で貢献することが求められる。各開発チームの活動状況は，地方政府が設置する専門の調整委員会によって監視されることになっており，これら委員会の報告は連邦政府に集約される。

行政上は，保健政策の実施は地方政府の任務であり，保健普及員の活動も地方政府の保健当局の指揮下におかれる。しかし実際には，保健普及員および開発部隊の活動は，政府の政策メッセージを国土の隅々にまで届けるための一貫したシステムを構成しており，その活動は調整委員会を通じて，政府の監視下におかれるのである。このようなシステムは，すべての国民に等しく保健サービスを提供するという目的を超えて，連邦政府が（すなわち与党EPRDFが）開発の人的・制度的資源を独占的にコントロールする体制を，社会の隅々にまで張りめぐらせるものだと理解することができよう。保健普及員と開発部隊からなる地域保健の枠組みは，事実上の一党体制をしくEPRDFが築き上げてきた開発主義体制の一翼を担うものと考えられる。次項では，本章で「2010体制」とよぶエチオピアの開発主義体制の成り立ちについて概観しておきたい。

2．「2010体制」と市民社会

　1995年に施行されたエチオピア連邦民主共和国憲法は，民族の自治に基づく連邦制を採用し，複数政党制に基づく選挙と，結社および表現の自由を保障することが明記されている。また当初は，EPRDFが社会経済開発に対する非政府組織（NGO）の役割に一定の理解を示したこともあり，市民社会が一定の成長を遂げることになった。ここでいう市民社会とは，おもに欧米諸国の政府や国際NGOが知識と資金を提供して育成した開発NGOのほか，本章の第3，第4節でそれぞれ考察するHIV陽性者および障害者の当事者団体も含まれる。連邦政府および地方政府の議会は，1995年から2005年までの間，EPRDFとその傘下にある政党がほぼ議席を独占する状況が続いたが，2005年5月に実施された国政選挙では多くの野党候補者が当選し，連邦議会下院にあたる人民代表院では，議席の3分の1を野党議員が占める結果となった。

　ところが2005年の国政選挙をきっかけとした騒乱のあと，政府は野党指導

者やジャーナリストを弾圧する姿勢を強めた[5]。政府は2008年に施行した「メディアの自由と情報の取得に関する法令」[6]によって報道の自由を制限するとともに，2009年に施行した「慈善および協会活動に関する法令」[7]では，開発NGOや当事者団体を含む市民社会の活動に厳しい制約を課した。とりわけアドボカシー活動に携わる組織の資金調達を厳しく制限することによって，市民社会が政策提言に関与する可能性を実質的に封じたのである[8]。このような締めつけを経て実施された2010年5月の国政選挙では，人民代表院（下院）547議席のうち，わずか2議席を除いて与党が独占するという結果になった。

　前述のとおり，本章では2010年国政選挙後のエチオピアの政治体制を「2010体制」と呼ぶ。結論からいえば，2010体制とはEPRDF政権によって確立された独裁的な開発主義体制に他ならない。この体制のもとでは，政党政治は事実上の一党制（one-party system）となっており，野党や市民社会は法的な制約を含むさまざまな手段で，政治的な意思決定のアリーナから閉め出されている。エチオピアにおいて，2005年5月の国政選挙時点までに築き上げられてきた政治的多様性は，「2010体制」の確立に至る過程で急速に後退したのである。

　エチオピア政府は，急速な経済成長と援助資金の流入によって得られた豊富な開発資金を背景に，野心的な国家開発計画を策定している。2010年11月に政府が発表した「成長と変革計画」（Growth and Transformation Plan）には，2023年までに中所得国入りを果たすという野心的な国家構想が示されており，そのため年間10％程度の経済成長を維持しながら，政府の指導と管理のもとで社会経済の変革を推し進めることが掲げられている（MoFED 2010）。また実際，エチオピア政府は保健，教育，道路，住宅整備などのセクターで大規模な公共投資を積み重ねている[9]。その成果は，乳幼児死亡率の急速な改善や，男女ともに90％を超える初等教育就学率の達成といった開発指標上のパフォーマンスにも，顕著に現れている。事実上の一党体制のもとで開発の資源を独占し，大規模な公共投資を通じて国民生活の向上を図ることが，「2010

体制」下のエチオピア政府の戦略なのである。

第2節　HIV問題および障害問題に対するエチオピア政府の取り組み

前節で検討した保健医療政策および「2010体制」をふまえて，本節ではHIV問題と障害問題に対するエチオピア政府の取り組みについて述べる。

1．HIV問題への取り組み

　HIV感染症対策は，エチオピア政府の保健セクター開発計画における重要課題の一つであり，政府は保健普及員の取り組みを含む過去の対策を通して，HIVの治療および予防に一定の成果をあげることに成功している。

　政府は2000年に国民エイズ評議会（National AIDS Council）を設立し，大統領が委員長に就任している。2002年には政府の独立機関としてHIV/エイズ予防管理事務所（HAPCO）が設立され，HIVに関する政策策定，関連する政府機関およびNGOの調整，情報の収集・分析等の業務を担当している。さらに政府は2005年10月より，すべてのエチオピア国民に対して無償で抗HIV薬の提供を開始した。UNAIDSの推計によれば，エチオピアで抗HIV治療を受けている者の数は2013年の時点で32万人にのぼる（図3-1）。他方で新規感染者は，1996年に最多の22万人を記録したのが2013年には2万1000人にまで減った[10]。

　保健普及員にとって，HIV感染症対策は重要な業務の一つに位置づけられる（MoH 2007; Mekbib 2007）。保健省のガイドラインによれば，HIVをはじめとする感染症予防の知識は，母子保健や衛生教育と並んで，保健普及員が提供する最も基礎的な保健サービス（essential health services）の一つに数えられている（MoH 2005）。具体的には，住民にHIV検査を促すこと，コンドー

図3-1 エチオピアにおけるHIV陽性者とHIV治療を受けている者，およびエイズによる死者の数の推移　　　　　　　　　　　　　　（単位：千人）

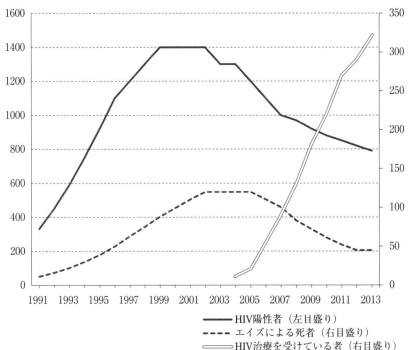

（出所）　UNAIDS AIDSinfo（http://www.unaids.org/en/dataanalysis/ aidsinfo）から取得したデータ（2014年12月16日閲覧）に基づき筆者作成。

ムを配布すること，感染の疑いのある者を保健所に紹介すること，HIVへの取り組みに住民を動員すること等が，保健普及員の業務とされる。筆者が2010年にグラゲ県内の複数の保健所において実施した聞き取り調査では，保健普及員がHIV感染症対策に多くの労力を割いていることがうかがわれた（西 2012）。しかし上記のガイドラインからわかるとおり，政府が保健普及員の取り組みに期待するのは新たな感染を予防することであって，HIV陽性者が抱える多様な健康ニーズに対応することではない。さまざまな問題を抱えた陽性者のケアは，後述の当事者団体の活動に任されているのである。

　保健分野の取り組みに加えて，エチオピア政府はHIV感染症対策のメイ

ンストリーミングにも取り組んできた。保健省は2004年，HIV問題に対する政府の分野横断的な取り組みの方針についてまとめた報告書を公表している。報告書は，教育省や女性問題局をはじめとする関係省庁，市民社会，陽性者団体，宗教組織などが，それぞれの政策や活動を通してHIVに関連する問題の解決に寄与するよう促す内容となっている（MoH 2004）。ただしこの報告書は，どちらかといえば抽象的な努力目標について述べられているに止まり，HIV陽性者の社会参加を確保するための具体的で強制力のある施策が提示されているわけではない。

2．障害問題への取り組み

WHOの推計によれば，エチオピアでは人口の17.6％に何らかの障害があるとされる（WHO 2011）。しかしエチオピアの障害者人口は統計によるばらつきがきわめて大きく，2007年に実施された同国の国勢調査では，人口の1.1％に何らかの障害があると報告されている（CSA 2010）。これは国際的な障害者統計に比較してきわめて小さな値であり，その理由は不明だが，国勢調査が障害者人口を過少評価している可能性が高い。

エチオピア政府において障害政策をメインストリーム化する取り組みは，HIV感染症への取り組みよりも遅れて始まっただけでなく，対策そのものが法的な枠組みの整備に止まっており，障害者の生活の質の向上に直結する具体的な成果に乏しい[11]。政府は2010年6月に障害者の権利条約を批准しており[12]，その前後に障害者の権利にかかわる法律を施行している。2008年には，「障害者の就業の権利に関する法令」[13]が施行され，障害者の機会平等を損なうような差別的法令，実践，慣習および態度が違法とされた（5条）。また雇用者に対して，障害者に適切な雇用環境を提供する義務を課すことが明記された上で（6条），とりわけ障害をもつ女性の保護を求める条文が定められた（6条のbおよびd）。さらに2010年10月に施行された「エチオピア連邦民主共和国政府の執行機関の権能を定める法令」[14]において，労働社会福祉

省の権能に「障害者の機会平等と参加を可能にする社会環境の創出」という条文が加えられ（30条7項），ようやく障害者問題の主幹官庁が定まった。

しかし労働社会福祉省は，上述の保健普及員に相当する実施要員も，保健所に相当する実施拠点ももたない省庁であり，CBRのように障害者の生活の質に直接かかわるサービスを，同省の主導によって全国展開する可能性は考えにくい。したがって障害者の生活の質を向上させるためには，労働社会福祉省と保健省とが連携し，保健普及員をはじめとする既存のリソースを活用することが望ましい。この点について，労働社会福祉省が2012年に策定した十カ年アクションプランでは，保健省との協力によってCBRの実施をはじめ障害者をターゲットとした保健サービスの提供を推進してゆくことが記されている（MoLSA 2012）。しかし具体的なスケジュールや推進方法についての記載はなく，政策実現の見通しがあるとはいえなさそうである。

現状では，エチオピアにおける保健政策と障害者政策相互の連携は弱い。第4次保健セクター開発計画には，「疾病，死亡，障害を減らすことで，エチオピア国民の健康を向上させる」と記されているが（MoH 2010: 31），障害者の健康を向上させるための具体的な取り組みについてはほとんど記述がなく，結核やハンセン病から生じる身体障害や心理的苦痛を適切に管理することが記されているにとどまる（MoH 2010: 10-11）。また障害者の健康に関する保健普及員の役割も明確ではない。保健省のガイドラインには，住民の疾病や障害を減らすことが普及員の活動目的であると記されている一方で，障害者の保健ニーズへの対応については触れられていない（MoH 2005）。保健普及員の活動ガイドラインにはCBRに関する記載がなく，普及員たちにとって障害者のケアは未知の領域となっている。障害に対する保健省の取り組みは，（労働社会福祉省の管轄である）障害に関する社会政策との連携を視野に入れてないばかりか，障害者の多様な保健ニーズも考慮しておらず，病理的な意味でのインペアメントの予防という観点に偏っていると結論せざるを得ない。

第3節　HIV 陽性者団体の活動

　本節では，エチオピアの HIV 陽性者が組織する当事者団体の活動について検討する。全国レベルの活動として，エチオピア HIV 陽性者ネットワークのネットワーク（Network of Networks of HIV Positives in Ethiopia，略称は NEP+）の事例を挙げる。NEP+ は全国の陽性者団体の意見集約および活動資金の配分にかかわるネットワークハブとして機能しており，連邦政府に対しても一定の交渉力をもつ組織である。加えて本節では，地域に密着して陽性者の生活を支える活動の事例として南部州グラゲ県で活動するファナ HIV 陽性者協会（ファナ協会）の活動にも触れる。ファナ協会の事例からは，多様なニーズを抱えた陽性者の生活を限られたリソースで支えることの困難さが見て取れる。

1．NEP+ の活動

　NEP+ は，エチオピア国内で活動する複数の HIV 陽性者ネットワークを包括する組織として2004年に設立された，同国の陽性者運動を代表する団体である。NEP+ に参加しているのは，地域ベース（後述の南部州など9つの州と，アジスアベバ市など2つの都市圏）の11のネットワーク組織と，ジェンダーベース（女性）の1つのネットワーク組織である。NEP+ のデレジェ・アレマユ事務局長によれば，これら12のネットワーク組織に所属する国内の陽性者団体の総数は450団体を超える。また NEP+ は25名の専門スタッフを抱えており，傘下の12のネットワーク組織では合計55名の専門スタッフを雇用している。これに加えて NEP+ は，所属団体に配置される ART サポーターおよびケースマネージャーあわせて約900名の給与を負担している。ART サポーターとは，抗 HIV 薬による治療（Antiretroviral Therapy: ART）を受けている HIV 陽性者が，治療薬を適切に服用できるよう指導する役割を

担う者のことであり，またケースマネージャーは，個々のHIV陽性者が必要とする治療や支援を手配する役割を担う。HIV陽性者団体にとっては，いずれも保健医療機関との連携を図る上で重要な職種である。

　NEP+が設立される以前のデレジェは，アジスアベバ市内でHIV陽性者団体に所属するカウンセラーとして活動を開始した。精力的な活動が認められて団体幹部となったデレジェは，ウガンダやケニア，タイ等を訪問して，それぞれの国でHIV陽性者支援にかかわるNGOが実施する研修に参加する機会を得た。このような経験を通して，デレジェは当事者運動の指導者として必要な知識と国際的な人脈とを築いた。NEP+の設立に先立ち，デレジェをはじめとするエチオピアのHIV陽性者運動のリーダーたちは，国際製薬企業の資金援助を受け，海外のHIV陽性者団体を招いて，陽性者支援に関する全国規模の会合を開催した。この会合が直接のきっかけとなって，陽性者団体のネットワーク化が実現したのである。

　NEP+は当初，18の陽性者団体のネットワークとして発足したが，参加団体が急増したために実質的な議論と意見集約をおこなうことが困難になった。そこで設立から3年後に上述の「ネットワークのネットワーク」体制へと移行したのである。現在の体制では，NEP+の総会（general assembly）構成員を，組織に所属する12のネットワークからそれぞれ4名ずつ選出することになっている。合計48名の構成員が，年に1回開催される総会に出席して意思決定をおこなう。

　NEP+がもつ求心力の背景にあるのは，世界エイズ・結核・マラリア対策基金（グローバルファンド）に代表される国際的な資金へのアクセスである。グローバルファンドとは，HIV（および結核・マラリア）対策資金を低・中所得国に提供するために設立された機関（NGO）であり，各国の政府や民間財団，企業など国際社会から大規模な資金を調達している。グローバルファンドの資金を受け入れるためには，それぞれの国で政府，当事者，市民社会等の代表が参画する「国別調整メカニズム」（Country Coordination Mechanism: CCM）を設置して案件形成にあたることが求められる。またグローバルファ

ンドの案件実施にあたっては，案件ごとに決定される資金受入責任機関（principal recipient）が管理責任を負う。NEP+ は，エチオピアの陽性者運動を代表するかたちで同国の CCM に参画し，HIV 対策案件の形成に関与してきた。グローバルファンドがエチオピアに拠出する資金の多くは，政府機関である HAPCO（本章第2節1項参照）が管理しているが，2009年からは NEP+ が資金受入責任機関として一部案件の実施も担当するようになった。次項の事例でみるように，エチオピア国内の陽性者団体が活動を維持していく上で，グローバルファンドから得られる資金が果たす役割は大きい。同時に，その資金へのアクセスを確保するため NEP+ が果たす役割への期待も大きいのである。

　NEP+ についていま一つ特筆すべきは，政府との卓越した交渉力である。第1節2項で述べたように，エチオピア政府は2009年に施行した「慈善および協会活動に関する法令」によって，当事者団体を含む市民社会の活動に厳しい制約を課した。同法令によって導入された規制の一つに，70/30ルールと呼ばれるものがある。これは組織の活動経費を事業経費（operational cost）と事務経費（administrative cost）とに2分した上で，事業経費を70％以上確保すること（したがって事務経費は30％以内に収めること）というものである[15]。事務経費を30％以内に収めるという規定そのものは常識的なものにみえるが，問題はその解釈であった。たとえば政府が示した解釈では，開発プロジェクトに直接かかわる専門スタッフの給与や研修費用も事務経費に含まれるとされた[16]。上述のように，NEP+ は多数の専門スタッフを抱えており，その費用がすべて事務経費に計上されるならば70/30ルールの遵守は難しい。デレジェ事務局長によれば，NEP+ はこの点について政府当局と個別に交渉をおこない，NEP+ のような当事者団体においては，スタッフもいわば支援の対象者であり，その給与を事務経費として扱うことは適当ではないと主張した。この説得は成功し，HIV 当事者である NEP+ のスタッフについては，その給与を事務経費ではなく事業経費に含めてよいという，非常に有利な解釈を引き出すことに成功したのである。

2. ファナ協会の活動

 上述のとおり,エチオピアには NEP+ の傘下にある団体だけでおよそ450の HIV 陽性者団体が存在する。以下では,会員への訪問ケアを含め,陽性者の生活を支援する活動を積極的におこなってきた当事者団体の事例として,ファナ HIV 陽性者協会を挙げる。ファナ協会は,南部州グラゲ県ウォルキテ市(図3-2)を中心に活動する非政府組織であり,HIV 陽性者が組織し運営する当事者団体としては,同県で最初に設立されたものである。ファナ協

図3-2 ウォルキテ市の位置

(出所) USAID 作成地図(Active Humanitarian Programs in Ethiopia, 2015年1月21日版)にもとづき筆者作成。

会は2004年5月、マサラト・ガブレ代表のほか3名の発起人によって設立された。会員数は設立当初20名であったのが、2014年12月時点では200名をこえている。

マサラト代表はエチオピア－エリトリア戦争（1998-2000年）に従軍していた元夫からHIVに感染した。その夫はまもなくエイズで死亡した。当時、グラゲ県内の村で暮らしていたマサラトは、夫の親族から繰り返しいやがらせを受けたこともあって、郡役場のある小さな町に移り住んだ。その町で彼女は自らが陽性者であることを公表し、地域の学校や市場を訪れて、HIVについての正しい知識をもつよう訴える活動をはじめた。当時のエチオピアでは抗HIV薬の入手が非常に困難であり、HIVに関する知識も不十分であったことから、住民の間にはHIVへの恐怖や偏見が強かった。この経験を経てマサラトはグラゲ県の県庁所在地であるウォルキテ市に移り、ファナ協会を設立したのである[17]。ファナ協会の代表となったマサラトは、NEP+が主催する研修や交流会にも積極的に参加し、陽性者のニーズに応えるための活動の手法について学んできた。

ファナ協会は、カウンセリング、所得創出活動、および訪問ケア（home-based care）活動を中心に会員の生活支援にあたってきた。このうち訪問ケア活動とは、訪問ケアワーカーが週に一度のペースでクライアントの自宅を訪問し、健康および生活の状況を確認するとともに、当人の身体を拭いたり、買い物を代行したり、部屋の掃除をするといった、さまざまな生活上のニーズに対応する活動のことである。2013年8月の調査時点では、17名の訪問ケアワーカーがファナ協会に所属しており、同協会会員のうちとくに生活上の問題を抱えた158名のクライアントに対して訪問活動を実施していた。

ファナ協会の訪問ケア活動は、NEP+の指導の下でグローバルファンドが提供する資金によって実施されてきたが、2014年になって訪問ケア活動への資金提供が打ち切られた。同年12月の調査時点では、ファナ協会の訪問ケア活動はすでに停止しており、NEP+の指導の下でART支援グループの活動が立ち上げられようとしていた。これは抗HIV治療を受けている者が20

名単位でグループをつくり，定期的に会合をもちながら，適切な治療を継続するための知識を学習してゆくというものである。

　NEP＋がART支援グループへの移行を促している背景には，エチオピアにおける抗HIV治療の普及がある。適切な治療を継続するかぎり，陽性者は健康で自立した生活を送ることができる可能性が高い。ところが訪問ケアは，治療を受けられず寝たきりの生活を送るエイズ患者へのケアを想定して始まった活動である。現在では深刻な病状の患者は減っており，むしろ適切な治療を続けるための学習機会を提供するほうが，高い費用対効果を得られると考えられるのである。

　他方でマサラト代表は，ART支援グループが会員に受け入れられるかどうか不安を抱いている。また筆者はつぎに述べる理由から，ファナ協会においては現在も訪問ケア活動に類似するアウトリーチ活動のニーズがあると考えている。

　ファナ協会の会員には，経済的な困窮や社会的な孤立といった生活上の困難を抱えた陽性者が多いことがわかっている。マサラト代表の説明では，抗HIV薬が無償で配布されている現在，生活の上で特段の困難を抱えていない者が，わざわざ陽性者団体に足を運ぶことはない。結果としてファナ協会には，貧困や孤立の問題を抱えた陽性者が（物質的・精神的な支援を求めて）集まる傾向があるという。筆者が同協会の会員に対して2012年におこなったアンケート調査では，回答者（85名）のうち日雇い労働に従事する者が女性を含む27名と最多で，他にも無職（9名）や零細商業（8名）に携わる者が多く，公務員はわずか3名であった（西・姜 2013）。

　訪問ケア活動の終了は，訪問ケアワーカーたちを訪問活動の大きな負担から解放することになるが，他方でファナ協会にとっては，クライアントに対するフォローアップを困難にするおそれがある。というのも日雇い労働に従事するクライアントのなかには，職を求めてウォルキテ市と農村の間で季節移動を繰り返すことが多い。頻繁に居所を変更する会員の所在や健康状態を継続的に把握することは容易ではなく，同協会の訪問ケアワーカーは，クラ

イアントへの訪問活動を維持するために大きな努力を払ってきた。加えて近年では，ウォルキテ市近郊に国立大学が開校したことで市内の家賃が急騰し，郊外の不便な地区での暮らしを強いられるクライアントが増えている。ART支援グループの会合は，(HIV 陽性者の長期的な健康を維持するために有効だとしても) 当面の生活上の困難を解決してくれるものではない以上，同協会の会員にとっては，継続的な参加の動機を見いだしにくいように思われる。

ファナ協会の会員が抱える問題の複雑さに対して，同協会のもつ活動のリソースは限られている。過去の訪問ケア活動において，訪問ケアワーカーは基本的に無償で活動に従事し，交通費として月額250ブル (約1,250円) を受け取っていたにすぎない。現在，ファナ協会にはマサラト代表を含めて4名の常勤スタッフがいるが，給与の水準が低く優秀なスタッフが定着しないというのがマサラト代表の悩みである。これに対して，ファナ協会のスタッフが解決せねばならない問題は多岐にわたる。たとえば同協会のなかには，聴覚障害を抱え，かつ手話や読み書きを習得していない会員がおり，スタッフとの意思疎通に大きな困難がある。このほか，会員のなかにはHIV以外の身体的・精神的な疾患を抱えていると思われる者が少なくないが，ファナ協会のスタッフは医療および障害に関する専門知識をもたないために，的確な対応ができない場合がある。

前項で述べたように，NEP+ は国際的な資金へのアクセスを確立し，「慈善および協会活動に関する法令」施行後の困難な環境のなかでもその活動を維持してきた。しかしそれは，NEP+ に所属する数百の団体の一つであるファナ協会に対して，十分な活動のリソースが用意されているということではない。またNEP+ が促している訪問ケア活動からART支援グループ活動への移行は，限られたリソースを効率的に使うための合理的判断という側面はあるものの，ファナ協会にとっては，生活上の困難を抱えたクライアントに対するアウトリーチ活動の機会を失う結果となりかねないのである。

第4節　障害者団体の活動

　この節では，エチオピアの障害者が組織する当事者団体の活動について検討する。全国レベルの活動として，エチオピア障害者協会連合（Federation of Ethiopian National Associations of People with Disabilities）の傘下にあるエチオピア身体障害者協会（Ethiopian Association of the Physically Handicapped）の活動を検討する。また地域で活動する団体の事例として，アジスアベバ市のワレダ5障害者権利協会の活動をみる。これら二つの団体の事例からは，エチオピアの障害当事者運動がもつリソースがきわめて限られていること，および同国における障害者団体のネットワーク化の難しさを読み取ることができる。

1．エチオピア身体障害者協会の活動

　エチオピア障害者協会連合は，全国規模で活動する6つの障害者団体を傘下にもつネットワーク組織である。同連合を構成する6団体とは，エチオピア身体障害者協会，エチオピア盲人協会（Ethiopian National Association of the Blind），エチオピアろう者協会（Ethiopian National Association of the Deaf），エチオピア盲ろう者協会（Ethiopian National Association of the Blind-Deaf），エチオピア知的障害者協会（Ethiopian National Association on Intellectual Disability），エチオピアハンセン病者協会（Ethiopian National Association of Persons Affected by Leprosy）である。このうち設立の時期が早いのはエチオピア盲人協会（1960年）とエチオピアろう者協会（1971年）であり，他の団体は1990年代に現政権のもとで設立された。

　エチオピア身体障害者協会は1992年に設立された非政府組織であり，2010年に「慈善および協会活動に関する法令」に基づく国内協会として再登録された。同協会の事務所はアジスアベバ市役所から数百メートルの市中心部に位置しており，設立にあたっては現政権の支援もあった。現在は専門スタッ

フと事務スタッフあわせて5名が常勤している。身体に障害をもつ者が同協会の会員となるためには，毎月の会費を納入する必要がある。同協会は会員が必要な優遇措置を受けられるよう，公的機関を含む各種機関に宛てたサポートレターを随時発行している。同協会のアマン・ジャマル事務局長によれば，サポートレターの発行を希望する会員のなかには，アジスアベバ市内で住民登録カードの発行を希望する者，公営住宅への入居を希望する者，無料医療カードの発行を求める者が多い。ほかに多いのは就業や職業訓練に関するサポートレター発行の依頼である。同協会が発行したレターは，2013年6月までの1年間だけで2300通あまりにのぼる。

　サポートレターの発行に関して筆者が知り得た事例では，下肢に障害のある30代の女性がアジスアベバ市内中心部にある古い公営住宅からの退去を迫られており，住宅を管理するカバレ事務所[18]を説得する材料として，同協会からサポートレターを取得したというものがある。この事例には次のような事情がある。女性は母親とともにその公営住宅で暮らしていたのだが，母親は2012年になって新しく建設された郊外の公営住宅に転居し，母娘が別々の公営住宅で生活することになった。それまで母親に頼って生きてきた女性にとっては，母親から離れて自立した生活を始める好機でもあった。ところが住宅不足の深刻なアジスアベバでは，新規に建設された公営住宅の入居者の家族は，旧来の公営住宅から退去しなければならないと定められている。そこでカバレ事務所は，女性に退去を求めたのである。

　エチオピアにおいて何らかの交渉をおこなう者は，政府機関の発行するサポートレターをもつことで（その権威のもとで），有利に交渉を進めようとすることが少なくない。政府機関ではないものの，連邦政府の認可を受けた同協会の発行するサポートレターは，同国の身体障害者が最も身近に頼ることができる「権威」の一つであるといえよう。しかし同協会のサポートレターそのものに法的拘束力はなく，その要請を尊重するかどうかは各機関の判断に委ねられる。上記の事例では，カバレ事務所はいったんサポートレターを受け取ったものの，最終的に女性を退去させた。カバレ事務所の委員は女性

に対して，いずれ公営住宅に空きができたら優先的に入居させるという口約束をしたというが，あまり期待はできそうにない。公営住宅への入居はカバレ事務所の裁量権が大きく，その決定には多くの利害が絡むため，いったん退去してしまうと再入居は容易ではない。この事例で実際にカバレ事務所との交渉をおこなったのは女性の（身体障害をもたない）兄であったが，彼は退去が決まったあとで「もっと粘り強く交渉していれば違う結果になっていたかも知れない」と悔やんだ。

　この事例では女性の望む結果は得られなかったものの，協会のサポートレターがエチオピアで生活する身体障害者に対して一定の交渉力を付与していることは見て取ることができる。エチオピアの障害者およびその家族の生活を支える上で同協会は，地味ながら決して小さくない役割を担ってきたと考えられる。営々とサポートレターを発行し続けてきたスタッフの取り組みは賞賛に値する。

　ただし，このニッチな活動による貢献を除けば，同協会の活動は設立以来，長期にわたって停滞してきた。エチオピア政府は同協会に事務所の敷地と建物を提供し，スタッフの給与も支給しているものの，事業資金は国内のNGOや篤志家などから不定期に寄せられる寄付に頼っている。アマン事務局長によれば，過去にはスタッフに支払う給与が確保できず，事務所を週に２日しか開けない時期もあったという。

　アマン事務局長は現在，活動の活性化に取り組んでおり，2013年10月以降は常勤のスタッフが週５日の体制で事務所に常駐するようになった。2014年12月の調査時点では，一日に５人ほどの身体障害者が相談に訪れているとのことである。また同事務局長は，事業や組織体制の見直しもおこなっている。障害者の権利に関する啓蒙活動を柱とする５カ年事業計画の策定作業をおこなっており，2015年６月に開催される総会において採択される予定である。将来的には，専属のプロジェクト・オフィサーも雇用したいとのことであった。

　しかし前述のとおり，エチオピア政府は「慈善および協会活動に関する法

令」において，当事者団体の資金調達を厳しく制限している。とりわけアドボカシー活動にかかわる団体は，「90％ルール」と呼ばれる同法令の規定により，海外から調達する資金が活動資金の10％を超えてはならないとされる[19]。アドボカシー活動に関与するのは前述のNEP+も同様であるが，アマン事務局長の説明によれば，NEP+は「保健省の特別なサポート」があるために海外からの資金にアクセスできるのだという。これはNEP+がグローバルファンドから得ている事業資金の多くが政府機関の管理下にあることを指していると思われる（第3節1項参照）。NEP+のように政府機関と連携して事業を実施すれば，障害者の当事者団体も海外資金へのアクセスが容易になるというのがアマン事務局長の見通しである。

しかし現状では，同協会は活動のリソースを提供する国際的なパートナーをもたず，障害者のアドボカシー団体としての機能を十分に果たしていない。また（上述のサポートレターの発行を除いては，）障害者の生活の質の向上につながる直接的なサービスの実施（あるいはそのようなサービスを実施する団体への支援）もおこなっていない。NEP+がグローバルファンドから継続的に資金を調達し，国内の当事者団体の活動をサポートしているのとは対照的である。

2．ワレダ5障害者権利協会の活動

ワレダ5障害者権利協会は，アジスアベバ市ワレダ5に居住する障害者が組織する当事者団体である。ワレダ5とは，アジスアベバ市ルデタ区に属する行政区域の一つである（同市には10の区 kifle-ketema があり，その下にワレダ wereda がおかれ，さらにその下に前述のカバレがおかれている）。アジスアベバ市の労働社会福祉局（Bureau of Labour and Social Affairs）は市内に居住する障害当事者の組織化を推進しており，ワレダ5障害者権利協会も同局の指導の下で設立された。前項で述べた障害当事者の全国組織では障害の分野によって6つの組織にわかれているが，アジスアベバ市では，異なる障害をもつ人

たちがワレダ単位で一つの組織を形成する方針がとられている。

　ワレダ5障害者権利協会のバラタ代表は，家族とともに公営住宅で生活する視覚障害者である。バラタ代表は，障害者向けの雇用創出事業を実施している市内のNGOのもとで清掃用ブラシ等の製造に従事して収入を得ているほか，視覚障害者向けの学校にも通学しており，非常に多忙な生活のなかで同協会の代表として活動している。2014年12月の調査時点では，バラタ代表の協会は設立されたばかりで事務所は未開設であり，会員も54名にとどまっているとのことであった。ワレダ5の人口は数万人にのぼることから[20]，会員の数は大幅に増加する余地がある。バラタ代表は，障害者の住居の確保，就業および職業訓練の促進，すでに就業している障害者が抱えている問題の解決といった分野で活動を展開してゆきたい考えであるが，事業に必要なリソースへのアクセスのめどは立っていない。

　本節で検討した二つの障害者団体は，いずれも活動のリソース（とりわけ国際的な資金）へのアクセスに課題を抱えていた。エチオピアの障害者運動が抱える課題をもう一つ指摘するとすれば，それはネットワーク化の難しさである。筆者のインタビューに対して，エチオピア身体障害者協会のアマン事務局長とワレダ5障害者権利協会のバラタ代表はともに，両者の組織化の方針の違いが（前者が障害の分野を身体障害者に限定しているのに対して，後者は障害の分野を限定しないことが），組織間の協調関係を築きにくくしているとの認識を示した。

　前節で述べたNEP+が，「ネットワークのネットワーク」という方法によって，全国で活動するHIV陽性者団体の意思を一元的に集約する体制を構築してきたのに対して，エチオピアの障害当事者運動は，強力なネットワークハブをもたない。むしろ全国組織は連邦政府の指導下で，アジスアベバ市内の組織はアジスアベバ市当局の指導下でそれぞれ活動しているというのが現状であると思われる。

第5節 エチオピアの保健政策と当事者運動の課題

　この節では，第2節から第4節で検討してきたエチオピア政府の政策および当事者団体の取り組みをふりかえって，HIV陽性者および障害者の生活の質の向上という観点から，現在のエチオピア社会が抱えている問題について考察する。

1．保健政策の課題

　まずはエチオピア政府の取り組みについて，第2節でみたように，政府はHIV感染症対策で顕著な成果を挙げてきたのに対して，障害問題では政策目標を示したのみで，障害者の生活の質を向上させる具体的成果に至っていない。これは一つには，制度上の問題として理解することができる。HIV対策を主管する保健省が，保健所という拠点および保健普及員という人員を全国に展開している，つまり国民生活に直接働きかけるチャネルを有しているのに対して，労働社会福祉省は，それに匹敵するような実施機関をもたない。エチオピアの社会福祉行政は，実質的に政策立案の機能しかもたないのである。

　もっとも当時者の生活の質につながる開発という視点からは，エチオピア政府によるHIV対策・障害対策は同様の問題を抱えているというべきだろう。第2節でみたように，エチオピア政府によるHIV対策の顕著な成果は，国民全般を対象とした予防と治療の分野において達成されたものであり，全般的な健康指標の改善には結びつくが，個々人が抱える多様な健康ニーズには無関心である。保健普及員の活動は疾病予防に重点をおくもので，HIV陽性者の生活を個別に支援する訪問ケアのような活動は視野に入っておらず，同様に障害者の生活支援を目的としたCBRのような取り組みも視野に入っていない。エチオピアの保健政策およびその主軸である保健普及員活動は，

感染症対策のようにトップダウン型の情報提供によって国民全般の健康指標を改善する取り組みでは有効であるが，個人によって異なる多様な保健ニーズに応えるような取り組みは前提とされていないのである。

2．二つの当事者運動の比較

　つぎに当事者団体の取り組みであるが，ここでは(1)当事者団体のネットワーク化，(2)国際的な資金へのアクセス，(3)政府との交渉力，および(4)当事者の生活の質の向上につながる取り組みの4点について，HIV陽性者と障害者の当事者運動を比較したい。まず(1)から(3)の点については，HIV陽性者運動と障害者運動とのあいだには顕著な違いがみられた。HIV陽性者運動についてみると，NEP+が「ネットワークのネットワーク」体制の頂点に立つことでエチオピアのHIV陽性者運動を代表する地位を築いており，ファナ協会のように地域で活動する陽性者団体は，資金と知識の両面でNEP+のサポートを受けて活動している。NEP+はグローバル規模の活動リソースにアクセスをもつと同時に，活動を規制する法令の解釈では政府に対して強い交渉力を発揮している。これに対してエチオピアの障害者団体は，少なくとも本章で検討したかぎりにおいては，NEP+に匹敵するような強力なネットワークハブをもたず，組織間の協調関係も確立されていない。国際的な身体障害者運動のネットワークやリソースからは孤立しており，また政府の政策に対して交渉力を発揮するというよりは，政府の指導下でそれぞれ与えられた役割を果たそうとする傾向がみられた。

　続いて(4)当事者の生活の質の向上につながる取り組みについてみると，ファナ協会の事例でみたように，HIV陽性者団体のなかにはグローバルファンドおよびNEP+のサポートを受けながら，陽性者の生活の質を支える活動を積極的に実施してきた団体がある。しかしファナ協会は，生活上のさまざまな困難を抱えた会員に対して必要なケアを提供するだけのリソースをもっていない。2014年になって訪問ケア活動への資金提供が打ち切られたことで，

クライアントの生活状況を確かめるアウトリーチ活動の機会が失われてしまった。また本章で検討した障害者団体についていえば，エチオピア身体障害者協会のサポートレターのように，ニッチな分野で重要な活動をおこなってきた事例があるものの，当事者の生活の質を支えるためのリソースの不足はより深刻である。

3．「2010体制」下のエチオピアにおける当事者運動

エチオピアにおける二つの当事者運動のあいだに，上述のいくつかの点で顕著な違いが生まれた背景としては，国際的・国内的な活動環境の違いを指摘してよいだろう。国際的な活動環境の違いは，HIV 陽性者運動がグローバルファンドという卓越した資金提供機関に支えられているのに対して，障害当事者運動にはそれに匹敵するパートナーが見当たらないということである。ここで重要なのは，グローバルファンドの資金が CCM や資金受入責任機関といったメカニズムを通じて配分されることであろう（第3節1項）。NEP+ はこれらのメカニズムに参画することによって，国際的な資金へのアクセス，政府に対する交渉力，および国内の陽性者団体に対する求心力を同時に高めることができた可能性が高い。

他方で国内的な活動環境の違いは，エチオピアにおける「2010体制」の成立と関係している。NEP+ が活動を開始した2004年は，グローバルな HIV 陽性者運動が大きな盛り上がりを見せていた時期であった。何よりも当時のエチオピアには，市民社会活動をおこないやすい（少なくとも敵対的ではない）政治的環境があり，国際的なリソースへのアクセスに対する障壁が低かった。これに対してエチオピア障害者協会は，NEP+ より10年以上も早く設立されていながら，グローバルなネットワークやリソースと接続する機会を逃してしまった。ふりかえってみれば，エチオピアでは市民社会運動に適した政治的環境が消滅する前（すなわち2009年の「慈善および協会活動に関する法令」施行以前）の2000年頃から HIV 対策が開発上の重要課題と認識され

るようになり，その間に HIV 陽性者団体の活動ネットワークが確立された。これに対して障害問題は，2010年頃からようやく重要な社会的課題と認識されるようになったのだが，その時点ではエチオピアの政治的環境はすでに，市民社会活動に敵対的なものになっていた。その敵対性ゆえに，障害者の抱える問題に対する当事者団体および市民社会の取り組みが著しく制限されているのである。

　上述のとおり，政府は保健分野の取り組みに多くの政治的・財政的・人的リソースを投入しながらも，トップダウン型の制度デザインを強く指向し，HIV 陽性者および障害者の多様な保健ニーズに応える意思をもたない。したがって当事者のニーズを受け止め，その生活を支える努力は，当事者の運動に委ねられている。当事者が抱える多様なニーズを最もよく理解し，最も適切なケアを提供できるのは当事者自身であるという考えに基づくならば，当事者の生活支援を当事者団体に委ねること自体は，必ずしも誤った政策判断ではない。またファナ協会やエチオピア身体障害者協会のように，与えられたリソースの範囲でその責任を果たそうとする当事者団体もある。問題は，政府が陽性者や障害者の生活支援を当事者団体に委ねながら，当事者団体の活動に必要なリソースを提供していないことである。また「2010体制」のもとでは，政府が開発のリソースを独占し，市民社会活動に敵対的な政治的環境をつくりだすことによって，実質的に当事者団体の活動を困難にしていることが問題なのである。

おわりに

　保健普及員制度を根幹としたエチオピアの保健政策は，低所得国におけるユニバーサル・ヘルスケアの導入をめざす国際的な政策潮流のもとで高い評価を獲得してきた。これに対して本章では，陽性者と障害者の保健ニーズという視点から，開発主義体制下のエチオピアにおける保健政策の問題点を明

らかにした。

　エチオピアの現政権は，事実上の一党体制のもとで開発のリソースを国家が独占する開発主義体制を構築し，保健分野を含む社会経済開発への投資をすすめてきた。そして同国政府は，トップダウン型の画一的な介入が有効な分野では，国民の生活の質の改善に大きく貢献してきた。政府が抗HIV薬を国民に無償で提供することをとおして，多くの陽性者の生活の質の改善がされたことはその一例である。抗HIV薬へのアクセスはHIV陽性者に共通のニーズであることから，画一的な介入がとりわけ有効な保健分野である。

　他方で障害問題という枠組みにおいては，画一的な介入が有効な「障害者に共通の」ニーズを想定することは困難である。またHIV陽性者についても，実際には抗HIV薬へのアクセスに止まらない多様な保健ニーズを抱えた人々を想定する必要がある。しかしエチオピア政府は，陽性者や障害者の多様な保健ニーズを視野に入れた取り組みをしているとは評価しがたい。保健省が全国展開している保健普及員の活動には，訪問ケアやCBRのような生活支援の取り組みは組み込まれていない。エチオピアにおいて陽性者や障害者のニーズを受け止め，その生活を支える努力は事実上，当事者の運動に委ねられている。しかし開発主義体制下のエチオピアでは，市民社会の活動が厳しく制限されており，当事者団体が活動のリソースにアクセスしたり，当事者のニーズを政策に反映させることが困難になっている。

　とりわけエチオピアの障害者運動は，「2010体制」のもとで国際的なリソースへのアクセスを得られていないことによる制約が大きい。「2010体制」が当面のあいだ続くとして，そのもとでエチオピアの障害者運動がおかれた状況を変えるためには，保健省との連携のもとでグローバルファンドの資金にアクセスしているNEP+の経験が参考になるだろう。エチオピア身体障害者協会あるいはその上位団体であるエチオピア障害者協会連合のような組織が，障害者運動のネットワークハブとして主管官庁である労働社会福祉省と連携し，同省を経由して国際的な資金にアクセスするような仕組みをつくれないだろうか。ネットワークハブの形成によって障害者運動がより大きな

交渉力を獲得すれば，政府の政策策定や法令解釈に対して影響を与えることも可能になろう。

政権への影響力を確保するという点では，政府とのあいだに太いパイプを有し公的機関に人材を送り込んできた南アフリカ共和国の障害者運動の経験も参考になると思われる（第7章参照）。エチオピア現政権は，社会改革という目的に対する当事者運動の価値そのものを否定しているわけではなく，「2010体制」下で求められる条件を満たせば（つまり活動資金の管理に対する政府の介入を認め，政権への敵対勢力とみなされないようにふるまえば），政府と当事者運動との間に建設的な対話が成立する余地はある。大切なのはもちろん，そのような対話の結果として，当事者の生活の質の向上につながるような取り組みが，より多く生まれることである。

〔注〕
(1) 本章では，HIV/エイズという表現をなるべく用いないことにする。適切な治療を受けているHIV陽性者はふつう，生涯にわたって後天性免疫不全症候群（エイズ）の発症を経験することがない。このことを踏まえ，本章では基本的に「HIV問題」「抗HIV治療」のような表現を用い，必要に応じてエイズの問題に言及することにする。
(2) 故メレス・ゼナウィ首相は，EPRDF政権が目指すのは「民主的な開発主義」であると主張したが，実際には「2010体制」は，冷戦下インドネシアのゴルカル政権に見られたような権威主義的な開発主義に近いというのが筆者の見解である（西 2014）。
(3) エチオピア政府が導入しようとしている健康保険制度は，公務員を含む正規部門の被雇用者とその家族を対象とした社会健康保険（Social Health Insurance）と，農村住民および非正規部門に従事する者を対象としたコミュニティ型健康保険（Community-based Health Insurance）の二つのスキームからなる。対象者の数が多いのはコミュニティ型健康保険であり，将来的にはこのスキームだけでエチオピア国民の83.6%をカバーするというのが，保健省のもくろみである（Noah and Accorsi 2013）。
(4) エチオピア政府による国民1人当たりの保健支出は，米ドル購買力平価に換算して1995年に5ドルであったのが，2013年には42ドルとなった。WHO Global Health Observatory Data Repository [http://apps.who.int/gho/data/view.main] による，2015年12月1日閲覧。

(5) 2005年5月国政選挙，およびその後の騒乱の経緯については，拙著『現代アフリカの公共性』(西 2009) の第3章1節および「あとがき」を参照。
(6) "Proclamation to Provide for Freedom of the Mass Media and Access to Information," No. 590/2008, *Federal Negarit Gazeta* 14/64, December 4, 2008.
(7) "Proclamation to Provide for the Registration and Regulation of Charities and Societies," No. 621/2009, *Federal Negarit Gazeta* 15/25, February 13, 2009.
(8) 同法令の具体的な制約およびエチオピアのHIV陽性者運動・障害者運動に与えた影響については，本章第3節1項および第4節1項において検討する。また同法令がエチオピアにおける市民社会組織の活動一般に与えた影響については Dupuy, Ron, and Prakash (2014) のほか，DAG Ethiopia の一連の報告書 (2012; 2013a; 2013b) を参照。
(9) 開発主義体制の確立に伴い，保健政策以外の政府の開発政策にどのような変化があったかは，別のところで論じている (西 2014)。
(10) UNAIDS AIDSinfo [http://www.unaids.org/en/dataanalysis/datatools/aidsinfo] による，2014年12月16日閲覧。
(11) 人類学者のゲブレ・インティソらは，政府の障害問題への取り組みを評価した報告書で，「障害問題をメインストリーム化するという政府の公約は，概して中味のないレトリックにとどまっている」と述べている (Gebre, Merhatsidk, and Abebe 2013: 41)。
(12) "Proclamation to ratify the convention on the rights of persons with disability", *Federal Negarit Gazeta* 16/32, Proclamation No. 676/2010.
(13) "Proclamation to provide for the right to employment of persons with disability", *Federal Negarit Gazeta* 14/20, Proclamation No. 568/2008.
(14) "Proclamation to provide for the definition of powers and duties of the executive organs of the Federal Democratic Republic of Ethiopia", *Federal Negarit Gazeta* 17/1, Proclamation No. 691/2010.
(15) 同法第88条参照。
(16) 70/30ルールの解釈上の問題については，DAG Ethiopia による報告書 (DAG Ethiopia 2012; 2013b) を参照。
(17) マサラト代表自身の語りにもとづく彼女のライフストーリーについては Nishi (2014) でより詳しく論じた。
(18) カバレ (*kebele*) はアジスアベバ市行政の末端を担う組織であり，住民から選ばれた議長と評議会の委員を中心に運営されている。カバレ事務所は *kebele bet* と呼ばれる旧来型の公営住宅を管理するほか，住民登録カードを発行するなど市民生活に対して重要な役割を担っている。
(19) 「慈善および協会活動に関する法令」第2条2項，14条2項および5項参照。
(20) ワレダ5の人口を示した統計は最近のものが見あたらないが，参考までに

1994年に実施された人口調査では，同地区の人口は約8万5000人であった（CSA 1995）。

〔参考文献〕

<日本語文献>

西真如 2009.『現代アフリカの公共性——エチオピア社会にみるコミュニティ・開発・政治実践——』昭和堂．

西真如 2012.「ウィルスとともに生きる社会の条件——HIV 感染症に介入する知識・制度・倫理」速水洋子・西真如・木村周平編『講座生存基盤論 第3巻 人間圏の再構築——熱帯社会の潜在力——』京都大学学術出版 155-181.

―――― 2014.「エチオピアの開発と内発的な民主主義の可能性—メレス政権の20年をふりかえる」大林稔・西川潤・阪本公美子編『新生アフリカの内発的発展——住民自立と支援——』昭和堂 56-77.

西真如・姜明江. 2013「感染症治療に服薬者の社会関係が果たす役割」『社会医学研究』30(2) : 85-94.

<英語文献>

Anand, Sudhir. 2012. "Human Security and Universal Health Insurance." *The Lancet* 379 (9810) : 9-10.

Baker, Craig, et al. 2013. *The New Prosperity: Strategies for Improving Well-Being in Sub-Saharan Africa.* Boston: The Boston Consulting Group.

Balabanova, Dina, et al. 2013. "Good Health at Low Cost 25 Years on: Lessons for the Future of Health Systems Strengthening." *The Lancet* 381 (9883) : 2118-2133.

CSA (Central Statistical Authority) 1995. *The 1994 Population and Housing Census of Ethiopia: Result for Addis Ababa* (Volume 1 Statistical Report). Addis Ababa: CSA.

―――― 2010. *Population and Housing Census Report: Country 2007.* Addis Ababa: CSA.

DAG Ethiopia. (Development Assistance Group Ethiopia) 2012. *Potential Impact of the Guideline to Determine Charities' and Socities' Operational and Administrative Costs.* Addis Ababa: DAG Ethiopia.

―――― 2013a. *Intermediary INGO Operations and the 70/30 Guideline.* Addis Ababa: DAG Ethiopia.

―――― 2013b. *Impact of the Guideline to Determine Charities' and Societies' Operational and Administrative Costs* (70/30 Guideline) (Phase III). Addis Ababa: DAG Ethiopia.

Dupuy, Kendra E., James Ron, and Aseem Prakash. 2014. "Who Survived? Ethiopia's Regulatory Crackdown on Foreign-Funded NGOs." *Review of International Political Economy* (Published online on April 10, 2014) : 1–38.

HAPCO (HIV/AIDS Prevention and Control Office) 2009. *Guidelines for Greater Involvement of People Living With HIV/AIDS (GIPA) in Ethiopia.* Addis Ababa: HAPCO.

Kesetebirhan, Admasu. 2013. "The Implementation of the Health Development Army: Challenges, Perspectives and Lessons Learned with a Focus on Tigray's Experience." *Quarterly Health Bulletin* (Federal Ministry of Health, Ethiopia) 5 (1) : 3–7.

Koblinsky, Marge, et al. 2010. "Responding to the Maternal Health Care Challenge: The Ethiopian Health Extension Program." *Ethiopian Journal of Health Development* 24 (Special Issue 1) : 105–109.

Mekbib, Tekle-Ab. 2007. "The Health Extension Program: A Flagship for Bringing Health Services to the Doors of Communities." *Ethiopian Journal of Reproductive Health* 1 (1) May: 75–85.

MoFED (Ministry of Finance and Economic Development) 2010. *Growth and Transformation Plan.* Addis Ababa: MoFED.

MoH (Ministry of Health) 2004. *Ethiopian Strategic Plan for Intensifying Multi-Sectoral HIV/AIDS Response.* Addis Ababa: MoH.

—— 2005. *Health Service Extension Programme: Draft Implementation Guideline.* Addis Ababa: MoH.

—— 2007. *Health Extension Program in Ethiopia.* Addis Ababa: MoH.

—— 2010. *Health Sector Development Program IV.* Addis Ababa: MoH.

MoLSA (Ministry of Labour and Social Affairs) 2012. *National Plan of Actions of Persons with Disabilities (2012–2021).* Addis Ababa: MoLSA.

Nishi, Makoto. 2014. "Care, Voice, and Womanhood: Narrative of an Ethiopian Woman with HIV." Paper Presented at the 57th Annual Meeting of the African Studies Association, JW Marriott Indianapolis Hotel, Indianapolis, Indiana, USA, November 20–23, 2014.

Noah, Elias, and Sandro Accorsi. 2013. "Countdown to 2015: The Performance of the Health Sector in the Second Year of HSDP IV (EFY 2004)." *Quarterly Health Bulletin* (Federal Ministry of Health, Ethiopia) 5 (1) : 8–20.

Oxfam. 2013. *Universal Health Coverage: Why Health Insurance Schemes Are Leaving the Poor behind.* Oxfam Briefing Paper 176, Oxford: Oxfam International.

Rodin, Judith, and David de Ferranti. 2012. "Universal Health Coverage: The Third

Global Health Transition?" *The Lancet* 380 (9845) : 861-862.
Singh, Prabhjot, and Jeffrey D. Sachs. 2013. "1 Million Community Health Workers in Sub-Saharan Africa by 2015." *The Lancet* 382 (9889) : 363-365.
Tadesse, Mizanie Abate. 2012. "A Rights-Based Approach to HIV Prevention, Care, Support and Treatment: A Review of Its Implementation in Ethiopia." PhD Dissertation submitted to the Department of Interdisciplinary Studies, Graduate School of the University of Alabama.
Workie, Netsanet W., and Gandham N. V. Ramana. 2013. *The Health Extension Program in Ethiopia.* (Universal Health Coverage Studies, 10) Washington, D.C.: The World Bank.
WHO (World Health Organization) 2010. *Health Systems Financing: The Path to Universal Coverage.* Geneva: WHO.
―――― 2011. *World Report on Disability.* Geneva: WHO.

第4章

ケニアにおける障害者の法的権利と当事者運動

宮 本 律 子

　はじめに

　ケニアの障害者に関する学術的研究は，全体としてあまり数は多くない。1980年代から2000年代初頭までのものとしては，国際障害者年に啓発されて書かれた Nkinyangi and Mbindiyo（1982）などの他に，研究者による論文としては，ケニアにおけるろう者のための教育を概観した Kiyanga and Moores（2003）や児童法（2001年）と障害者法（2003年）が障害児の教育にもたらした影響を論じた Ndurumo（2005）などがある。また，ケニアの障害者のおかれている実態を報告したものとして，アフリカ盲人同盟（African Union of the Blind: AFUB）（AFUB 2007）や国際労働機関（International Labour Organization: ILO）（ILO 2009）等の当事者団体や国際機関の調査報告が発表されている[1]。これら2000年代はじめまでに発表されたものはいずれも，WHO や世界銀行による推計のデータに基づき状況を論じている。当時，ケニア政府の情報公開が十分ではなく，インターネットでの統計の公表にも技術上の問題が多くあり，障害者の人数や障害の種類別の割合などの基本的データが入手困難で，国際的機関であっても推定による数しか出せない状態であったからである。しかし，次項で述べるように2008年に初めて実施された全国規模の障害者調査の結果が発表され，2010年ころからようやくさまざまな公的文書や統計がインターネット上でアクセスできるようになり，政府発表のデータに基づく

研究報告がなされるようになってきた。Ingutiah (2012) が2009年のセンサス（国勢調査，これ以降，2009年センサスと記す）の結果を用いて障害者の社会経済的状況を分析し，また，ケニア・ウガンダ・タンザニアの東アフリカ3国の障害者政策の実施体制を比較研究した Yokoyama (2012) なども発表されている。

一方，ケニアの障害者に関する日本語文献は，医療・福祉的な観点から報告した田口（1997），ろう者の状況を社会学的にまとめた古川（2007）や原山（2011）などの報告があるが，障害者政策や法制，当事者団体の活動などの全体像をとらえた調査研究はほとんどなかった。

本章では，これまで発表されたケニアの障害者と法的権利にかかわる文献資料と，最新の2009年センサスとケニア全国障害者調査（NCAPD and KNBS 2008これ以降，「障害者統計2008」と記す）をもとに，ケニアの障害者の権利にかかわる法整備の変遷を，国レベルと当事者レベルで考察する。その具体的な例として，ろう者をめぐる状況と当事者運動をみていく。障害学における「障害」のとらえ方は，障害の原因を個人の身体的機能の不全のみに帰し，障害者の社会参加の度合いは医者や福祉施設を含む医療システムによって決定されるとみる「医学・リハビリモデル」から，障害を個人の属性ではなく，個人と社会の関係から定義し，変革を求められるのは個人ではなくむしろ社会の側であり，どのような生活を送るかを決定するのは当事者である障害者の側であると考える「社会モデル」へと変化してきたのであるが（杉野 2007, 1-13; 森 2012, 9-28)，ケニアでも，世界の他地域と同様，慈善運動を出発点とする医学・リハビリモデルから社会モデルへと障害者をめぐる制度や運動が変わってきたのがよくわかる。ただ，国連の貧困削減目標と障害者とを有機的に結び付けた「障害と開発」という観点からの政策はまだ途上にあることを提示してみたい。

第1節　ケニアの障害者の概況

1．統計

　ケニアの人口統計は5年ごとに行われるセンサスにより公表されているが，障害者に特化した調査は長い間実施されなかった。しかし後述するような国内気運の高まりの結果，障害者法が2003年に成立し，その後2007年に初めてサーベイが行われた。その結果をまとめたのがNCAPD and KNBS（2008）である。今のところ，政府が実施した全国的な調査に基づく障害者に関する統計としては，これと，その直後実施された，より大きな規模の2009年センサスのなかの障害者データの二つしかない。

　障害者統計（2008）はサンプル調査法により実施されたもので，1999年のセンサスに基づいて分けられた全国1,800のクラスターから600（436が農村部，164が都市部）が抽出され，各クラスターから25の世帯を無作為に抽出し，総計15,000の世帯を調査対象とした。この調査から，ケニア全体の障害者数は全人口の4.6％で，性別では男性50.7％，女性49.3％，障害の種類別では，身体障害が34.1％でもっとも多く，つぎに視覚障害（30.2％），聴覚障害（11.7％）の順となっていることがわかった。男女別に障害の種類別ごとの比率を表したものが表4-1，障害者の多い3つの州の割合示したものが表2である[2]。

　一方，2009年センサスによると，ケニア全国の障害者数は133万312人で，全人口の3.5％とされている。2009年センサスによる障害者のデータは表3のとおりである[3]。

　この二つの統計に関しては，筆者がインタビューをした障害者たちすべてが，また，政府機関の代表者さえも，障害者の割合が全人口の5％を下回るという数字は正確ではないだろうと述べている[4]。世界保健機構（WHO）の推計によれば，世界の多くの国々およびアフリカ地域において障害者の比率は10％から15％を占めるといわれており，ケニア政府の発表した3.5％（2009

表4-1 障害者統計 (2008)

障害の種類	男性（%）	女性（%）	障害者全体に占める割合（%）
身体障害 Physical	49.7	50.3	34.8
視覚障害 Visual	44.7	55.3	30.4
聴覚障害 Hearing	50.9	49.1	10.9
言語障害 Speech	54.7	45.3	4.3
知的障害 Mental	54.3	45.7	6.5
自立生活困難 self-care	55.2	44.8	8.7
その他 Others	45.5	54.5	4.3
全障害	49.6	50.4	100

（出所）　NCAPD and KNBS（2008, 22）に基づき筆者作成。

表4-2　障害者統計（2008）で障害者の割合が高い州

順位	州（Province）	比率
1	ニャンザ Nyanza	6.8%
2	コースト Coast	5.2%
3	セントラル Central	5.2%

（出所）　NCAPD & KNBS（2008, 21）に基づき筆者作成，州は，新憲法以前の旧制度のもの。

年センサス）および4.6%（障害者統計2008）という数字は，確かにかなり低いといわざるを得ない。

　これには，森・山形（2012, 29）で指摘されている通り，非障害者が障害者を実際数より少なく認識するような社会的・歴史的な背景があると同時に，

表4-3　2009年センサス の障害者統計

障害の種類	男性（%）	女性（%）	障害者全体に占める割合（%）
身体障害・自立生活困難 Physical/Self Care	47.9	52.1	31.1
視覚障害 Visual	46.4	53.6	24.9
聴覚障害 Hearing	47.8	52.2	14.1
言語障害 Speech	53.6	46.4	12.2
知的障害 Mental	55.2	44.8	10.2
その他 Others	44.4	55.6	7.5
全障害	48.7	51.3	100

（出所）　KNBS（2010, 399 Table14）に基づき筆者作成。

障害についての不十分な知識に基づいて実施された調査方法に問題があったと考えられる。2008年の調査方法をみると，英語やスワヒリ語が分からない調査対象者のために，11種類の言語別に調査員チームをつくったことがわかるが，手話については言及がない（NCAPD and KNBS 2008, 8-9）。調査員として選ばれたあるひとりのろう者によると，彼は耳の聞こえない人への聞き取りを担当したのではなく，通訳もなしに他の聴者と同じ調査をおこなったという。一方，手話が使用できるのはこの人ひとりだったので，手話を知らない大多数の調査員にとっては，耳の聞こえない調査対象者から十分な聞き取りができたかは疑わしい。このろう者は，自分が調査員として選ばれたのは，手話によるコミュニケーションができるという理由ではなく，単に調査員のなかに障害当事者が参加しているということをアリバイとして残したかったのだろうと語っていた（2013年8月，宮本による聞き取り）。

実際のところ，調査報告書には，130名の調査員のうち6％は障害当事者

で，2003年の障害者法第13条に定められた「すべての組織は公私を問わず，その従業員の5％を障害者とする努力をする」という基準を上回っていると述べられている。ところが，このろう者の証言にあるように，障害者の特性に配慮した調査手法が採用されたとは考えられず，したがって，正確な情報を収集できたかには疑問が残るのである。

また，2009年センサスの報告でも，子ども，高齢者，認知・精神障害者については，本人から話を聞けず代理回答が多かったので障害者の数字は少なめになっている，と認めている。(KNBS 2010, 28)

このように，初めての全国規模の障害者調査を実施したにもかかわらず，その調査方法に瑕疵があったことは，調査に対する信頼性を損なうものであるといわざるを得ない。とはいえ，現段階で正式に公表されている大規模な統計はこの二つのみなので，本章ではこのデータを参照することとする。

2．障害者団体

国際的障害者団体，ハンディキャップ・インターナショナルのデータ (Handicap International 2010) によると，ケニアの障害者団体は，89団体ある。ただし，この統計は2009年時点でのデータであり，その後すでにケニアでの活動を終了して撤退した海外の団体等も含まれ，またその後新しくつくられた団体は含まれていないので最新の情報とはいえないが，ここから，およそ100弱の団体がケニアには存在すると推計できる。このなかで障害当事者により運営されていると考えられる代表的な非政府系団体は，個々の非政府系団体を束ねているケニア障害者統一連合（United Disabled Persons of Kenya: UDPK）のほか，ケニア身体障害者協会（Association of the Physically Disabled in Kenya: APDK），ケニア盲人連盟（Kenya Union of the Blind: KUB），ケニア全国ろう者協会（Kenya National Association of the Deaf: KNAD），ケニア・アルビニズムの会（Albinism Society of Kenya: ASK）などがある。障害者（児）の親の会としては，ケニア精神障害者の会（Kenya Society for the Mentally Handicapped), ケニア知的障害者協会 (Kenya Association for Intellectually Handicapped), 障害者の親のネットワーク (Network of Parents of Persons with Disability), ケニアろう児の親協会 (Kenya Association for Parents of the Deaf), ケニア自閉症協会 (Autism Society of Kenya) などの団体がある[5]。

第2節　ケニアの貧困

ここでケニアの障害者がおかれている状況を理解するために，ケニア全般の概況を貧困や開発の視点からみておこう。

ケニアの1人当たりGDPは840ドル（2012年）で，東アフリカ共同体（East Africa Community: EAC）諸国のなかではもっとも高いが，サブサハラ・アフリカ全体では中位である。2005年の経済成長率は5.8％，2007年5月には6.7％だったが，急激な人口増加と2008年に起きた総選挙後の暴動による影響もあって，総人口の56％が1日1ドルの生活を余儀なくされ，45.9％が絶対的貧困状態にある（KNBS2014）。

ケニア統計局が世界銀行，スウェーデン国際開発協力庁 Swedish International Cooperation Agency: (SIDA) などと共同で2005年に実施した調査 "Geographic Dimensions of Well-Being in Kenya" によると，ケニア全体の平均貧困率は44％，貧困率がもっとも低いのはCentral州で貧困率31％，貧困率がもっとも高いのはWestern州の68％となっており，地域による格差が非常に大きいことがわかる。ケニアの栄養不足の人口は全体の25％を占めるという（KCBS 2005）。

そこでケニア政府は2008年6月に「ケニア・ビジョン2030」（*Kenya Vision 2030*）を策定し，「2030年までに，世界的に競争力があり，高い生活の質を伴う繁栄した国をつくる」ことを大目標に掲げ，2030年までの中所得国入りをめざしている。このビジョンの下で，（ア）経済面では年間10％平均の経済成長の達成とその2030年までの維持を，（イ）社会面では清潔で安全な環

境における公正かつ公平な社会開発を，(ウ) 政治面では課題達成型，人々が中心，結果重視かつ説明責任のある民主システムの実現を目標としている（外務省 2013, 407-415）。

このケニア・ビジョン2030では，社会面での重要な要素の一つとして「ジェンダー・若者・脆弱な集団」への特別規定を設けるとし，この「脆弱な集団」のなかに障害者をとらえている。政策としては，「脆弱な集団の人々が意思決定の場に参加する」よう保障するとされおり，障害者の開発へのインクルージョンについて明言されている（Kenya 2007, 139）。

ところが，ケニア・ビジョン2030の達成状況を報告した文書では，ミレニアム開発目標（MDGs）の指標について言及し，貧困率は1997年の52.3％から2006年の45.9％へと減少しているものの，都市部（33.7％）と農村部（49.1

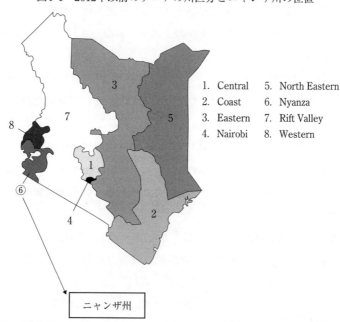

図4-1　2012年以前のケニアの州区分とニャンザ州の位置

1. Central　5. North Eastern
2. Coast　6. Nyanza
3. Eastern　7. Rift Valley
4. Nairobi　8. Western

(出所)　筆者作成。

％）の格差は依然として拡大傾向にあると述べられている（IMF 2012: 9）。先の障害者統計（2008）で，ケニア西部の貧困地域ニャンザ州において障害者の割合が最も高いことをみても，貧困と障害の関係性がみて取れよう（旧制度の州の区分とニャンザ州の位置については図4-1を参照）。

第3節　ケニアの障害者をめぐる運動と法制度の変遷

つぎに，ケニアにおける障害者のための法制度がどのようにつくられ，それらに障害者自身はどのようにかかわってきたかを詳しくみていきたい。

1．慈善運動

Ingstad and Grut（2007, 11）によると，記録されているもので最も古い障害者のためのサービスは，1946年の救世軍教会（Salvation Army Church）による盲人プログラムである。これは，第2次世界大戦で視力を失った兵隊のためにつくられたリハビリテーション施設であった。その後，このプログラムが発展し，1956年，ケニアのみならず東アフリカでは初めての盲学校となった。現在もこの救世軍教会による盲学校は存在し，ナイロビから約50キロメートル北東にあるThikaという町で，ケニアでは唯一の中等レベル（14歳〜18歳）の盲学校として存続している[6]。その後，カトリック，長老派教会，アングリカン，メソジストなどのキリスト教各宗派が相つぎいで障害児のための教育に着手するようになり，布教活動とともに盲学校，ろう学校，肢体不自由児童のための学校などを建てていった。このように，ケニアの障害者のための運動の初期は宗教団体による慈善活動から始まった。

2. リハビリテーション

宗教団体の慈善活動が活発になるに従い，次第に英領ケニア政府もこれらの学校に教師や経済的援助を行い始め，運営にもかかわるようになった。1950年代には，植民地立法府（Colonial Legislative Council: Legco）により，障害者への特別なサービスを提供するための法令がつくられた[7]。これらの法令により1953年，ケニア身体障害者協会（the Association for the Physically Disabled of Kenya），1956年にはケニア盲人の会（the Kenya Society for the Blind: KSB），1958年ケニアろう児の会（The Kenya Society for Deaf Children: KSDC）が設立された。また，政府主導とは別に，さまざまな非政府団体も活動を始めた。例としては，Sight Savers[8]，Sense International[9]，Leonard Cheshire Disability[10]，Handicap International[11]などの団体である。それぞれケニアに入ってきた時期は異なるが，いずれもヨーロッパ，とくに元の植民地宗主国であったイギリスの人々が主導する形のリハビリテーション型の活動であった。先のケニア盲人の会に関する法令によると，盲人の会設立の目的は「盲人の福祉，教育，訓練および就職を向上させ，視覚障害の予防および軽減を援助すること」となっており，障害者の福祉および医学的リハビリテーションが目的であり，障害当事者の主体的参加の視点はあまり考えられていなかったといえる。各団体の英語名称が「…の（of）または…による（by）」ではなく「…のための（for）」となっていることからも，当事者の運営による団体ではないことがうかがえる。

3. 当事者による運動

上述した盲人の会が障害者による運営組織としてはもっとも古いものであるが，障害者自身が社会参加を求めるものとしておこなわれた運動のなかで特筆すべき出来事が1964年におこった。障害者のグループがナイロビのス

テートハウス（現在の大統領官邸）の前で夜を徹してのデモを行い，当時の大統領ジョモ・ケニヤッタに対して，障害者が社会参画から疎外されている状況を改善してほしいと求めたのである（AFUB 2007, 32）。これに対して，ケニヤッタ大統領は同年，ケニアの教育システムを植民地型からアフリカ独自の制度へと変革させることを目的として調査報告する諮問機関 Ominde Commission[12]を創設させた。この諮問機関はその後のケニアの教育制度を形つくる重要な答申をしているが，障害者に関係のあることとしてつぎのようなことが重要であると述べている。

(1)障害から生じる問題に対する気づき（awareness）
(2)すべての年齢の子どもの交流，発達，教育にかかわる障害の影響に関して教師が知識をもつ
(3)障害者のためのサービスの質およびその実施の方法の向上に向け，政府が調整する

（出所）*Sessional Paper No. 5 of 1968 of the Kenya Parliament*, 番号は筆者による。

この報告の結果，障害者問題への取り組みが徐々に広がっていく。1971年には職業リハビリ担当部署が政府内につくられ，産業リハビリセンターが全国11か所に開設された。その4年後には特別教育部門が教育省につくられた。このように，障害者のための政策の始まりが，障害者自身が立ち上がり大統領に向けて直接訴えるという1964年の出来事であったということは，当事者運動の観点から画期的なものであったといえよう。

その後，およそ20年間は障害者の当事者運動はあまり活発ではなかったが，この1964年のデモを発端に始まった特別教育を受けた障害者たちが，力を蓄えていく時期だったと考えられる。やがて，1980年代後半になると，世界的に障害者自身のアドボカシー運動が盛んになるのと並行して，ケニアでも当事者による団体の設立が始まる。ケニア身体障害者の会（Kenya Society of the Physically Handicapped: KSPH）（1986），ケニア全国ろう者協会（Kenya National Association of the Deaf: KNAD）（1987）などである。これらの団体は，障害者

関連の啓発,各種サービスの進展のための活動などを障害者自身が進め,社会への参画を求めるという当事者による運動であったが,同時に,障害者(児)の親たちも活動を活発化させた。もっとも古い団体がケニア精神障害者の会(1971)で,ケニア知的障害者協会(1996),ケニア自閉症の会(2003)などもNGOとして登録するようになった。

1989年,およそ130のコミュニティ・ベースの障害者団体が集まり,ケニア障害者統一同盟(UDPK)が設立される。UDPKは非政府系障害者団体の統括組織(umbrella body)であり,政府の障害者関連の政策・企画・評価に対するモニターの役割を担い,障害者のアドボカシー活動において強い発言力をもつ。1999年の国会議員選挙にケニア初の盲人の弁護士Josephine Sinyoを送り出したのもUDPKである[13]。UDPKの積極的なロビー活動の結果,1993年,法務長官がケニアの障害者にかかわる法制度の整備を担うタスクフォースを任命した。タスクフォースは国内を回り,障害者や非障害者からの意見を聴取し,3年後の1997年に法案をまとめ法務長官に答申した(The draft Bill to the Attorney General.1997)。これが2003年,ケニア初の障害者の人権を保護する障害者法(The Persons with Disabilities Act: PDA)として結実する。

4.政府の動き

この項では上記のケニア初の障害者法の成立までに,ケニアの政府側はどのように動いてきたかを検討する。

1969年に成立した,独立国として初めての憲法では,障害者の明確な定義,および福祉に関する記述はなかった。むしろ障害者を差別するような記述さえみられる。また,人種,民族,肌の色などに基づく差別の禁止には触れているものの,障害者に対する差別には触れられていない。障害者に関する積極的な記述は,2003年の障害者法の成立を待たなければならなかった。

一方,行政レベルでは障害者の福祉に資するプログラムはいくつか実施された。たとえば,1981年の国際障害者年に先立ち,政府は1980年を国家障害

者年と宣言し，活発な啓発活動が行われた。1981年には障害者基金（National Fund for the Disabled）が設置され，個人，組織を問わず直接的な経済支援をめざすこととされた。

保健省は，コミュニティに根ざしたリハビリテーション（Community Based Rehabilitation: CBR）を1990年に地方行政区レベルで実施し，障害者に対する気づきを促し，病気の予防やリハビリの促進などをめざした。

また，教育省では，先のOminde Commissionの提言を引き継ぎ，1984年，国家教育委員会（The National Education Commission，代表者の名前をとってGachthi Reportと呼ばれる）が，障害をもつ子どもの早期の検査と行政の介入を強調した。その結果，教育アセスメント・リソースセンター（Educational Assessment and Resource Centre）が全国22か所につくられ，入学前の子どもの診断が行われるようになった。1986年にはケニア特別教育研究所（Kenya Institute of Special Education: KISE）が設立され，障害児教育に関する研究，情報提供，教師の研修などを行うようになった。1988年のKanune Report，1999年のKoech Reportでは，各学校での障害児教育の取り組みを監査する監視官の設置や，特別教育に関する網羅的な政策が必要であること，したがってこれらを司る特別教育諮問機関を設立すべきであることなどが提言された。

さらに，1996年には政府外の組織として人権委員会（the Standing Committee on Human Rights）が設立され，ケニアにおける障害者差別を含む人権抑圧の活動に対するモニターが行われるようになった。この組織はのちに，ケニア全国人権委員会（Kenya National Commission on Human Rights: KNCHR）と改称し，現在でも活発な活動を展開している。

以上みてきたように，2000年代初頭まで，憲法レベルでは障害者の人権を保障する記述はないものの，当事者団体，行政レベルの両側から障害者をめぐる制度整備の機運が徐々に高まってきた。そしてようやく成立したのが2003年の障害者法（PDA）である。

第4節　障害者法(The Persons with Disabilities Act: PDA)成立

2003年12月に制定された障害者法（以降PDAと表記）は障害者に対するすべての差別を撤廃し，障害者の人権を守るための全部で49条からなる法律である（Republic of Kenya. Act14 of 2003 - Persons with Disabilities）。PDAはケニア国政府が国連障害者条約を批准する前年の2004年6月に発効した。

まず実施団体として，全国障害者評議会（National Council for Persons with Disabilities: NCPWD）が設置され，法律の施行までのスケジュールも明記された。ジェンダー・スポーツ・文化・社会サービス省（Ministry of Gender Sports Culture and Social Services）の管轄下[14]におかれたこの評議会は，つぎのような構成員からなる。

(a) 障害の各カテゴリーを代表する団体の代表：8名以内
(b) 障害団体から提出した委員一覧から省の長官が指名する3名以内
(c) 省庁の代表者8名：文化・社会サービス；地方政府；健康；教育；経済企画；住宅；交通；労働
(d) 法務長官の代理1名
(e) ケニアの雇用主の代表1名（労働省大臣が3名のリストから選ぶ）
(f) 労働者を代表する統括団体から1名
(g) 評議会が必要と認め，省の長官が認めた者

以上，全体で27名以内

(出所)　PDA（第4条「委員の構成」）

また，表4-4のようなサービスを提供する。

さらに，PDAは障害者の定義を明示し（第2条），人権を法律で保護し（第11，12，15，18，25，28，29，41，45，46条），実施母体となる評議会も設置（第3～10条），具体的なサービスの内容まで書かれ，さらにすべての組織は公私を問わず，その従業員の5％を障害者とする努力をする（第13条）な

表4-4　全国障害者評議会（The National Council for Persons with Disabilities）によるサービス一覧

	サービス	条件	料金 Ksh=ケニアシリング	所要期間
1	障害者認定登録	・パスポートサイズの写真1枚 ・記入済みの個人申請用紙 ・政府指定病院からの診断書	無料	1日
2	障害者団体の登録	・記入済みの団体登録申請用紙 ・団体登録証明書	無料	1日
3	求職用推薦状	・最新の履歴書および証明書 ・NCPWDの登録者	無料	即時
4	障害者職員定年の65歳までの延長推薦状（公的機関）	・NCPWDの登録者 ・定年通知 ・雇用主からNCPWD宛の依頼書	無料	即時
5	面談		無料	即時
6	電話相談	面談後	無料	3回の呼び出し音内
※	苦情申し立て	電子メールまたは書状による	無料	14日以内
7	電子媒体による相談	電子メールまたはショートメッセージ	無料	即時または1日
8	書面による相談	相談内容を明記すること	無料	受領後7日以内
9	ケニア歳入庁への非課税証明書の手続き	・記入済みの非課税証明申請書 ・医療機関の長の署名入りの診断書 ・個人識別番号証明書の写し ・国民登録証の写し ・ケニア歳入庁送金書類（民間企業及び自営業の方） ・直近の給与明細 ・雇用主からの手紙 ・ケニア歳入庁からの確認書	無料	3カ月
※	所属税免税の更新	・期限の3カ月前までに申請すること ・上記書類すべて及び前回の非課税証明書	無料	
10	身体障害者用車両輸入税免税の推薦状	・購入する車のインボイス ・医療機関からの診断書 ・個人識別番号証明書の写し ・国民登録証の写し ・有効な「H」級の運転免許 ・船荷証券 ・代金支払い送金の証明書 ・カウンシル宛推薦状依頼書 ・過去6カ月の銀行残高証明書	無料	1日

表4-4 続き

	サービス	条件	料金 Ksh=ケニアシリング	所要期間
11	障害者のための開発基金の申請		無料	
11-1	教育支援	・記入済みの教育支援申請書 ・国民登録証の写し(18歳未満の場合は親の登録証) ・入学許可証の写し ・授業料明細の写し ・直近の教育機関の修了証明書 ・地方行政機関からの推薦状 ・学校からの推薦状 ・ジェンダー・社会開発地方委員会からの推薦 ・NCPWDの登録証明	無料	6カ月
11-2	障害者支援器具	・記入済みの支援器具申請書 ・全身写真 ・障害アセスメント報告 ・見積書(器具がAPDKまたはジャイプル・フットプロジェクト以外に製造された場合) ・地域のチーフまたは副チーフおよびジェンダー・社会開発地方委員会からの推薦状	無料	器具により1日～3カ月
11-3	インフラ・設備	・記入済みのインフラ・設備申請書 ・公共事業部からの発注書 ・登録証明書 ・団体の運営組織メンバーのリストと各自の国民登録番号と連絡先 ・ジェンダー・社会開発地方委員会からの推薦状 ・企画の内容と予算案 ・設備の場合はインボイス ・土地所有に関わる書類 ・申請団体の規約 ・申請団体がこの企画を認定した際の会議の議事録	無料	6カ月
11-4	経済的支援	・記入済みの経済的支援申請書 ・団体の運営組織メンバーのリストと各自の国民登録番号と連絡先 ・当該団体がこの企画を認定した際の会議の議事録 ・登録証明書(少なくとも登録後1年以上の継続) ・銀行残高証明書	無料	6カ月

表4-4 続き

	サービス	条件	料金 Ksh=ケニアシリング	所要期間
		・申請団体の規約 ・企画の内容と予算案		
11-5	送金プログラム	・NCPWDへの登録 ・障害アセスメント報告 ・ランキング基準の条件に当てはまっていることの証明書 ・保護者の国民登録証の写し ・全身写真	無料	2カ月に1回の支払
12	障害者メインストリーム化プログラム			
12-1	障害者メインストリーム化研修	・依頼状 ・研修の会場と施設 ・参加者	1日25,000ksh	2週間前までに通知
12-2	障害者メインストリーム化啓発	・依頼状 ・会場と施設 ・参加者	1時間2,000ksh	2週間前までに通知
12-3	アクセサビリティ監査	・依頼状 ・LPO	50,000から500,000ksh(対象団体の規模による)	1間前までに通知
12-4[1]	(上記12-3と同じ)			
12-5	障害者メインストリーム化方政策文書の検証	・依頼状 ・対象となる政策文書	1時間2,000ksh	2週間前までに通知
12-6	職場における障害者メインストリーム化施策文書の検証	・依頼状 ・LPO	1時間2,000ksh	2週間前までに通知
12-7	団体における障害者メインストリーム化レベルの基礎検査の実施	・依頼状 ・LPO	1時間25,000ksh	1カ月前までに通知
12-8	宗教団体におけるメインストリーム化	・依頼状または担当部署の要求による ・資金の入手可能性による	無料	2週間前までに通知

表4-4　続き

	サービス	条件	料金 Ksh=ケニアシリング	所要期間
12-9	他団体との障害者メインストリーム化プログラムに関する協議	・依頼状 ・対応できる担当官による	無料	2週間前までに通知
12-10	省庁・公社・地方当局・教育機関が四半期ごとに発行する障害者メインストリーム化報告書に対するフィードバック	・所定の書式による四半期報告書 ・活動証明書	無料	2カ月に1回の支払
12-11	障害者メインストリーム化報告（十分な証拠を添付した4期分）に対する法令遵守証明書	・所定の書式による四半期報告書4回分 ・1事業年間の4半期ごとの活動証明書	無料	毎事業年度末
13	障害者団体に対するキャパシティ・ビルディング研修	・NCPWDへの登録 ・NCPWDの年間活動予定による配分	無料	企画ごと
14	アルビニズムの障害者向け日焼け止めローションの提供	・NCPWDへの登録 ・ランキング基準の条件に当てはまっていることの証明書 ・全身写真 ・国民登録証の写し ・18歳未満の場合は保護者の登録証	無料	3カ月に1回

（出所）　NCPWD Citizens' Service Delivery Standards Chart を筆者が翻訳。
（注）　※　番号なし。
　　　（1）　12-3と同じ。印刷ミスと思われる。

ど，画期的なものであり，高く評価されたが，その後，当事者団体などからさまざまな問題点が指摘された。おもな問題点はつぎのようなものであった。
　(1)評議会のメンバーのうち障害当事者の比率が2分の1以下であり，省庁の代表者が多すぎる
　(2)肢体不自由者のための，さまざまな施設での（物理的）アクセシビリテ

ィの問題が棚上げになっている（第21条・22条）

(3) PDA第2条では「障害」を「身体的，知覚的，知的，またはその他の減損（impairment）があること。すなわち，視覚，聴覚，学習上，身体的な能力に欠ける（incapability）こと。その結果，社会的，経済的，環境上の参画を不利にしていること」と定義しており，アルビニズムが含まれていない。また，障害の原因（先天的か後天的か）を問うのか問わないのか，一時的な疾病も含むのか含まないのか等が不明瞭（第2条「定義」の「障害」の項目）。

(4) ジェンダーや地域差（都市部と農村部の経済的格差）への考慮がない

　　　　　　　　　（出所）Ingutiah（2012）等に基づき筆者作成。

　これらの批判を受け，その後3回の改正案が国会を通っている。第1回目の改正案が2007年に提出され，(1)の評議員数を27名から11名に削減し，そのうち障害者代表を8名として障害者の声がより大きく反映されるようにした。さらに，(3)の定義に「生得的か人為的かの原因に関わらず，長期にわたって不可逆的な（irreversible）もの」と明記した（Kenya. 2007,）。また，2010年の第2回の改正案では，(3)の定義にアルビニズムを追加し，農村部からの委員も評議員にすることが明記された（Kenya. 2010b）。また2013年には，2010年に発布された新憲法に沿う形で，施設のアクセシビリティの義務化[15]，ジェンダー配分や議長・副議長の選挙，資金運用の透明性を図る施策など細かな点にまで触れ，全部で71条からなる改正法案となっている（Kenya 2013.）。

　この障害者法PDAの成立は，ケニアの障害者権利運動のなかでも最も大きな成果であるが，さらに，より大きなもう一つの成果が表れる。それは，2010年に制定された新憲法のなかでの権利獲得である。

第5節　新憲法のもとでの障害者の権利

　ケニアの政治の歴史的な流れは津田らが一連の報告（津田 2009; 2010, 松田・津田 2012）でまとめているが，長期にわたる大統領の一党独裁体制崩壊後，長い準備期間と政治的紆余曲折を経て，2010年8月27日，ケニア新憲法が公布された。そして，障害者団体の活発なロビー活動の結果，新憲法には障害者に関する条文も明記された。障害者の権利はつぎのように認定されている。

(1) 障害者は以下の権利を有する：
　(a) 尊厳と敬意をもって処遇され，屈辱的ではない取り扱いを受けること
　(b) 障害者自身の利益に資する程度に応じて社会に統合された障害者用の教育機関にアクセスすること
　(c) すべての場所，交通機関および情報に合理的にアクセスすること
　(d) 手話および点字，そのほかの適切なコミュニケーション手段を使うこと
　(e) 障害から生じる制限を克服するための機器や設備にアクセスすること
(2) 国は，選挙および任命による組織のメンバーに少なくとも5％の障害者を選出するという原理の積極的実施を保証する

　　　　　　　　　　　　　　（出所）　ケニア憲法第54条を筆者が翻訳。

　新憲法に先立ち，国連障害者条約を批准する前の国内の法的措置として前述した障害者法（PDA）が2003年12月31日に制定されている。
　障害者にとって新憲法における最も大きな前進は，立法の場に代表者を送り出すことになったということであろう。
　憲法第第97条には「若者・障害者・労働者を代表する12名を下院議員（National Assembly）とする」，第98条には「男女各1名計2名の障害者を上院議員（Senate）とする」，とあり，これらの下院議員は，「各政党が獲得した議

員数に比例した数を指名する」こととなっている。

　その結果，2013年，新憲法下で初めて実施された総選挙で，史上初めて障害者を含むマイノリティ代表の14名の指名議員（上院2名，下院12名）が選出された。選出された障害者の概要は以下のとおりである。
　①　上院に指名された2名の障害者代表は肢体不自由・視覚障害各1名
　②　この上院議員2名はその後，高等裁判所で指名が無効とされ，別な議員に変わった（"Gazette Notice No. 13715". The Kenya Gazette (Republic of Kenya) CXV (147): 4959. 8 October 2013）（新議員は2名とも肢体不自由）。無効とされた根拠は，政党が指名者名簿を出すのが遅かったからだという。
　③下院議員の12名のうち，誰が障害者代表か明らかにされていないが，ケニア障害者議員協会（Kenya Disabled Parliamentarians Association: KEDIPA）に所属している議員は3名（アルビノ1名，肢体不自由2名）

　新憲法の下での初の国会である第11回ケニア国会下院（2013年5月）における指名国会議員の政党別の内訳と氏名は表4-5の通りである。
　上院2名，下院3名計5名の障害者国会議員の誕生は，ケニアの障害者にとっては画期的なことであったが，この選出方法に疑義をもつ人たちもいる。それは，下院議員の指名に関し，政党内での指名の基準や手順が不透明であるということに起因する。憲法第95条の規定でこのカテゴリーが「若者・障害者・労働者を代表する」となっており，その射程範囲が広すぎるため，どの政党も指名基準を明らかにしていないのである。したがって，この候補者はこの基準で選出されたということがまったく公表されていない。指名議員の基準を政党ごとに決めるのではなく，法律で明文化すべきだという意見もある（ケニア障害者統一同盟事務局職員，与党TNAの障害者政策に詳しいMr. Jenga氏談）。また，いったん指名され議員となったにもかかわらず，その後無効とされた上院議員2名の場合，選出した政党がぎりぎりまで指名者名簿をださなかったため，選挙後，名簿が書き換えられたのではないかという疑惑さえあるという（Daily Nation, September 27, 2013）。また，ろう者からはひ

表4-5 第11回ケニア国会下院(2013年5月)における指名国会議員の政党別の内訳
★印／斜体が障害者議員

政党名　(指名議員数)	指名された議員の名前
TNA: The National Alliance (3)	Amina Abdalla Johnson Arthur Sakaja ★ *Janet Marania Teiyaa* (肢体不自由)
ODM: Orange Democratic Movement (3)	Oburu Odinga ★ *Isacc Mwaura*　(アルビニズム Albino) Zulekha Hassan Juma
URP: United Republican Party (3)	Korere Sara Paulata Abdi Noor Mohammed Ali Sunjeev Kour Birdi
Ford Kenya (1)	Patrick Wangamati
WDM: Wiper Democratic Movement (1)	★ *Bishop Robert Mutemi Mutua* (肢体不自由)
United Democratic Forum Party (1)	Osman, Hassan Aden

(出所)　筆者作成。

とりも指名されず，明らかに肢体不自由者に偏っていて，障害のタイプを公平に反映していないというという不満もあることは事実である。しかし，そのような一部の不満はあるにせよ，国レベルへの障害者代表の選出はケニアにとって大きな前進であり，新憲法による体制の整備に応じて，これまでの当事者運動のなかから，勝ち得た貴重な権利をどのように活用していくかが，障害者の社会への参画の大きな足がかりとなるに違いない。

第6節　ケニアのろう教育の歴史とコミュニティの形成

つぎに，ケニアの障害当事者たちが歩んできた法的・社会的制度と当事者運動のあり方の具体例として，ケニアのろう教育とコミュニティの形成を概観しよう。ろう教育の歴史をみれば，ケニアの障害者の歴史がよくわかるの

である。

1．ろう者数

　上記2009年センサスでは，およそ19万人と示されたケニアのろう者数であるが，当事者たちは，それよりもはるかに多くのろう者がいると考えている。ケニア全国ろう者協会は，60万人から80万いると主張する（Kakiri 2012）。この違いはどこからくるのだろうか。センサス調査員のマニュアルには，聴覚障害者とは，出生時に完全もしくは部分的に聞こえない者と規定している（KNBS 2009a, 35）[16]。つまり，中途失聴者は除外されており，また，部分的に聞こえない程度の差も問題になっていない。中途失聴者は「言語障害」のカテゴリーに分けられている可能性が高い。また，難聴の人がこの言語障害タイプに入れられているおそれもある。それは，マニュアルの「言語障害」の定義が「音声による発話に問題がある人……中略……原因は失聴，脳の損傷など……」となっているからである。一方，当事者であるケニア全国ろう者協会では「ケニア手話を使う人」（KSL users）をろう者（Deaf）とみなしている（Kakiri 2012, 7）。Lewis, Simons and Fennig（2013）（「Ethnologue」と呼ばれることが多い）によると34万人のKSL使用者がいるという。

2．ろう者の歩んできた道

(1) 慈善運動の時代

　1960以前のケニアのろうコミュニティの情報はほとんどない。記録からわかる範囲での最初のろう者のための組織は，1958年に設立されたケニアろう児協会である。これは，耳の聞こえない子どもたちの状況を懸念したケニアの聴者たちが設立したものだった。この協会は，ろう学校の設立をもっとも重要な課題ととらえていた。その後1961年に，オランダのセント・アンナ・フランシスコ修道女会と，別のオランダの宣教師のグループによってケニア

西部にニャンゴマ（St Mary's Primary School for the Deaf - Nyang'oma）とムミアス（Mumias School for the Deaf）の二つの初等ろう学校が建てられた[17]。その後，職業訓練と学業コースの両方を備えたセカンダリーレベルの学校が建てられた。現在 St. Joseph's Technical Institute for the Deaf, Nyang'oma と St. Angela Mumias Vocational Secondary School for Deaf Girls の2校がある[18]。このように，盲学校と同様，ろう学校もまず宣教師によって始められた。

(2) 慈善運動の時代から当事者運動へ

このようにして1960年から1980年の間に，23のろう学校がつくられた。「慈善運動」の時期であると同時にケニアにおけるろう教育のあけぼのの時代ともいえる。しかし，当時の世界中の他地域と同様，ここでも口話法が主流であった。すなわち，子ども同士の会話や教室外での手話の使用は許されたが，教授言語として手話が用いられることはなく，ろう児たちは読唇術，発声法などの言語訓練を聴者の教員から教えられたのである。ろう児はできるだけ聴者の音に注意し，聴者と同じ音声を出すようになることが最善の方法であるという考え方が当時の主流であったのだが，これは，障害者個人に問題があり，その問題を解決するという医学・リハビリテーションモデルに基づく障害の見方に基づいていたものである。

1980年代になり，手話を使った教育がマイケル・ンドゥルゥモ（Michael M. Ndurumo, 1952-）によってもたらされる。ンドゥルゥモは，ケニア生まれであるが，1972年アメリカに渡り，高校を卒業後，手話で全授業がおこなわれるギャローデット Gallaudet 大学からテネシー州の Vanderbilt University に移り，そこで教育行政，心理学，特別支援教育の分野の Ph.D. を得て1982年ケニアに帰国した。帰国後すぐ特別教育の専門家としてケニア特別教育研究所に着任した。ンドゥルゥモは，ろう学校の教育においては口話法ではなく手話を取り入れるべきと考え，英語学習に最適な「英語対応手話」の使用を主張した（Ndurumo 1993: 21）。その結果，1986年にはナイロビの南東60キロメートルにあるマチャコスという町にろう学校（Machakos School for the Deaf）

が設立され，教育省はこの学校を手話で教育を行う最初の学校として認定した。この学校でンドゥルゥモは，アメリカ手話（American Sign Language: ASL）の指文字を導入し，英語の文を口頭で話しながら同時にケニア手話の単語を手で示すという手指英語[19]を用いた教育を始めた。1988年に教育省はこの新しい教育の成果を評価すべく調査をおこなった。その結果，この指導法は学習速度を速め，早い学齢期に始めるほど子どもの発達を促すということがわかったという（Kimani 2012, 15）。同年，教育省は，手話と手指英語をすべてのろう教育施設で用いることを決めた。

　ここで，「手話」といわれているのはケニア手話であるが，この段階では教育に用いる標準的なケニア手話というものはまだ考慮に入れられていなかった。教育言語として用いられなくても，ろう児あるいはろう者同士のコミュニケーション手段としてはすでにケニア手話は自然言語として発達してきていたはずであり，地域による変種もあったはずであるが，これらを考慮した語彙の選択，統語および音韻論的構造の解明などがされぬまま教授言語とされた。また，それまで学校教育で用いられてこなかったため，学術的語彙が限られていたので，かなり多数のASLの単語が取り込まれたことに注意しなければならない。どの時代のどの国においても，教育をどの言語で行うかという言語政策は，政治的な課題であり，慎重な研究調査と長期的な計画が必要であるが，当時のケニアのろう教育における言語政策は，十分に練られたものとはいえなかった。

　このように，言語政策的に偏った選択であり，その後のケニア手話の発展に少なからぬ負の財産を残したという点は否めないにしろ，ここで重要なのは，ろう者のための教育の指針策定をろう者自身が先導したという事実である。これは，1980年代から90年代における発展途上国では非常に珍しいことではないだろうか。

　さらに，同時期に別な動きも始まる。ろう者の権利向上を標榜する当事者団体，ケニア全国ろう者協会が1987年に設立されたのである。さらにそこから，ケニア手話研究プロジェクトが1991年発足した（Kenya Sign Language Research Project: KSLRP)。これは,スウェーデンろう協会(Swedish National Association of the Deaf: SDUF)からの資金を受け,ケニア全国ろう者協会とナイロビ大学が共同で設立したコミュニティ・ベースの団体で,聴者であるナイロビ大学の言語学の教授が代表を務めているが,それ以外のメンバーはろう者である。このプロジェクトの一番大きな功績は,初めてのケニア手話辞典を編纂,発行したことである。この辞書は,ろう者が一つ一つの手話単語を示したものを写真で載せたものである(Akach 2001)。ケニア手話の辞書としてまとまったものは今でもこれしかなく,教師やボランティアの研修,ろうの子どもをもつ親,ろう者支援のNGOのメンバーなどの手話学習に利用されている。その後,アメリカの平和部隊のボランティアの有志がこのメンバーと協力してウェブ上で簡単な挨拶や食べ物や動物を表すケニア手話を学べる動画辞書やDVD教材を作成した(Kenyan Sign Language Interactive http://www.peacecorps.gov/ksl/)。ケニア全国ろう者協会もケニア手話研究プロジェクトも,発足当初こそ欧州の団体からの資金援助を受けたもののその後支援は終わり,現在は資金面では苦労しながらも自立運営をしている。ここでもまた,当事者たち自らの運動が花を咲かせつつあることがわかる。

(3) 新憲法における言語権の獲得

ようやく障害者の権利が明記された新憲法にはもう一つ画期的な内容が含まれている。それは,点字とともに,国会で用いられる言語としてケニア手話が認められたことである。これにより選挙運動やテレビ放送でも手話を用いることが義務付けられた。これは,長く辛抱強いロビー活動の末[20]に結実したもので,憲法で手話を公用語として認めている国はサハラ以南のアフリカでは,ウガンダ,南アについで第3番目である。ケニアのろう者はようやく,自らの言語に誇りをもって社会活動をしていくことができるようになった。しかしながら,公用語としての実質的地位を確立するためには,さまざまな課題を超えていかなくてはならない。まず,最大の課題は手話通訳の不足である。日常のニュース報道などに加えて,国会の論戦や選挙,警察や裁

判所等での人権にかかわる場などにおいて高度な手話技能をもつ通訳者は不可欠であるが，絶対数が足りない。通訳の養成，通訳の質の向上のための資格制度の創設が喫緊の課題である。また，手話の標準化，教科書作成，教師養成の適切なシラバス，指導要領など，言語学，教育学，特別支援教育などの専門家によるプロジェクトをつくり，腰をすえて進めていかなければならない。高等教育を受けるろう者が増加しつつある今，ケニア手話研究プロジェクトや全国ろう者協会などの当事者団体を求心力にして，当事者による手話開発が今後いっそう活発になるであろうが，途上国の常として，資金の問題が立ちはだかっている。

おわりに

ケニアの障害者の権利の獲得の道筋は，慈善や福祉の受益者から，医学・リハビリの対象へ，さらに，変わるべきは障害者個人ではなく，個人を取り巻く社会的環境であり，それを変えるべく自らの意志で社会参画へという流れであった。そして，代表的なものが，ケニアのろう者の歩んできた道だった。2003年に障害者法ができた後も，それを着地点とするのではなく絶えず改正を加えてきたように，新憲法成立後も，障害者の権利が擁護されるための具体的施策について今後議論が重ねられていくことだろう。その議論のなかに障害者が入るということが開発の点から考えて最も重要である。新憲法により立法の場に障害者の代表者を送り出すことができるようになり，また，手話や点字が公共の場で用いることが定められるようになったことで格段の進歩が期待できるが，憲法はそれを支える法律と政策によって実現される。公用語となり，法律が整いつつある手話に関する実態をみるだけでも，障害者の社会参加のための政策の実施（implementation）は，今後，まだまだ時間がかかるのではないかと思わざるを得ない。障害と開発という観点からみると，ケニアの障害者の状況は，機をみるに敏な政府と活発な当事者運動とが

比較的うまく連動しているかにみえる。しかし，多くの途上国にあるように（また先進国でもそれはあまり変わらないのかもしれないが），ややもすると，形だけつくっておいて中身は空洞ということにもなりかねず，今後の政策の実施状況を注視したい。

〔注〕
(1) ケニア全般の統計に関してはKNBS(Kneya National Bureau of Statistics) (2014)を参照。日本語によるケニアの主要なデータは，国際協力機構（2014）を参照。
(2) NCAPD and KNBS (2008)。このサーベイの結果をまとめたものとしては，予備報告（Preliminary report）と本報告がある。他文献では，予備報告を参照にしていることが多いが，本章では情報がより豊富な main report を参照する。
(3) NCAPD and KNBS (2008)では，一項目としてたてられている自立生活困難（self-care impairment）が，センサス（2009）では身体障害と同一の項目（Physical/Self Care impairment）にまとめられている。
(4) 全国障害者評議会の会長（当時）Ms. Phoebe A. Nyagudi との会談，および非政府機関，ケニア障害者統一連合の代表 Ms. Helen Obande 氏，ケニア全国ろう者協会代表 Nickson Kakiri 氏との会談より（2013年8月）。
(5) Handicap International (2010) *Kenya 2009-2010 Disability Directory 2009-2010 version.* (https://disabilityinclusionandmainstreaming.files.wordpress.com/2010/06/kenya-disability- directory.pdf 2015年1月20日閲覧）。この情報が古くなったため2013年，NCPWD 主導でケニア障害ディレクトリー（Kenya Disability Directory 2013）という公式サイトがつくられ，政府系，非政府系，自助団体，特別学校，コミュニティ・ベースの団体など障害にかかわるあらゆる団体・組織をリストアップする試みがおこなわれたが，2015年9月現在，その登録サイトは閉鎖されている。
(6) ケニア盲人協会 The Kenya Society for the Blind のホームページ http://www.ksblind.org/index.php/about-us/history-of-ksb. より。2104年12月10日閲覧。
(7) 入手できたのは盲人協会設立の法令である。Kenya Society for the Blind Act (Kenya 2012) を参照。
(8) イギリスを本拠地とする視覚障害者の支援団体。http://www.sightsavers.org/2104年12月10日閲覧。
(9) イギリスを本拠地とする，アフリカや南米などの盲ろうの子どもたちを支援する団体。
http://www.senseinternational.org.uk/2014年12月10日閲覧。

⑽　イギリスを本拠地とする障害者活動を支援する慈善団体。http://www.leonardcheshire.org/　2014年12月10日閲覧。
⑾　ベルギー，カナダ，フランス，ドイツ，ルクセンブルク，イギリス，アメリカの8か国の団体を束ねる団体。支援対象は，障害者のみならず，災害，紛争などの被害を受けた人々。http://www.handicap-international.org.uk/2014年12月10日閲覧。
⑿　当時のUniversity College, NairobiのSimeon Ominde教授がリーダーとなってケニアの教育制度改革についての提言をおこなった。よってこの委員会はOminde Commission，その提言はOminde Reportと呼ばれる。
⒀　しかし，結局，当選はできず，初の障害者国会議員は生まれなかった。
⒁　その後名称が2回変更になり，現在は労働・社会保障・サービス省（Ministry of Labour Social Security and Services）となっている。
⒂　この2012年の改正法案でも，明らかに肢体不自由者のみが想定されている。特に問題なのは点字や手話等の，情報へのアクセシビリティについての言及がないことである。
⒃　第32.3項「障害の種類」（Types of disabilities）の聴覚障害の説明には「聴覚障害とは，完全に音が聞こえないこと，または片方の耳もしくは両耳が一部しか聞こえないこと。聴覚障害は出生時に生じるか遺伝的に生じるかである。非常に高い周波数音が聞こえの障害を引き起こすこともある。何らかの補助器具を使用して聞こえがよくなる人はこの障害をもっているとはみなさない。」とある。
⒄　Kenya Federation of the Deaf Teachers　のHPより http://www.freewebs.com/kenyadeafteachers/Deaf%20Education%20in%20Kenya.html2014年2月14日閲覧。興味深いことに，他の障害者団体（ケニア盲人連合，1959年に創立）もちょうど同じころ設立されている。
⒅　後者のホームページによると，同校は1970年，職業訓練を求める5名の女子学生から始まり，1975年に正式に認定された。カトリック教会が運営する病院（Mumias Mission Hospital）に隣接する位置に建設された。1995年には盲ろう児のためのユニット（特殊学級）が設置され，1997年から学業を中心に教えるセカンダリースクールの部門も始まり，2006年からは技術教育も導入された。2012年段階で350名の在学生がいる。http://stangelamumiassecvocational.blogspot.jp/2012/05/st-angela-mumias-sec-vocational-school.html．2014年2月15日閲覧。
⒆　手指英語とは，英語の文法や語順に手話単語を当てはめたピジン語の一種。英語を手形と手の動きで表したもので，ASLとも違うし，KSLとも異なる。SEE（Signed Exact English）ともいう。
⒇　ケニア全国ろう者協会の会長であるNickson Kakiri氏は，憲法草案作業グル

ープに度々アドバイスを求められ意見を述べた（宮本聞き取り）。

〔参考文献〕

<日本語文献>

外務省 2012『政府開発援助（ODA）国別データブック 2012』国際協力推進協会.
外務省 2013『政府開発援助（ODA）国別データブック 2013』国際協力推進協会.
亀井伸孝 2006『アフリカのろう者と手話の歴史――A. J. フォスターの「王国」を訪ねて――』明石書店.
亀井伸孝 2008「ろう者における人間開発の基本モデル」森壮也編『障害と開発』アジア経済研究所 201-228.
グーバーマン・ジュリー. 亀井伸孝訳 2006「ケニアの聴覚障害者と聴者の言語接触の状況に関する調査」『手話コミュニケーション研究』（日本手話研究所） 59.
国際協力機構 2014「主要指標一覧」国際協力機構.（https://libportal.jica.go.jp/fmi/xsl/library/public/data/shihyo-p.html）
杉野昭博 2007『障害学――理論形成と射程――』東京大学出版会.
田口順子 1997「ケニアの障害者たちの現状」『リハビリテーション研究』(93) 11月 28-31.
津田みわ 2009「ケニアにおける憲法改正問題と『選挙後暴力』――2008年以後の動きを中心に――」佐藤章編『アフリカ・中東における紛争と国家形成』（調査研究報告書）アジア経済研究所 67-87.
――― 2010「『2007年選挙後暴力』後のケニア――暫定憲法枠組みの成立と課題」（特集 紛争解決の課題）『アフリカレポート』(50) 3月 10-15.
日本貿易振興機構（JETRO）2013『ジェトロ世界貿易投資報告 2013』日本貿易振興機構.（http://www.jetro.go.jp/world/gtir/2013/pdf/2013-ke.pdf 2014年12月12日閲覧）
原山浩輔 2011「途上国における手話言語集団としての生計獲得――ケニアのろう者の事例に基づいて――」卒業論文 静岡県立大学 平成22年度 国際関係学部国際関係学科.
古川優貴 2007「『一言語・一共同体』を超えて――ケニアKプライマリ聾学校の生徒によるコミュニケーションの諸相――」『くにたち人類学研究』 2 5月：1-21.
松田素二・津田みわ編著 2012『ケニアを知るための55章』明石書店.
森 壮也編 2008『障害と開発』（研究双書 No.567）アジア経済研究所.

――― 編 2011『南アジアの障害当事者と障害者政策』（アジ研選書27）アジア経済研究所.
森　壮也・山形辰史 2012『障害と開発の実証分析――社会モデルの観点から――』勁草書房.

＜外国語文献＞
AFUB (African Union of the Blind) 2007. *State of Disabled Peoples Rights in Kenya (2007) Report*. Nairobi: African Union of the Blind.
Akach, Philemon, ed. 2001. *Kenyan Sign Language Dictionary*. Nairobi: Kenya National Association of the Deaf.
Central Intelligence Agency. 2014. "The World Factbook." Washington, D.C.: CIA. (https://www.cia.gov/library/publications/the-world-factbook/geos/ke.html. 2014年12月10日閲覧).
Cobley, David S. 2012. "Towards Economic Empowerment: Segregation Versus Inclusion in the Kenyan Context." *Disability & Society* 27 (3) : 371-384.
Coleridge, Peter. 1993. *Disability, Liberation and Development*. London: Oxfam. (中西由起子訳『アジア・アフリカの障害者とエンパワメント』明石書店　1999年).
DRPI (Disability Rights Promotion International) 2007. "State of Disabled People's Rights in Kenya." (http://drpi.research.yorku.ca/Africa/resources/KenyaRep07. 2014年12月10日閲覧).
East Africa Community. 2012. *EAC Policy on Persons with Disabilities*. Arusha: EAC.
Ingstad, Benedicte and Liabet Grut. 2007. *See Me, and Do Not Forget Me: People with Dsabilities in Kenya*. Oslo: SINTEFF Health Research.
Handicap International. 2010. *Kenya Disability Directory*. 2009-2010 edition. Nairobi: Handicap International.
Ingutiah, Gideon Chikamai. 2012. *Socio-Economic Determinants of Disability in Kenya: Aanalysis of Kenya Population and Housing Census Data 2009*. Nairobi: University of Nairobi. (http://erepository.uonbi.ac.ke:8080/xmlui/handle/11295/6852. 2014年12月10日閲覧　要約のみ閲覧可.).
ILO (International Labour Organization) 2009. "Inclusion of People with Disabilities in Kenya." (Fact Sheet) (http://www.ilo.org/wcmsp5/groups/public/@ed_emp/@ifp_skills/documents/publication/wcms_115097.pdf. 2014年12月10日閲覧).
IMF (International Monetary Fund) 2012. *Kenya: Poverty Reduction Strategy Paper—Progress Report*. (IMF Country Report No. 12/10) Washington, D.C.: IMF. (http://www.imf.org/external/pubs/ft/scr/2012/cr1210.pdf. 2014年12月10日閲覧).
James Jonathan. J. [n.d.] (unpublished paper). "Disability Challenges in a Rural Environment: The Case of Coastal Kenya." Project paper for School of International

Training.

Kakiri, Nickson O. 2012. "Challenges Facing Deaf in Accessing IC." Paper presented at E-Accessibility Workshop for People with Disabilities. Laico Regency Hotel, Nairobi.

Kamunda Elizabeth [n.d.] (Unpublished paper) "Independent Living for People with Disabilities in Kenya: Charting the Way."

KCBS (Central Bureau of Statistics) 2003. "Geographic Dimensions of Well-Being in Kenya: Where are the Poor? From Districts to Locations" (Volume One) (http://econ.worldbank.org/external/default/main?theSitePK=477894&contentMDK=20382755&menuPK=545573&pagePK=64168182&piPK=64168060. 2015年1月18日閲覧).

KCBS (Central Bureau of Statistics) 2005. Geographic Dimensions of Well-Being in Kenya: Who and where are the People Constituency Level Profile.

Kenya. 1976. *Report of the National Committee on Educational Objectives and Policies*. Nairobi: Government Printer.

―――― 2003. "Persons With Disabilities Act No. 14 of 2003."

―――― 2007. *Kenya Vision 2030*. [Nairobi] (http://www.vision2030.go.ke/. 2015年4月25日閲覧).

―――― 2009. *Final Draft the National Special Needs Education Policy Framework*. Nairobi: Ministry of Education.

―――― 2010. "The Constitution of Kenya, 2010."

―――― 2012. *Kenya Society for the Blind Act, Chapter 251,* revised ed., originally published in 1988.

Kenya. Commission on Revenue Allocation. 2013. *Kenya County Fact Sheets*. Second Edition. Nairobi.(https://www.opendata.go.ke/Counties/County-Fact-Sheets-2nd-Ed-June-2013/qg44-68h8. 2014年12月10日閲覧).

Kenya. Ministry of Education. 2009. *The National Special Needs Education Policy Framework*. Final Draft. [Nairobi] Ministry of Education.

Kiarie, Mary W. 2014. "Legislation and Litigation in the Development of Special Education in Kenya and the United States: An Overview." *International Journal of Liberal Arts and Social Science* 2 (7) : 33-44.

Kimani, Cecilia Wangari. 2012. "Teaching Deaf Learners in Kenyan Classrooms." Doctoral thesis, University of Sussex.

Kiyanga, Nassozi B. and Donald F. Moores. 2003. "Deafness in Sub-Saharan Africa." *American Annals of the Deaf* 148 (1) Spring: 18-24.

KNBS (Kenya National Bureau of Statistics) 2009a. "The 2009 Kenya Population and Housing Census Senior Supervisor's and Supervisor's Instructions Manual."

Nairobi: KNBS.
────── 2009b. "The 2009 National Population Census." Nairobi: KNBS.
────── 2010. "Population and Housing Census." Nairobi: KNBS. (http://www.knbs.or.ke/censusdisability.php. 2014年2月14日閲覧).
────── 2014. *Kenya Facts and Figures 2014. Nairobi*: KNBS.
Lewis, M. Paul, Gary F. Simons, and Charles D. Fennig ed. 2013. *Ethnologue: Languages of the World*. Seventeenth ed. Dallas: SIL International. Online version (http://www.ethnologue.com. 2014年2月14日閲覧).
NCAPD (National Coordinating Agency for Population and Development) and KNBS (Kenya National Bureau of Statistics) 2008. *Kenya National Survey for Persons with Disabilities: Main Report*. Nairobi: NCAPD.
Ndurumo, Michael M. 1993. *Exceptional Children: Developmental Consequences and Intervention*. Nairobi: Longman Kenya.
────── 2005. "The Potential Impact of the Children Act (2001) and Persons with Disabilities Act (2003) on Education of Learners with Disabilities in Kenya in the 21st Century." *Educator* 1 (1) : 83-92.
Nkinyangi, John A. and Joseph Mbindyo. 1982. "The Condition of Disabled Person in Kenya: Results of A National Survey". Unpublished paper written on behalf of and in conjunction with, the Ministry of Culture and Social Services, Republic of Kenya.Nairobi: Institute for Development Studies University of Nairobi..
OHCHR (Office of the United Nations High Commissioner for Human Rights) 2011. "National Report: Kenya's Initial Report" Submitted under Article 35 (1) of the United Nations Convention on the Rights of Persons With Disabilities.
UDPK (United Disabled Persons of Kenya) 2012. "Status of the Human Rights of Persons With Disabilities in Kenya (CRPD)."
WHO (Word Health Organization) 2013. Disability – Report by Secretariat.
Yokoyama, Akiko. 2012. "A Comparative Analysis of Institutional Capacities for Implementing Disability Policies in East African Countries: Functions of National Councils for Disability." *Disability, CBR and Inclusive Development* 23 (2) : 22-40. (http://dcidj.org/article/view/106/73, 2015年1月18日閲覧).

第 5 章

国境をまたぐ障害者
―― コンゴ川の障害者ビジネスと国家 ――

戸 田 美 佳 子

はじめに

　アフリカ中部の大河コンゴ川を挟んで対位する都市キンシャサとブラザヴィル。世界銀行の報告によると，コンゴ民主共和国（旧ザイール）とコンゴ共和国の首都である両都市は，2025年までに人口がキンシャサで1500万人，ブラザヴィルで190万人まで膨れ上がり，アフリカ最大の都市圏になると推定されている（Brülhart and Hoppe 2011, 9）。この両都市の港では，植民地期のベルギー領コンゴ（キンシャサ）とフランス領コンゴ（ブラザヴィル）の時代から国境貿易が始まった（Gondola 1997）。そして現在，コンゴ川流通の一端を担っているのが，両都市に暮らす身体障害者である。彼らは国境をまたぐ移動をおこなうことで，現金収入を得てきた。この障害者の国境ビジネスに関してはこれまでフランスの公共放送 France 24（タイトル『障害者と商売の王たち（Handicapés et rois du commerce）[1]』）をはじめ，複数のメディアで取り上げられてきた。また先行研究のなかでも障害者のコンゴ川流通に果たす役割が指摘されてきた（Smith 2003; Cappelaere 2011; Diakiodi 2011; De Coster 2012）。ただし，これまでの研究において具体的に彼らの生計活動を調べた報告はなく，どれくらいの障害者がコンゴ川の国境貿易を担っているのか，彼らの生計基盤はどのように維持されているのかは明らかにされてこなかっ

た。

　そこで本章では，ブラザヴィル河港（Le port autonome de Brazzarille）で働く身体障害者の生活の実態を把握することをとおして，さまざまな立場や地位，階層からなる重層的なアフリカ都市社会のなかで彼らの生計維持基盤がどのように成立してきたのかを考察していく。本章で用いるデータは，おもにブラザヴィル市とキンシャサ市で実施した2013年11月15日から12月4日までと，翌年の2014年11月14日から28日までの計1カ月間の現地調査に基づく。まず第1節では，調査地コンゴ共和国の政治と障害者への取り組みの史的展開を，現地で収集した一次資料を含む文献資料によって明らかにする。また障害者に関する統計資料から，全国の障害者の実態を概説する。第2節では，コンゴ川における障害者の国境ビジネスがどのように発展してきたのか，現地での聞きとりによる情報や資料（港湾当局の資料や現地新聞紙など）をもとに考察する。続く第3節と第4節では，ブラザヴィル河港において国境ビジネスを営んできた障害者の活動を，2013年11月と翌2014年11月の現地調査から描く。まず第3節では，ブラザヴィル河港における障害者の仕事を，2013年11月の現地調査で直接観察したデータから詳述していく。それに対して第4節では，2014年4月にブラザヴィル市警察当局が実施した治安維持のためのオペレーションによって河港で引き起こされた変化に着目し，国家の統制や規制の強化が障害者の生活に与えた影響について，2014年11月の現地調査と現地メディアなどの資料をもとに明らかにする。そこから障害者の国境ビジネスと当該国の関係を再考する。最後に，コンゴ川における障害者の国境ビジネスからみえてくる彼らの生計活動の特徴から，アフリカにおける障害と開発の在り方を模索していく。

第1節　コンゴ共和国の障害者の概要と政治の展開

1．コンゴ共和国の史的展開

　コンゴ共和国（旧フランス領コンゴ）は，日本と同じほどの国土に約369万人しか居住しておらず，1平方キロメートル当たり10.8人と人口密度がきわめて低い（Republique du Congo 2007）。その理由に，ヨーロッパとの奴隷貿易および植民地期の収奪の後遺症があるといわれている。古くはコンゴ川河口周辺部にコンゴ王国やその属国のロアンゴ王国などが現在の国土の南部にまで領土を拡大していたが，15世紀末にコンゴ川河口付近にポルトガルの航海者が渡来し，16世紀に奴隷貿易が本格化すると（ヨーロッパ・アフリカ・アメリカの三角貿易が本格化し，奴隷狩りが拡大するに至る），17世紀までにこれらの王国は衰退していった。17世紀にはフランスもこの地に進出した。19世紀になり奴隷貿易が衰えると，かわって同世紀末にはアフリカの各地で植民地分割の競争が始まった。コンゴでは，フランス政府に派遣された探検家ド・ブラザ（Pierre Savorgnan de Brazza）とベルギー国王レオポルト二世によって派遣された探検家スタンリーが競い合うかたちで内陸へと勢力をのばしていき，ガボンから南下したド・ブラザがフランス領コンゴを，東アフリカからコンゴ川河口まで横断したスタンリーがベルギー領コンゴの礎を築いていった（小田　1986; 2010）。その後1920年代にフランス領コンゴでは，ブラザヴィルと港町ポワント・ノワールを結ぶコンゴ＝オセアン鉄道の建設のために，各地から駆り出された労働者が強制労働に従事し，多くの人命が失われた（小松　2010, 13-14）。これらの搾取の反作用として，比較的早くからの反植民地運動や第2次世界大戦後の共産主義が勃興したと考えられている。独立後数年は親仏路線がつづいたが，その後はマルクス＝レーニン主義を貫く一党体制へと転換を迎えた。ただし1986年以降の深刻な経済の低迷や東西冷戦の終結後の世界的な民主化の潮流のなかで1990年末にそれも放棄された。政治

の混迷は続き，1997年に2003年まで続く内戦が勃発した。このように近年まで続いた国内の政治の混乱によって，コンゴ共和国では公の社会福祉は長く放置されてきた。

2．コンゴ共和国の障害者政策

コンゴ共和国は，1992年になって初めて障害者についての法律となる「障害者の身分・保護・地位向上に関する法律」(Loi portant statut, protection et promotion de la personne handicapée) を制定した。同じくして国務長官 (Secrétaire d'État) のもとに，障害者問題を管轄する部署が設置された。その後，この部署は今日の社会問題・人道援助・連帯省 (Ministère des Affaires Sociales, de l'Action Humanitaire et de la Solidarité) として独立した省庁になった (Onka and Poumbou 2010, 5)。このように1990年代に障害者政策が進んだ背景には，コンゴ共和国の大臣も務めたことがある障害当事者 Jean de Dieu Goma 氏によって1987年に設立された全国コンゴ障害者団体連盟 (Union nationale des associations des personnes handicapées du Congo：以下，略称 UNHACO を用いる) の働きがあったといわれている。

1992年の障害者法の第1条において，「障害者とは，先天的もしくは後天的な身体的障害もしくは精神的障害をもち，同年代の人と同じ職務を行うことが困難な者」とされた。障害の程度を能力障害率 (％で表示される) で決めた医師による診断書によって障害は確認され，その診断書は無償で支給される (第2条)。そのうえで，障害者の教育・訓練の手配 (第3条)，公共施設や公共交通機関でのアクセシビリティの改善 (第6条)，障害をもつ児童や学生の教育への統合 (第10条)，雇用の促進 (第11条・12条) が明文化されているにもかかわらず，現行法を施行するための枠組みが未整備のままである[2]。2015年2月1日現在の国連障害者の権利条約の批准状況 (第1章の図1-3を参照) が示すように，コンゴ共和国および隣国のコンゴ民主共和国の障害者政策はアフリカ諸国のなかでも非常に遅れてきた。表5-1が示すように，

表5-1 カメルーン共和国，コンゴ共和国，コンゴ民主共和国における障害者政策

	カメルーン共和国	コンゴ共和国	コンゴ民主共和国
障害者関連法	障害者保護関連法（1983年） 障害者の地位向上のための国家行動計画（2006年） 障害者の保護と地位向上に関する新法（2010年）	障害者の保護・地位向上法（1992年） 憲法第30条（2002年） 国連障害者の権利条約の同意に関する法律および条令（2014年）	憲法第49条のみ 但し，国連障害者の権利条約の同意にともない法律および国家行動計画の整備中
障害者手帳	1993年より運用	行政措置の未整備[1]	無[1]
公的サービス	公共交通機関での割引（1999年〜） 学費の減免，リハビリテーション費，補助器具の無償提供（2006年〜）	公共交通機関での割引のみ	公共交通機関での割引のみ
人口に占める障害者の割合	0.94％（9万2380人）（1983年）[2]	1.1％（1974年）[3] 1.4％（5万2935人）（2007年）[4]	統計なし
国連障害者の権利条約	署名（2008年10月）	署名（2007年3月），批准（2014年9月）	未署名（2014年10月より署名にむけた法整備が始動中）

（出所）カメルーン共和国社会問題省（Ministry of Social Affairs），コンゴ共和国社会問題・人道援助・連帯省（Ministère des Affaires Sociales, de l'Action Humanitaire et de la Solidarité），コンゴ共和国統計経済研究センター（Centre National de la Statistique et des Etudes Economiques (CNSEE)）およびコンゴ民主共和国社会問題・人道援助・国家連帯省（Ministère des Affaires Sociales, Action Humanitaire et Solidarité Nationale）の資料および聞き取りをもとに筆者作成．

（注）1）国家による障害者手帳の代わりに，コンゴ共和国とコンゴ民主共和国では障害当事者団体が発行するカードが利用されている．
　　2）カメルーン共和国による1983年の障害者統計調査．MINAS (2006) を参照．
　　3）国連統計局 http://unstats.un.org/unsd/demographic/sconcerns/disability/disform.asp?studyid=163 を参照．
　　4）コンゴ共和国の2007年国勢調査報告書（Republique du Congo 2007）を参照．

たとえば中部アフリカのなかで政治的に安定してきた隣国のカメルーンでは，1981年の国際障害者年を契機に早くも1983年「障害者保護関連法」が制定され，1990年に障害者の雇用機会促進のための政令が施行，1993年には障害者手帳の運用が始まり，今日までに障害者の社会サービスを施行するための枠組みが整えられている。一方，コンゴ共和国では障害者手帳を支給すると法律で明記されているもののその運用はいまだに開始していない。その代わり

に，コンゴ共和国とコンゴ民主共和国では，障害当事者団体が発行するカードが利用されている。実質的に障害者が利用できる公的サービスは，この障害者団体によるカードを提示することによって利用できる公共交通機関（国営鉄道およびフェリー）の割引制度のみとなっている。

以上のように，コンゴ共和国では障害当事者団体の働きかけによって障害者への取り組みがみられるものの，長く政情不安が続いてきたために公的な障害者サービスは大きく低迷してきた。ただし1997年から2003年まで続いた内戦が終結すると，少しずつだが社会保障へむけた取り組みが進みつつある。その一つとして，2007年の国勢調査ではコンゴ全土における初の障害者統計調査が実施された[3]。

3．障害者統計

Onka and Poumbou（2010）は，2007年に全国で実施されたコンゴ共和国の国勢調査を障害者の社会・経済的な観点から分析している。これによれば，障害者人口は5万2935人であり，全人口の1.4％を占める。ただしこの値は総人口の10％は障害者であるというWHOの推定数字からはかなり低く，国勢調査のなかで障害者が過小評価されていた可能性はある。加えて，コンゴの障害当事者団体であるUNHACOが1996年から1997年と2000年から2007年にかけて全国で実施した調査資料によると，障害者人口は国勢調査の3倍を超す17万3387人（全人口の4.7％）となっている。とくに，国勢調査と障害当事者団体による障害者人数は，都市部で大きな違いが現れている（図5-1および表5-2）。

コンゴ共和国では首都のブラザヴィル（人口137万人）と港湾都市のポワント・ノワール（人口71万5000人）が全人口の56.5％を占めており，同様に障害者人口も都市への集中が顕著である。2007年の国勢調査によると，都市および準都市に居住する障害者人口は合わせて3万5189人（全体の66.5％）を占める。そのうち，首都ブラザヴィルには全障害者人口の32.9％にあたる1

図5-1 コンゴ共和国の行政区分

凡例
① クイル州
② ニアリ州
③ レクム州
④ ブエンゼ州
⑤ プール州
⑥ プラトー州
⑦ キューヴェット州
⑧ キューヴェット西州
⑨ サンガ州
⑩ リクアラ州
⑪ ブラザヴィル市
⑫ ポワント・ノワール市

(出所) 筆者作成。

万7439人が居住している (Onka and Poumbou 2010, 37)。他方，障害当事者団体 UNHACO [n.d.] の調べでは，2007年時点でブラザヴィルに暮らす障害者の数は10万1300人とされる。ただし表5-2で示すとおり，国勢調査と比べて障害当事者団体 UNHACO による障害者統計は，州別の障害者数の人口に対する割合が0.02％ (リクアラ州) から7.99％ (ポワント・ノワール市を含むクイル州) と大きなばらつきがある。全戸調査が実施された国勢調査とは異なり，障害当事者団体は州ごとに設置された支部の担当官 (障害当事者) が個人で調査を実施していために，とくに交通の便の悪い非都市部で障害者数が把握できていない可能性がある。そこでこれ以降は，Onka and Poumbou (2010) による障害者統計の分析をもとに，コンゴ共和国の障害者の状況を概説する。

表5-3が示すとおり，障害種別人口では下肢障害 (37.2％) と上肢障害 (18.0％) が大きな値を示している。その原因として，ポリオやマラリアの筋肉注

表5-2 コンゴ共和国の州別障害者統計

(単位:人)

行政名	国勢調査[1]					障害者当事者団体 UNHACO 調査[2]		
	総人口	男女比[3]	障害者人口	障害者の男女比	障害者数の人口に対する割合	障害者人口	障害者の男女比	障害者数の人口に対する割合
①クイル州	91,955	104.4	1,385	131.7	1.51%	64,502[4]	126.7	7.99%[5]
②ニアリ州	231,271	95.4	5,148	113.6	2.23%	2,200	176.0	0.95%
③レクム州	96,393	90.8	2,324	116.3	2.41%	1,700	145.3	1.76%
④ブエンゼ州	309,073	92.5	6,410	108.0	2.07%	2,100	117.8	0.68%
⑤プール州	236,595	94.6	4,461	114.7	1.89%	112	273.3	0.05%
⑥プラトー州	174,591	93.7	2,056	130.1	1.18%	450	202.0	0.26%
⑦キューヴェット州	156,044	95.9	2,116	113.4	1.36%	52	100.0	0.03%
⑧キューヴェット西州	72,999	94.9	1,087	125.1	1.49%	800	175.9	1.10%
⑨サンガ州	85,738	100.6	1,117	134.5	1.30%	39	206.3	0.06%
⑩リクアラ州	154,115	99.5	2,115	124.5	1.37%	32	255.6	0.02%
⑪ブラザヴィル市	1,373,382	97.4	17,440	113.6	1.27%	101,300	154.1	7.38%
⑫ポワント・ノワール市	715,334	100.3	7,226	126.1	1.01%	-	-	-
総計	3,697,490	97.1	52,935	116.8	1.43%	173,297	143.1	4.69%

(出所) Republique du Congo (2007), Onka and Poumbou (2010), UNHACO (n.d.) の資料より,筆者作成.

(注) 1) コンゴ共和国の2007年国勢調査報告書 (Republique du Congo 2007).
　　 2) UNHACO が1996年から1997年と2000年から2007年にかけて全国で実施した障害者統計調査 (UNHACO n.d.).
　　 3) 表中の男女比は,男性人口／女性人口 ×100を示す.
　　 4) UNHACO の障害者統計では,クイル州の障害者人口のなかに,首都ブラザヴィル市に次いで二番目に人口の多いポワント・ノワール市が含まれている.そのため,他の州と比べて障害者人口が非常に多くなっている.
　　 5) クイル州の障害者数の人口に対する割合は,障害者人口64,502人／(クイル州人口91,955＋ポワント・ノワール市人口715,334) ＝7.99%を示す.

射の後遺障害,現地でコンゾ (*Konzo*) と呼ばれるビター・キャッサバの中毒事故によって引き起こる麻痺の症状があげられる.最も人数が多かった下肢障害者に関して年齢別の統計をみると,その約45%は30代から40代の壮年層であった.ポリオワクチンの普及や医療事故の減少などによって若年層では下肢や上肢の麻痺が減ってきていることが示唆される.加えて,1990年代の内戦によって戦傷を負った障害者男性の存在が指摘されている[4] (Onka and Poumbou 2010, 14-19).

表5-3 コンゴ共和国およびブラザヴィル市における障害種別の人口統計
(単位:人)

		視覚障害	ろう	難聴	脳性まひ	下肢障害	上肢障害	知的障害	計
コンゴ全体	男性	3,546	2,323	1,912	2,312	10,979	5,193	2,259	28,524
	女性	3,388	2,309	1,918	1,901	8,715	4,330	1,850	24,411
	計	6,934	4,632	3,830	4,213	19,694	9,523	4,109	52,935
		13.1%	8.8%	7.2%	8.0%	37.2%	18.0%	7.8%	100.0%
ブラザビル市	計	2,182	1,689	1,057	1,714	5,963	3,417	1,418	17,440
		12.5%	9.7%	6.1%	9.8%	34.2%	19.6%	8.1%	100.0%

(出所) コンゴ共和国の2007年国勢調査報告書(Republique du Congo 2007)および Onka and Poumbou (2010) より,筆者作成。

また,同国勢調査では障害者と非障害者で比較した教育,職業,婚姻状況の統計が報告されている。障害者の教育のデータによると,障害者の初等教育純就学率(6歳から11歳)は85.3％と高い数字を示している(Onka and Poumbou 2010, 26)。コンゴ共和国では6歳から16歳まで義務教育で,授業料の無償化が実施されており,その普及はかなり進んでいる(全初等教育純就学率は94.4％)。加えて,公用語であるフランス語の識字率は非障害者で84.3％,障害者でも61.5％と比較的高い(Onka and Poumbou 2010, 25)。ただし,障害児童のための特別教育を提供する場は非常に限られている[5]。たとえば,コンゴ共和国全土のろう学校はコンゴ人のカトリック神父が1971年に創設したブラザヴィルの学校とその分校(ポワント・ノワール校)の2校のみである。コンゴ川を挟んで隣国のキンシャサ市では,おもにキリスト系教会が運営する6機関,25校のろう学校がある[6]。このようにコンゴ共和国では,公の特別支援学校が限定的であることに加えて,教会や慈善団体が運営する私立の特別学校もまた少ない。ここから,国家は障害者のニーズに応えるのではなく,普通学校のなかに彼らを組み込んできたと推測される。そうした状況下で,運動障害をもつ児童の義務教育は進んでいるが,聴覚・視覚障害者や知的・精神障害者の多くが教育の機会を失っている[7]。

つぎに障害者の社会・経済活動の統計をみていこう。12歳以上の障害者人

口の39.4％は既婚者で，非障害者の既婚率45.6％と大きな差はみられない（Onka and Poumbou 2010, 28-29）。とくに女性障害者（既婚率30.9％）と比べて男性障害者（46.7％）は結婚への障壁がより低いと考えられる。その理由として，コンゴ社会では男性は結婚の申し込みができるが女性からはできないことが関係している，と障害当事者は語っている。また障害者人口の46.5％（男性51.9％，女性40.6％）はなんらかの経済活動に従事している（障害者人口の10.4％が失業中，内，8.4％は一度も仕事経験なし。つぎに9.7％が就学中，5.9％が退職，1％が年金生活，それら以外が13.4％）（Onka and Poumbou 2010, 41）。とくに世帯主では77.7％（男性80.9％，女性67.8％）が仕事をしている（Onka and Poumbou 2010, 27-28）。このように，障害者もまた家族とともに暮らしており，生活のために生計活動を営む必要がある。

　前述したとおり，コンゴ共和国は政府や政策が脆弱で福祉が遅れてきた。そのなかで実質的に障害者が利用できる公的サービスは公共交通機関の割引制度のみとなっている。この限られた障害者サービスのなかで，障害者の生活の糧となっていたのが，障害者割引制度を利用したコンゴ川を挟んだ二国間の国境ビジネスであった。次節では，この活動を詳述していく。

第2節　コンゴ川国境貿易と障害者割引制度

1．コンゴ川河港の小史

　コンゴ川下流のマレボ・プール（旧スタンリー・プール）と呼ばれる川幅の広がった流域の両岸には，世界でもっとも近接した一対の首都キンシャサとブラザヴィルが発展してきた（図5-2）。マレボ・プールにおける住民の行き来は，植民地期以前に遡る。植民地期になると，キンシャサとブラザヴィルにプライベートビーチが開かれ，ベルギー領コンゴとフランス領コンゴの二国間の貿易が始まった[8]（Gondola 1997）。De Coster（2012）によると，

図5-2 コンゴ共和国の交通網

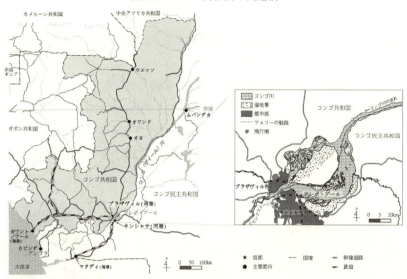

（出所）筆者作成。
（注）ブラザヴィル河港とキンシャサ河港は，マレボ・プールと呼ばれるコンゴ川下流の湖のように広がった部分（右図）に造られた港である。マレボ・プールから上流は，平坦な土地が広がっており，コンゴ民主共和国北東部の都市キサンガニや中部アフリカ共和国の首都バンギまで河川交通が可能になっている。他方，マレボ・プールから下流はリビングストン滝（Livingstone Falls）と呼ばれる急流がマタディ海港まで350km続くためフェリーの航行ができない。そのため，海外からの運ばれる物資は，ポワント・ノワール海港もしくはマタディ海港から，鉄道もしくはトラックに積み込まれ，ブラザヴィル市とキンシャサ市に運ばれる。

その後1930年代の経済危機のなかで，欧州の市場に依存していた両コンゴは，キンシャサとブラザヴィル間の通商を強化する方向へと転換していったという。そしてプライベートビーチは植民地交通公社に譲渡され，二国間貿易が本格化していった。2013年11月当時，両都市は約4キロメートルの川幅のマレボ・プールを頻繁に走るフェリーや高速ボートによって連絡されていた。両都市では，木材や燃料などの大型貨物船の発着地であるポート（Port）と一般の乗船客のためのビーチ（Beach）と呼ばれる港が国営企業によって運営されている（写真5-1）。そしてこのビーチは，視覚障害者や車いすに乗る身体障害者といった大勢の障害者トレーダーで溢れかえっていた。車いすで

生活しているキンシャサのビーチで長く働いてきた古参の男性M氏（1958年キンシャサ生まれ）によると，障害者がビーチで働きだしたのは50年近く前からだという。M氏がビーチで働き出したのは，中等教育終了証を取得した17歳の時だったと話す。

　　（M氏は）高齢の父から世話を受け続けるのはよくないと，ビーチで働く障害者のつてを頼って，キンシャサのンゴビラ（Ngobila）ビーチにやってきた。ちょうどそのころは，モブツ政権が1970年代からキンシャサ港で毎週月，水，金曜日に障害者の運賃を半額に設定してい

写真5-1　ブラザヴィルとキンシャサの国営河港（筆者撮影）
（注）　写真上：木材や燃料などの大型貨物船の発着地であるポート（Port）。業者が荷物の搬入を担ぶ。
　　　写真下：一般の乗船客のためのビーチ（Beach）。写真右下：乗船客が手荷物として日常品などを運ぶ。写真左下：フェリーが発着する桟橋には乗船客や手荷物を監視・確認するために警察や関税職員，港職員，野生動物管理職員，加えて予防接種の確認のために看護師が待ち構える。

たことで，障害者がコンゴ川の流通を担い始めた時期であった。1975年当時，それでもビーチで働く障害者は50人に満たなかった。次第に，障害者がビーチで働く様子がキンシャサで人づてに知れわたるようになると，地方からキンシャサにやってきた障害者がこぞってコンゴ川貿易に参集し出した。あっという間にビーチで働く障害者は100人を超え，1980年代にはビーチで働く障害者の組織がつくられてきた（2013年11月28日，キンシャサ港 M 氏談）。

　ビーチで働く50代から60代の古参によると，彼らが記憶するもっとも古いフェリーはキンシャサのコンゴリア（Congolia）号で，現在では第6代目のイカンダ（Ikanda）号（写真5-2）が運航している。なかでも1973年から運航していた第5代目フェリーマタディ（Matadi）号は一度に1000人以上の乗客と30台以上の車両を運べる120トンの積載量を誇る大型船であった。マタデ

写真5-2　出向前のイカンダ（Ikanda）号（2013年11月19日，ブラザヴィル・ビーチ　筆者撮影）

ィ号によって，当時，身体障害者はベロ・バック（vélo bac）と呼ばれる運搬用の三輪車にまたがり大量の物資を輸送することができた[9]。不運なことに，2005年に事故が起こり，運搬用の三輪車の乗船が禁止されるようになった。そして度重なる事故と老朽化によって，マタディ号も2008年に引退した。ビーチで働く古参の障害者は，1980年代から2005年までが最も国境ビジネスが繁盛していた時期だったと語っていた。

2．障害者に対する優遇の始まり

1970年代初頭，障害者による河川流通が始まったちょうどその頃に，荷物の運搬も可能な大型の障害者車いすを積むことができるマタディ号という大型フェリーが登場したことがコンゴ川の障害者ビジネスに幸いしてきた。そして旧ザイール時代に遡る障害者への優遇（faveur）措置の存在が現在の両コンゴの障害者ビジネスへとつながっている。では，この障害者優遇制度はどのように始まったのであろうか。つぎに，旧ザイール時代に遡って，その背景を明らかにしていこう。

2013年の新聞『terrAfrica』[10]では，キンシャサで広く知られている「第15条（Article 15）」，通称「デブルイエ・ヴ」（Débrouillez-vous）（自分でなんとかやっていけという意味）とよばれる生活戦略が，物乞いに代わる障害者の職業を生み出してきたと報じている。「デブルイエ」（débrouiller）とは，フランス語圏アフリカ諸国で広く使用されている用語で，（国や社会はあてにならないという諦めのなかでも）臨機応変にその場を切り抜け，自分がなんとかやっていくということを表現している（cf. Bopda 2003; 野元 2005; Whyte 2008）。旧ザイールにおいて，この「第15条」（Article 15）の用語および通称「デブルイエ・ヴ」（Débrouillez-vous）と呼ばれる活動は，1960年にベルギー領コンゴから独立したコンゴ共和国（コンゴ・レオポルドヴィル——現在のコンゴ共和国とは異なり，コンゴ民主共和国の方）から分離独立を宣言した南カサイ[11]の憲法第15条を起源としている（Kisangani and Bobb 2009, 124）。この第15条は

南カサイの政府が，市民に向けて自分たちでなんとか機転を働かせてお金を稼ぐように諭したもので，暗に違法であったダイアモンドの採掘をするように促したものであったといわれている（Mayele 2008）。

1960年代初頭には，歌手 K.P. Flammy によって同名の歌『Article 15 *oyebi y'ango*』が発表された。このすでに現存しない「第15条」（Article 15）は，1970年代の旧ザイールの経済低迷期のなかで，インフォーマル雑業，そして機知と賄賂の表現としてキンシャサ市民に広く認知されるようになっていく[12]。そして旧ザイールの経済が混迷をきわめていた1980年代中頃に，故モブツ大統領が国民への演説のなかで「デメルデ・ヴ」（Démerdez-vous）（自ら上手くやって）という言葉を用いて，国に頼らずに生活していくように国民にメッセージを送ったといわれている（*terreAfrica* 2013年7月2日）。旧ザイール時代，経済状況は苦しく，障害者に対する公的支援をする金銭的余裕は国になかったのだろう。そういった状況のもとで，国家が敢えて明文化しないままコンゴ川における障害者の優遇を暗黙の了解として執り行ってきた。こうして，キンシャサの障害者は社会に支援を求めるのではなく，自らビーチでデブルイエし，生活を成り立たせてきた。

他方，コンゴ共和国には障害者を優遇する仕組みは公に存在していなかった。ただし，コンゴ共和国のビーチでは隣国のコンゴ民主共和国に合わせ，非公式に障害者へのさまざまな優遇を実施するようになってきたという。

3．コンゴ川の障害者貿易と割引制度

近接するキンシャサ市とブラザヴィル市ではあるが，海外からの流通経路の違いや両国の通貨が異なることで発生する物価の相違，またキンシャサでしか製造されていない工業製品（ブラザヴィル市内にはプラスチック製品工場，メッシュ（つけ毛）の工場，スナック菓子工場がない）があるといった要因で，物流品の価格が異なっている。そしてキンシャサ市とブラザヴィル市のあいだに橋が通っていないため，コンゴ川を往来するフェリーが両都市における

唯一の国境貿易の手段となっていた。

　第4節で述べる，コンゴ民主共和国とコンゴ共和国の住民の往来が規制された2014年4月まで，キンシャサとブラザヴィルのビーチでは，キンシャサ船とブラザヴィル船の2隻のフェリーと小型の高速ボートが祝祭日を除く毎日朝8時から16時まで2往復していた。高速ボートはおもに外国人や裕福なコンゴ住人が利用しており，一般の旅客はその半値ほどで往来できるフェリーを利用していた。国境ビジネスをおこなう障害者もまた，フェリーを利用していた[13]。

　2012年のブラザヴィル港湾当局の資料によると，ブラザヴィル港からキンシャサ港に入国する乗船客数は年間17万9855人（内，外国籍が2万734人）で，キンシャサ港からブラザヴィル港へは年間16万3278人（内，外国籍が6万7766人）と記載されている。ただし同資料によるとフェリーの乗客数は月にして平均7500人，日換算では約300人と非常に少なく記載されている。そこで，ブラザヴィルのビーチにおけるフェリーの一日の乗船客数を直接観察によって調査した。表5-4は，2013年11月19日のブラザヴィルに入国した乗船客数を示している。ブラザヴィルのビーチにフェリーが着港すると，桟橋の上で立ちはだかるように待つ国境警察官や関税職員，港湾職員をすり抜けようと，一気に乗船客や下船客，ポーターが行き交っていた。そのような状況

表5-4　ブラザヴィル・ビーチに入国した乗船客数

（単位：人）

時間	フェリーの航路	障害のタイプ					計	非障害者
		視覚障害	聴覚障害	肢体不自由（車いす）	肢体不自由（松葉づえ）	上肢麻痺		
10:30	Kin → Bra（Kin 号）	110	2	52	44	5	213	449
13:17	Kin → Bra（Bra 号）	49	2	3	16	3	73	不明
14:30	Kin → Bra（Kin 号）	36	1	7	26	3	73	不明
17:45	Kin → Bra（Bra 号）	30	2	28	26	3	89	不明
	合計人数	225	7	90	112	14	448	不明

（出所）　筆者による現地直接観察（2013年11月19日（火））。
（注）　聴覚障害者に対する聞き取りは，筆者が習得しているフランス語圏アフリカ手話を用い，ビーチで働く現地ろう者に協力してもらい実施した。

があるため，2013年の調査では非障害者の乗船客数を正確に数えることができなかった。数え上げることができた朝一番のフェリー就航便では，非障害者数が障害者の数の二倍超となっていた。11月19日における一日の障害者の乗船数は448人であったことから，非障害者の乗船数の人数をその二倍として概算すると，少なくとも一日に1000人はキンシャサ港からブラザヴィル港に入港していたと推測される。ではなぜ，国境という厳密な管理が行われているはずの港で，3分の2以上の乗船客が統計からもれていたのであろうか。その一つの理由として，2013年当時の港湾当局が毎日ビーチで流通を担っている障害者トレーダーの活動を厳重に監視していなかったからであり，非障害者のなかにはつぎに示すように障害者とともにやってくる者が多数いたからだと考えられる。

　ビーチでは運賃や諸税が明記されておらず，新参の乗船客は必ず港職員と交渉しなければならない[14]。またブラザヴィルとキンシャサのビーチでは費用が異なっているため，両方の事情に精通している必要もある。世銀の資料によると，マレボ・プールを往復するために少なくとも40米ドルの費用がかかると記載されている（Brulhart and Hoppe 2011, 24）。また両コンゴ国籍の住人は通行許可証（laissez-passer—72時間以内の滞在が認められる）があれば国境をまたぐことが可能であったが（2013年11月時点），そのほかの国籍の人びととはパスポートおよび大使館で取得する査証が必須となっていた。そのため，両コンゴ以外の外国籍の商人にとって国境貿易をおこなうことは容易ではなかった。

　表5-5は，筆者が2013年11月にキンシャサとブラザヴィルの両ビーチの乗客および港職員から聞いた費用を示している。キンシャサでは，一般の乗客の運賃は1万8000コンゴ・フラン（20米ドル）であるのに対し，障害者はその半額の9000コンゴ・フラン（10米ドル）が適用されていた。一方，ブラザヴィルでは，障害者と非障害者は同じ5500CFAフラン[15]（約11米ドル）の運賃が適用されていた。また両国の障害者は介助者（guide）として非障害者を同伴することができ，その介助者にかかる費用は通行許可証発行手数料だけ

表5-5 ブラザヴィルとキンシャサ間のフェリー乗船客の推定費用

	ブラザヴィル→キンシャサ (単位：CFAフラン[1])			キンシャサ→ブラザヴィル (単位：コンゴ・フラン[2])		
	一般	障害者	介助者	一般	障害者	介助者
運賃	5,500[3]	5,500[3]	―	18,000	9,000	―
通行許可証（laissez-passer）	2,000	―	1,000	5,000	1,000	1,000
障害者介助者書（guide）	1,000	―	―	―	―	―
黄熱病予防接種カード	(1,500)	―	―	?	?	?
埠頭使用料（redevance quai）	150	150	―	200	200	―
港使用料（redevance sortie）	1,200	1,200	―	2,500	2,500	―
荷物・現金持込料（jeton fouille）	1,000	1,000	―	1,000	1,000	―
目的地での様々な費用および税	0～5,000	―	―	?	?	―
計	13,350～18,000	7,850	1,000	26,700	13,700	1,000

（出所）　筆者による現地での聞き取り。
（注）　1）　1ユーロ＝655.957CFAフランで固定。1米ドル≒510CFAフランで取引（2013年11月時点）。
　　　　2）　1米ドル≒900～910コンゴ・フランで取引（2013年11月時点）。
　　　　3）　曜日によって運賃は変更する。火～木曜日の14時以降：5500CFAフラン，月曜日の14時以降：6000CFAフラン，土曜日と月曜日の朝：9000CFAフラン。

となっていた[16]。この障害者付き添い制度（guide handicapés）は，国境を越えたい多くの住人にとって，厳重な国境のコントロールをすり抜ける方法として利用されてきた。当港職員はこの状況を「それが彼らの仕事だから」と言い，暗黙の了解をしていた。さらに両国の障害者は荷物を輸送する際の関税も優遇されていた。まず障害者は荷物2個まで関税をかけられない。加えて非公式ではあるがそのほかの関税も明らかな減免を受けていた。

このような両ビーチにおける障害者割引制度を利用して，障害者が各々の機能的な障害に応じた仕事を営んでいた。つぎの第3節では，2013年11月当時，ブラザヴィル河港で働いていた障害者の活動を，直接観察したデータから詳述していく。

第3節　コンゴ川河港で働く障害者の営み

1．ブラザヴィルのビーチにおける障害者の仕事

　ブラザヴィル・ビーチでは，障害者は4つの異なる仕事を営んでいた（2013年11月当時）。一つ目は，メディアに「商売の王様」（rois du commerce）と評されてきた，ビーチの仕事のなかでもっとも規模が大きく有名な仕事である輸送荷物の仲介業であった。ブラザヴィル・ビーチでの仲介業は，ブラザヴィルに暮らす身体障害者が中心になって組織したアソシエーション（「コンゴ障害とともに生きる人びとの会」（Association des personnes vivant avec un handicap du Congo: APVHC））が独占的に担ってきた。APVHCは，1980年代からビーチで働く身体障害者が国境警察や関税職員，両都市の商店主たちと集団で交渉するために組織された一種のギルドのような団体である。メンバーは，団体加入代として7500CFAフランと，コティザシィオン（cotisation）と呼ばれる会費・分担金を毎月500CFAフラン支払う義務がある。2009年からAPVHCはビーチの『公認』団体となり，『公的』に保護されてきた[17]。メンバーはおもに運動障害を抱える人びとが多く，2013年11月時点で，225人が加入していた（ただし実際ビーチで活動しているのは100人ほど）。その数は，運動障害をもつブラザヴィル住人の約2.4％を占める。彼ら障害者は携帯電話を利用して両都市のパートナーの商人から仕事の依頼を受け，投票で選ばれた事務局を中心に組織だった活動をおこなっていた。

　そこで2013年当時のAPVHCのメンバーの1日の活動をみていこう。朝8時に彼らはビーチにやってきて夕方の16時過ぎまで随時，キンシャサから運搬される荷物を各々の運搬用の車いすに積んでいく。最終便が到着してすべての梱包が終わると，団体代表が関税申告書（一枚につき5000CFAフラン）を支払い，まとめて輸入品の関税手続きをおこなう。18時から障害者はそれぞれの介助者に運搬を手伝ってもらいビーチから約1.5キロメートル離れた街

中の路肩までやってくる。そこで各自が取引先と商品の受け渡しをおこなう。そして20時半を回った頃にやっと１日の仕事を終え，タクシーや乗り合いバス，車いすで帰宅する。

　こうして朝8時から12時間働いたメンバーには，一日に4000CFA フラン以上が必ず代表から支払われる。CNSEE（2009）によると，ブラザヴィル住民の平均月収は９万7800CFA フランで，そのうち，インフォーマル・セクター従事者は７万6000CFA フランである。2013年当時，APVHCのメンバーは最低でも月に９万6000CFA フランの収入を得ており，ブラザヴィルの中間層を占めていたことがわかる。もっとも団体代表などはトヨタの高級車ランド・クルーザーなどを所有しており，事務局が得るお金はほかのメンバーより格段に大きいと推測される。

　ビーチの二つ目の仕事は，運送業者（トランスポルトゥール transporteur）と呼ばれる，前述した障害者付き添い制度を利用し，大幅な割引が適用される介助者として一般客を運搬する（国境での移動を助ける）仕事であった。この仕事は，おもに両コンゴの視覚障害者が担っていた。視覚障害者は一般客の肩に手を置き，旅客を介助者として同伴させていた。それにより，旅客は一般運賃より安価で両国を移動することが可能となっていた。また国の身分証明書などを所持していないなどの諸事情で，個人では厳重な国境警備を通過することが困難な人からは，一度の移動で3000CFA フランから5000CFA フランが視覚障害者に支払われていた。視覚障害者は旅客の運送のために，両ビーチを日に２～３回往復し，日額１万CFA フランに近い現金収入を得ていた。その際に，彼らはブラザヴィルの西アフリカ出身者が商うパーニュ（西アフリカの布）市場などで買い付けた商品を背負い，キンシャサで転売するという兼業もおこなっていた。この視覚障害者の稼ぎは，仲介業を営む身体障害者のトレーダーたちよりいいといわれていた。視覚障害者はAPVHCのメンバーになっていなかった。入らなくてもやっていけるという意味で，こうした個人で日々の稼ぎを得る道を選択していたのだろう。

　3つ目は，キンシャサとブラザヴィルの物価の違いを利用した小売業

表5-6 ビーチ周辺露店市における商人の国籍,障害,仕事内容

No.	性別	国籍	身体障害	仕事内容
1	女性	DRC	右半身マヒ	運送のクライアント待ち
2	女性	DRC	下肢障害	運送のクライアント待ち
3	女性	DRC	下肢障害	運送のクライアント待ち
4	女性	DRC	下肢障害	運送のクライアント待ち
5	女性	DRC	視覚障害	運送のクライアント待ち
6	女性	DRC	上肢障害	運送のクライアント待ち
7	女性	DRC	下肢障害	市販薬の販売
8	男性	DRC	下肢障害	タバコの販売
9	男性	DRC	視覚障害	ビスケットの販売
10	男性	DRC	視覚障害	ビスケットの販売
11	男性	DRC	下肢障害	運送のクライアント待ち
12	男性	DRC	下肢障害	運送のクライアント待ち
13	男性	DRC	下肢障害	運送のクライアント待ち
14	男性	DRC	下肢障害	運送のクライアント待ち
15	男性	DRC	下肢障害	運送のクライアント待ち
16	男性	DRC	下肢障害	運送のクライアント待ち
17	男性	DRC	下肢障害	運送のクライアント待ち
18	男性	DRC	視覚障害	運送のクライアント待ち
19	男性	DRC	上肢障害	運送のクライアント待ち
20	男性	DRC	上肢障害	運送のクライアント待ち
21	男性	DRC	下肢障害	食パンの販売
22	男性	DRC	下肢障害	食パンの販売
23	男性	DRC	下肢障害	食パンの販売
24	男性	DRC	視覚障害	食パンの販売
25	男性	DRC	上肢障害	石鹸の販売
26	男性	DRC	視覚障害	石鹸,砂糖の販売
27	男性	RC	視覚障害	ビスケット,石鹸の販売
28	男性	RC	視覚障害	運送のクライアント待ち
29	男性	RC	視覚障害	運送のクライアント待ち
30	男性	RC	視覚障害	食パンの販売
31	男性	RC	視覚障害	食パンの販売

(出所) 筆者による現地直接観察によるデータ(2013年11月23日9時半から10時53分)。
(注) DRCはコンゴ民主共和国を,RCはコンゴ共和国を示す。

(commerce) であった。ブラザヴィル市内では，このような小規模な販売業は，おもにキンシャサの視覚障害や運動障害をもつ人びとが担っていた。表5-6は，ブラザヴィルのビーチ周辺にある非公認の露店市 (marché ambulant) で働く商人の国籍，障害，仕事内容を示している。2013年11月23日に直接観察した結果，ビーチ周辺にある非公認の露店市で働く商人は全員が視覚障害者や肢体不自由者であった。彼らの多くはキンシャサで購入した（ブラザヴィルにはない）食パンやビスケット，薬などを転売して収入を得ていた。そのなかのひとり，車いす利用者のB氏（1969年生まれ・既婚・7人の子どもの父）が食パン販売から得た収入について紹介しよう。2013年11月当時，B氏は毎週ブラザヴィルにお金を稼ぎにやってきていた。B氏は，妻と子どもとキンシャサの一軒家に暮らしており，ブラザヴィルにお金を稼ぎにきている間は，ビーチの警備員に一日200CFAフランを支払って，ビーチ近くの軒下で，ほかのキンシャサの障害者たちとともに野宿していた。B氏は，キンシャサのパン屋で食パン1箱30斤を3万コンゴ・フラン（約1万7000CFAフラン）で購入し，ブラザヴィルの路上で1斤1000CFAフランで販売していた。その際，彼はフェリーの運賃9000コンゴ・フラン（もしくは5500CFAフラン）とブラザヴィル港で関税2000CFAフラン，荷物の運搬代1500CFAフランを支払っており，彼の手元には6000CFAフランから8000CFAフランの現金が残っていた。B氏は週に最低6000CFAフラン，月にすると約2万5000CFAフラン（約50米ドル）の収入を得ていた。その額は，キンシャサ市民の平均月収50米ドルとほぼ同じである (Brulhart and Hoppe 2011, 24)。ただし，キンシャサの障害者が担う小売業は，これまで述べたブラザヴィルの障害者の生計と比べて非常に収益が低い。彼らの多くはかつてキンシャサのビーチで障害者団体のメンバーとして仲介業を営んでいたと話していた。キンシャサでは10年以上前からビーチに二つの団体ができており，団体間のもめごとで一方の団体がビーチで仕事が営めなくなったという。ブラザヴィルにやってきた障害者の商人は，キンシャサのビーチから追い出された人びとであったようだ。

最後の4つ目は，これまで紹介してきた国境貿易や人の運搬とは異なる，ビーチ内で乗船客の荷物を運搬する仕事であった。そのポーター業はろう者が担っていた。ろう者は7〜8人のグループとなって，ろう者仲間と一緒に仕事をしていた。

2．ビーチで働く障害者を助ける人や物

ブラザヴィルのビーチでは，身体障害者が運搬業という身体的な労働で生計を立てていた。もちろん彼らの多くが運動障害を抱えており，荷物の梱包や運搬作業をおこなうことは著しく困難であることはいうまでもない。では，それらの作業を誰が担っていたかというと，一般に介助者（guide）と呼ばれる若者たちであった。身体障害をもつトレーダーたちには，各々決まった介助者がいた。彼ら障害者は，街中のストリート・チルドレンだったり，こそ泥をしていた若者に声をかけて，障害者介助者として雇用していた。たとえば港から街中まで荷台に載せられた輸送品を押して運ぶのに，一回につき1500CFAフランから2000CFAフランをトレーダーは彼らに支払っていた。そうして彼ら介助者は一日に5000CFAフランほどを受けとる。また，APVHCといった団体が発行する介助者証を保有しており，介助者はビーチのなかで公に認められた存在として仕事に従事することができていた。

このように，コンゴにおいて障害者の介助者制度は，一般の障害者支援にみられるような援助や支援とは異なり，雇用関係のなかで成り立っていた。障害者トレーダーのなかには，自らの資金で介助者に運転免許を取らせ，さらに車を購入し，ビーチでの仕事の空き時間にタクシー運転業に就かせるものがいた。タクシーのオーナーとして利益を上げるとともに，介助者を障害者の運転手とさせることで，日々の移動手段を獲得していた。このように障害者トレーダーたちは介助者に投資をすることで，日々の生活の便宜を図ろうとしていた。

またビーチの障害者が生計のために生み出したものは，介助者制度だけで

写真5-3 アダプタスィオン(adaptation—改良三輪車)(左:2013年11月21日,右:2013年11月23日,ブラザヴィル・ビーチ 筆者撮影)

はない。近年,障害者トレーダーのなかで,アダプタスィオン(adaptation)と呼ばれる改良三輪車が人気を集めていた(写真5-3)。コンゴにおいて,障害者用の補助具などの公的給付はなく,慈善団体や篤志家などからの寄付も限定的である。そのため,障害者は自ら車いすなどを購入しなければならない。そのような状況下で障害者自身がつくり出したのが,オートバイを改良したアダプタスィオンであった。この改良三輪車の利用によって,障害をもつトレーダーは日々の仕事の効率を上げることができるようになっていた。このように障害者自身の創作物であったからこそ,彼らの生計活動に真に役立つ器具が生まれてきたのだろう。ただし,コンゴにおいてオートバイは1台約50万CFAフラン(1000米ドル)もするため,国境ビジネスで儲けて初めて障害者はアダプタスィオンを利用できるようになっていた。

3. ビーチにおける障害者団体の特徴

では本節の最後に,コンゴ川の国境貿易を担ってきた障害者によってつくられたビーチの障害者団体の特徴を経済的側面と社会的側面から検討していこう。まずビーチで働く障害者団体は,国境警察や税関職員,両都市の商店

主などの複数のアクター間と，集団で交渉していくために組織されてきた。障害者団体の各メンバーの手元に残るお金は限定的である。ただし非公式に障害者の関税の減免が認められているとはいえ，障害者が各々関税申告書を記入し，関税職員と直接交渉することは容易ではない。個人での取引では弁が立つ者や読み書きに秀でた者とそうでない者とのあいだに差が生じかねない。いうまでもないが，障害者団体の代表が港の職員（とくに上層部）と金銭を含む利害関係でのつながりがあったからこそより高い関税の減免率を実現していたことも確かである。一方で，障害者が団体の一員として得るものは，経済的な利益だけはない。障害者団体は，全メンバーから徴収した団体加入代や毎月のコティザシィオン（分担金）を利用して，メンバーの葬儀費用や治療の分担に利用してきた。経済的なつながりが，団体の基軸となっていることは確かだが，団体に保険機能が備わっているように，社会的な連帯も内在している。そしてなにより障害者が公認された団体の一員となることは，「正当」な仕事で成功した障害者としての立場を社会的に確立させてきた。

　コンゴ川における障害者の国境ビジネスは，政府に頼らず生活を成り立たせてきたコンゴ人の生き残り術の一つとして生まれ，公的な機関や関係者とかかわることで長期にわたるビジネスを維持してきた。ただし，変動するアフリカの社会・経済状況のなかで，障害者の国境ビジネスは常に不確実性も内在している。2013年には，ブラザヴィルとキンシャサに橋と鉄道を架ける大型プロジェクトがアフリカ開発銀行の資金を得て進行していた。橋が出来れば，自ずと障害者の国境ビジネスの形態は変わっていくだろう。それでも障害者が国境での流通を担う道は残っているように思える。ケニア・ウガンダ国境では，手こぎ車いすを利用した陸上の国境ビジネスが展開されてきた（Whyte and Muyinda 2007）。

　他方，世銀は2011年のレポートにおいて，コンゴ川における国境ビジネスはさまざまな利権によって経済活動が著しく損なわれていると報告しており，その改善のために両コンゴの経済の自由化を図るべきであると主張している

(Brulhart and Hoppe 2011)。もし両コンゴで経済の自由化がおこり関税が撤廃されていたら、2013年当時、すでに障害者の国境ビジネスは終焉を迎えていたのではないか。全体の機会の平等や経済の自由化は否定できるものではないが、その結果として社会的にマイノリティとならざるをえなかった人びとの生活がより困難になる危険性を内包していることには注意を払う必要があるだろう。

そして2014年、障害者が担ってきたコンゴ川の国境貿易は大きな転機を迎える。

第4節　障害者国境ビジネスの行く末

はじめてブラザヴィルを訪れた2013年11月、ビーチではブラザヴィル船とキンシャサ船の2隻のフェリーが毎日朝8時から18時まで運行し、日に1000人を超す人びとが国境を行き来していた。その1年後の2014年11月に、筆者が同じビーチを訪れるとそこには誰ひとりとしていなかった。ビーチで30年以上続いてきたブラザヴィルとキンシャサの人びとと物資の行き来が6カ月以上も停止していたのである[18]。一体、両コンゴで何がおきたのだろうか。そこで本節では、ビーチでおきた出来事を説明しながら、障害者の国境ビジネスと当該国の行政の関係を考察していく。

1．キンシャサへの強制送還

2014年、ブラザヴィル市では「クルナ」(*Kuluna*) と呼ばれる犯罪の増加が問題となっていた。「クルナ」(*Kuluna*) とは、リンガラ語で2000年代中頃からキンシャサで増えた都市犯罪の現象および街中の不良少年やギャングを意味する。このクルナの根絶を目的に、2013年11月から2014年2月にかけて、キンシャサではリンガラ語で殴打を意味する「リコフィ」(*Likofi*) オペレー

ションが大統領令によって実施された。人権団体ヒューマン・ライツ・ウォッチは，警察によるこの大規模な掃討作戦によって51人の若者が亡くなったと抗議している（Human Rights Watch 2014）。

　コンゴ共和国の警察は，キンシャサの犯罪者たちがコンゴ川を渡って隣国のブラザヴィルへと流れ込んできていると警戒を強めていった。そして，ブラザヴィルで起きたある殺人事件をきっかけに，2014年4月4日，コンゴ共和国内務大臣の承認のもと，警察によって「バタ・ヤ・バコロ」（Mbata ya Bakolo，リンガラ語で，兄弟への平手打ちの意）[19]オペレーションと名付けられたコンゴ民主共和国籍の不法滞在者のキンシャサへの強制送還が始まった[20]。ブラザヴィル市では，警察官1500人以上が動員され，一軒ずつ家を訪ね台所のなかまで強制的に捜査が行使された。当局は近隣住民による密告を奨励し，2014年5月5日までにコンゴ民主共和国出身者7万1407人（内訳：男性2万3989人，女性1万7965人，子ども2万9453人）がブラザヴィルのビーチからキンシャサへ強制的に送還された[21]（写真5-4）。自主帰国も含めると，ブラザヴィル市の人口[22]の1割を超える20万人以上がキンシャサに渡ったと伝えられている[23]。

　2014年4月から5月にかけてブラザヴィルのビーチでは，コンゴ民主共和国に帰国する人びとで溢れかえり，炎天下で長時間フェリーなどのなかで待たされた人びとのなかには死者まで出た。また強制帰国させられたコンゴ民主共和国籍者のなかには，何十年もブラザヴィルで暮らしていたために，キンシャサに家族がいない人びとも多く，800人から1000人が難民としてキンシャサ市内の路上やスタジアムでテント暮らしを余儀なくされている[24]。

　さらに警察は，2014年5月5日までに不法滞在などの罪で1764人（チャド1人，セネガル1人，ベナン2人，ルワンダ2人，赤道ギニア1人，カメルーン5人，マリ28人，中央アフリカ30人[25]，コンゴ民主共和国1337人，および幇助などの罪でコンゴ共和国27人ほか）を逮捕した[26]。またコンゴ民主共和国の政府発表によると，5月22日時点で12万2500人が抑留されている。このような事態を受けて，コンゴ民主共和国で学んでいた500人以上の学生が，報復を恐れ

写真5-4 「バタ・ヤ・バコロ」オペレーションとして，2014年5月5日時点にコンゴ民主共和国籍の人びと7万2000人以上がブラザヴィルのビーチからキンシャサへの強制送還が実施されたことを報じる新聞記事。
(注) 政府系新聞『レ・デペシュ・ドゥ・ブラザヴィル』(*Les Dépêches de Brazzaville*) 紙の一面記事。(2014年5月8日付け http://www.lesdepechesdebrazzaville.fr/flex/php/simple_document.php?doc=20140508_DBZ_DBZ_ALL.pdf)

てブラザヴィルに帰国した[27]。こういった事態を受けて，国連は「バタ・ヤ・バコロ」オペレーションを重大な人権侵害として警告している。

2．コンゴ共和国当局による取り締まりと市民の暮らし

コンゴ共和国の警察当局は，「バタ・ヤ・バコロ」に加えて，以下の二つのオペレーションを実力行使している。2014年6月27日には，路上犯罪の防止と自国民の職業確保を目的に，リンガラ語で道路の解放を意味する「ロングワ・ナ・ンゼラ」（Longwa na nzela）オペレーションを実行し，タクシーなど公共交通の運転がコンゴ共和国籍の人びと以外には全面的に禁止された[28]。2014年8月22日には，ブラザヴィル市で深夜の騒音を禁止する「ラジオ・マタンガ」（Radio Matanga）オペレーションを実行し，コンゴ共和国で急増している新興宗教の取り締まりを始めた。

ブラザヴィル市ではベナンやセネガル出身のタクシー運転手が多かったが，「ロングワ・ナ・ンゼラ」オペレーションによって，彼らは職を失うことになった。これらのオペレーションが行使されて以降，ブラザヴィルの人口は減りつづけ，2014年11月現在，とくにキンシャサ出身の若者が担ってきた路上のごみ拾いなどの最下層のインフォーマル雑業の人手が不足している。加えて，河川貿易がなくなったために，キンシャサで製造される工業製品を中心にブラザヴィルでは物価が高騰している[29]。こうしてブラザヴィルに暮らす住民の生活は厳しくなりつつあった。そして警察による「バタ・ヤ・バコロ」オペレーションは，コンゴ川で流通を担ってきた障害者に最も大きな打撃を与えている。

3．障害者トレーダーにとっての「バタ・ヤ・バコロ」オペレーション

コンゴ共和国の警察は，ブラザヴィルとキンシャサのビーチで利用されてきた両コンゴのそれぞれの国籍をもつ人びとのための通行許可証が，キンシャサから犯罪者の入国を許してきたと発表し，これまで30年以上続いていたビーチにおける通行許可証での入国を全面的に禁止した。2014年5月21日よ

り，両国ではパスポートおよび査証の取得が国境を越えるために義務化された[30]。富裕層および外交関係者は高速ボートや飛行機を利用していまだに国境を行き来することができるが，一般市民に対する査証の発行が制限されており，現状では市民はブラザヴィルとキンシャサ間を移動することができなくなっている。

加えてコンゴ共和国政府は，ブラザヴィル・ビーチの交通を取り仕切る河川交通造船所（Chantier naval et des transports fluviaux: CNTF）に対して，強制送還のために要請したフェリーの運航代4億6000万CFAフランを支払っていない。この未払いによってCNTF職員の給料の支払いが滞り，ビーチではストライキが実施された[31]。こうして4月以降，両国の河港ではフェリーの運航が停止し，これまで40年近く続いた障害者ビジネスは6カ月以上立ち行かなくなっていた。

2014年11月時点で，フェリーの運航停止によって，ビーチの活動がすべて停止していた。ブラザヴィル河港では木材や燃料などの大型貨物船の発着地であるポートに，個人所有の荷物運搬用フェリーが1隻，週に2～3回運航するだけとなった。

ポートでの取引はそれまで卸売業者が担ってきたため，多くの障害者トレーダーには参入が困難であった。当初，APVHC代表と秘書など数名が小売業者と連携して仲介業をおこなっていた。ポートでは関税がこれまでより高くなり，利益が上がらないため，2014年11月20日時点ではAPVHC代表とその介助者だけがポートで働いていた。障害者のなかには，改良三輪車（アダプタスィオン）をさらに大きくした荷台付バイク（新品で100万CFAフラン）を利用し，ポートから市内の市場や商店に荷物を搬送する仕事に就いた者もいたが，ポートではおもに大型トラックを利用して物品の搬入・搬出がされているため，この仕事も限定的であった。ブラザヴィル河港に来る障害者のなかには，知人の港湾職員や警察などに金銭の施しを乞う者も出てきた。そして大多数の障害者トレーダーはビーチでの仕事を諦め，ブラザヴィル河港に来ることはなくなっていた。

APVHC事務局の一員として運営を担っていたE氏（46歳）も港での仕事を断念したひとりであった。彼は，APVHCのメンバーと，2014年4月以降何度もフェリーの再開を求める嘆願を港職員に対しておこなってきた。しかし2014年11月時点においても解決の糸口はいまだにみえないままである。港の活動が停止した4月以降，彼は無収入の日々が続いたと話す。そのような日々が4ヵ月もたった8月，彼は港の仕事に見切りをつけ，20代の頃にしていた靴修理の仕事に戻ることを決めたという。靴の修理による収益は，国境ビジネスの時とはかけ離れていた。彼は週に6日，朝7時から18時まで路上に店を構えて働いても，1日に3000CFAフランから多くても9000CFAフランしか手にすることができない。現在，市場で働く彼の妻の支えで，なんとかふたりの子どもを養っている。それでも，彼は，自らを障害者トレーダーのなかでは幸運な方であったと語っている。

　障害者男性トレーダーの多くにキンシャサ出身の配偶者がいる。彼らが頻繁にキンシャサを訪れていたために自然と出会う機会が多かったことも一つの理由ではあるが，それ以上に，キンシャサ市の住人とのパイプが国境ビジネスをするうえで役に立っていたからだろう。E氏の妻もまた，キンシャサ出身者であった。「バタ・ヤ・バコロ」オペレーションが行使された2014年4月，彼がビーチでAPVHCのメンバーと話し合いが終わり自宅に戻ると，妻がいなくなっていた。彼が警察署に駆けつけると，幸いにもビーチで働いていた知人の警察官を見つけた。その男性の仲介でE氏の妻は無事に釈放された。現在，彼は妻のためのパスポートを用意し，婚姻届をもとにコンゴ共和国の査証を申請している。

　E氏自身「自分は運が良かった」と話しているように，障害をもつ男性トレーダーのなかには，妻子が強制退去させられた人やキンシャサに暮らす妻の家族が心配して妻がキンシャサに呼び戻された人びとが多数いた。加えて，APVHCのメンバーのなかには，キンシャサ生まれの人もいた。たとえば，2児の母である障害者トレーダーは，30年以上もブラザヴィルに暮らしていた。APVHCのメンバーも，彼女がコンゴ民主共和国籍だと知らなかったと

いう。そして彼女の夫もキンシャサ出身者であった。彼女によると，夫は警察の追及を恐れ，キンシャサ出身者の夫婦は目立ちすぎると言い残し，行方をくらましたという。また，APVHCの副代表も務めた障害者男性トレーダー（40代）は，ブラザヴィル生まれの女性と結婚していたが，収入がなくなったために彼女は家を出ていった。このように，「バタ・ヤ・バコロ」オペレーションは，彼らの職だけでなく，家族も奪っていった。

そしてビーチで働いていた障害者トレーダーたち100人近くが，ビーチの活動の再開を，外に出ることなくただ家で待っている。障害者トレーダーたちは，これまでビーチでの仕事のなかで介助者と関係を築いてきた。国境貿易ができなくなると，介助者たちはお金を求めて，これまでキンシャサ出身者が担ってきたインフォーマル雑業へと仕事を替えている。靴修理をはじめたE氏は，ビーチで働いていたころの稼ぎでアダプタスィオンと呼ばれる改良三輪車を購入していた。彼には移動手段があったことで，それほどお金をかけず外に出ることができた。他方，大多数の障害者トレーダーは，国境ビジネスによる稼ぎを失い，ビーチでつながっていた介助者もいなくなり，お金も人の手もなくしていた。彼らには，今，家を出るための手段がまったくない。彼らは家族による支援によって何とか支えられながら，家のなかで生活している。

「生まれてから，こんなにひどい対応を受けたのははじめて」（障害者トレーダー40代男性談）。「お金があれば，障害者は社会のなかにいる，家族のなかにいる，お金がなければなにもなくなる」（APVHC秘書50代男性談）。彼らが語る言葉は，障害者トレーダーがおかれている困難な現状を表している。

では，30年続いてきた障害者の国境ビジネスは，このように指摘されれば崩壊するようなシステムだったのであろうか。最後に，障害者による国境ビジネスを支えてきたものはなんであったのかを再考していきたい。

おわりに

　障害者の国境ビジネスは，障害をもっているからこそ，ある種の特権を得てきた。そして障害者が組織してきた団体が公認されることで諸権力から保護され，煩雑で不透明な国境貿易のなかで正当な立場を主張することで仕事を勝ち取っていった。このように，公的な言説を現実化することで組織の運営が実践されてきた。これまでのアフリカの都市研究のなかで指摘されてきた日常的な制度に対する「抵抗」のなかで読み解かれる集まりとも，共通する問題を解決するために相互に支え合う自助グループとも異なった集団や組織であり，敢えて表するなら現代的なアフリカのギルドのようであった。

　では，これまでコンゴ川における障害者国境ビジネスを支えてきたものはなんであったのか。その問いに答えることは容易ではないだろう。インペアメント（機能障害）という身体資源をもつことで，障害者は国境という煩雑な状況下で，ビジネスをするものとしての承認を得てきたのは確かだ。このような正当性をみた目に求めることで，障害をもつ人びとが優遇される立場を手にすることはアフリカの社会では可能といえるかもしれない。他方，この「正当性」を認めている側に注目してみると，異なる説明もできる。たとえば，アフリカ農村社会では，寡婦が地酒の生産および販売を担ってきた。無論，ほかの多くの女性たちも酒づくりはできるのだが敢えて寡婦が職人として差別化されてきた。アフリカ農村社会における共同体論で議論されてきたように，障害者の国境ビジネスもアフリカにおける「情の経済」や「互助」が機能しているととらえることも可能だろう。

　コンゴ川の国境ビジネスを担ってきた障害者は，さまざまな立場や地位，階層からなる重層的なアフリカ都市社会の暮らしの難しさと危うさを私たちに伝えている。全体の機会の平等や経済の自由化が進む規制の緩やかな社会では，コンゴ川の障害者ビジネスは誕生しなかったであろう。他方，2014年4月以降に突如として国家の統制が進み，規制が厳しくなると，障害がある，

ないにかかわらず，人びとの生活は立ち行かなくなってきた。ただ国の制度や経済の問題は，非障害者以上に障害者個人の生活に多大な影響を与えていくことは確かだ。

最後に，コンゴにおける障害者の国境ビジネスから明らかになった生計活動の特徴から，アフリカにおける障害と開発にむけて課題と展望を述べておきたい。

これまで繰り返してきたように，コンゴの障害者は国境をまたぐ移動をおこなうことで，現金収入をえるというしたたかな生計戦略を実践してきた。このように，障害者の生活の糧となる資源のなかには，空間的に広がりをもっていることで生まれるものがある。同じような例として，サブ・サハラからカメルーンの森林地域に物乞いにやってくる障害者の事例がある（戸田 2012, 616-618; 2013, 222-261）。国家や地域社会を超えた，アフリカの障害者の生業維持基盤がそこにはある。国家の枠を超えた障害者の移動を含めた「障害と開発」のパラダイムづくりが，今，アフリカでは求められているのではないだろうか。

そのための一つの方策として，アフリカ各地の障害者の生計に関する資源をマッピングすることを提案してみたい。障害者の生活様式は，所属する社会集団や生活文化によって異なるはずである。そして人びとが生活の糧をえるためおこなう生業（生計）活動とは，環境から資源を産出する／得る営為であると同時に，それが個別の文化のなかで独自の形に社会的に組織され，固有の意味づけや文化的拘束のもとにおこなわれる活動でもある（松井 2011）。亀井（2008）は，障害者の多岐にわたる問題を把握するためには，現地調査に基づき定量的データを収集する生態人類学的な調査方法が有効であることを説いている。図5-3に示すとおり，障害者の資源には身体，関係性，制度，技術，情報・知識があげられる。今回の「バタ・ヤ・バコロ」オペレーションによる障害者ビジネスの変化もまた，国家制度が障害者のサブシステンスの資源の変化に影響していることの現れといえるのではないか。

生態人類学的なフィールドワークをとおして，障害者の資源を描き出すこ

図5-3　生態人類学的スコープをとおした障害者の生計研究の手法

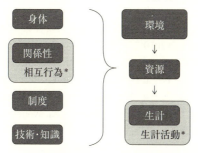

＊：具体的な場面で，観察できる項目
(出所)　筆者作成。

とで，その地域特性が明らかになってくるかもしれない。このような事例研究の積み重ねによって，アフリカの障害者の生活圏を浮き彫りにすることは可能だろう。そうして初めてアフリカの障害者の生計活動に応じた「障害と開発」の実現へ接近するのではないだろうか。

〔注〕

(1) "Handicapés et rois du commerce." *France 24*. 2010年2月3日（http://www.france24.com/fr/20100120-handicap-s-rois-commerce/，アクセス日：2014年2月20日）。
(2) コンゴ共和国の新憲法（2002年制定）の第30条において高齢者や障害者の健康を国家が保障することが明記されたが，障害者法同様に，実質的な効力が発揮されていない。他方，国際的な取り組みはアフリカ諸国のなかでは比較的進展している。国連障害者の権利条約には2007年3月30日に署名し，2014年2月14日に国連障害者の権利条約の同意に関する法律および条令が制定され，2014年に9月2日に批准している。隣国のコンゴ民主共和国は2014年10月になって署名にむけた法整備が始動したばかりである。詳しくは表5-1を参照。
(3) 2007年のコンゴ共和国の国勢調査では，先住民としてピグミー系狩猟採集民も項目に含まてれており，政府がマイノリティとされる人びとに注目していることが示唆される。周辺国に比べて障害者政策が進んでいるカメルーンにおいても，国勢調査のなかで障害者や先住民を項目にした調査は実施されていない。このように，2007年の国勢調査は中部アフリカ諸国のなかで先駆的

であったといえる。
⑷　女性の障害者人口は全体の46％に満たず，とくに30歳から50歳にかけて障害者男女比（年代別の障害者男性数／障害者女性数 ×100）が130を超えている（Onka and Poumbou 2010, 15-19）。
⑸　特別教育を提供する公認施設は，ブラザヴィルの精神疾患者専門施設（Institut Psychopédagogique de Brazzaville）が1施設，ろう者施設（ろう学校）がブラザヴィルとポワント・ノワールに各1施設（Institut des Jeunes Sourds de Brazzaville と Point Noir），盲学校（Institut des Aveugles du Congo）がブラザヴィルに1施設である。また，国立障害者リハビリセンターはブラザヴィルのろう学校と併設された施設一つだけである。
⑹　コンゴ共和国ではアメリカ手話に近接のフランス語圏アフリカ手話が使用されているのに対して，コンゴ民主共和国では同国のコンゴ手話が使用されている。ろう者によると語彙の半数以上が異なっており，川を渡って隣国のキンシャサ市のろう学校に通う者は多くない。
⑺　Onka and Poumbou（2010）によると，視覚障害者の44.7％，難聴者の44.7％，ろう者の44.2％，知的障害者の50.6％は未就学である。
⑻　1907年に，ベルギー領コンゴのスタンリー・プール運送工業会社（Compagnie Industrielle et de Transit au Stanley Pool: CITAS）によって，当時最大のプライベートビーチが，現在のンゴビラ（Ngobila）ビーチの下流域まで整備され，1955年には植民地交通公社（Office des Transports Coloniaux: OTRACO）に譲渡された。プライベートビーチの最初の埠頭（全長190メートル）は1923年から1925年にかけて建設され，その後，客船用の浮橋（全長70メートル）が1927年から1928年にかけて増設された。これらの施設の管理運営は UNATRA（全国河川交通連合，その後の OTRACO）に移管された。同時期に，CITAS は河港を拡大し，板張りの埠頭（全長238メートル）を増設した。1932年にはこれらの港の管理運営が UNATRA から CITAS に再移管され，CITAS はレオポルドヴィル（現キンシャサ）の主要港湾施設の中央管理をおこなうことになった。こうした状態は，UNATRA の後を1936年に引き継いだ OTRACO が港の管理運営を1946年に引き受けるまで変わらなかった［http://www.cicos.info/Ports/, アクセス日：2014年2月20日］。
⑼　国際コンゴ・ウバンギ・サンガ盆地委員会（Commission internationale du Bassin Congo-Oubangui-Sangha: CICOS）の Web ページ http://www.cicos.info/Ports, アクセス日：2014年2月20日。
⑽　terreAfrica「"ビーチ"の障害者密輸人――危機にある職業」（Passeurs handicapés du «Beach», une profession menaćee）（2013年7月20日付）
⑾　1960年8月8日，コンゴ国民運動（MNC）の急進派であったアルベール・カロンジ（Albert Kalonji）は，コンゴ共和国（現コンゴ民主共和国）のダイ

ヤモンド採掘地であったカサイ州南部を「南カサイ鉱山国」（État minier du Sud-Kasaï），（「南カサイ自治国」（État autonome du Sud-Kasaï）とも言う）として分離独立させる宣言をした。コンゴ中央政府によって，1961年12月30日にカロンジは逮捕され，1962年10月に南カサイはコンゴ共和国に統合された（Packham 1996; Omasombo 2014）。

⑿　1985年に，ザイールの最も有名な歌手のひとりである Pepe Kalle によって発表された『Article 15, beta libanga』は大ヒットとなった。その歌詞の一部は次のような内容である。若者であろうと年寄りであろうと Qu'on soit jeune ou vieux／同じ現実に直面しているんだ：困難な人生に On est tous en face d'une même réalité: la vie difficile／毎日続く悪夢 Le cauchemar quotidien／第15条のようにするほか，何ができるというんだ Que faire, sinon se référer à l'Article 15／「生きるためにデブルイエしなければ」"Débrouillez-vous pour vivre"／キンシャサでは À Kinshasa.／（Jackson 2001, 121）。

⒀　キンシャサとブラザヴィルのビーチにやってくる障害者の乗客は，目で見て障害があると判別できるような視覚障害者や肢体不自由者が多い。1970年代からキンシャサで適用されてきた障害者割引制度が運用されてきたが，両コンゴで障害者手帳などの障害者認定制度が確立していない。目まぐるしく人びとが行き交う港では，すぐに障害者だとわかってもらわないと，港職員に捕まってしまい障害者割引制度の恩恵を受けることが困難になっていく。2013年当時の両ビーチにおける障害者割引制度は障害をもつ全ての人びとに広く利用されるものではなかったことは先に述べておこう。

⒁　たとえばブラザヴィルのビーチでは曜日によって運賃が変わってくる。火曜日から木曜日の14時以降は基本価格の片道5500CFAフランであるのに対し，乗客が多い朝一便および土曜日と月曜日は値段が上がってくる。朝一便および月曜日の14時以降は6000CFAフラン，そして土曜日と月曜日の朝は9000CFAフランになる。

⒂　CFAフランは，カメルーン，中央アフリカ，チャド，赤道ギニア，ガボン，コンゴ共和国からなる中部アフリカ諸国中央銀行が発行する通貨である。1ユーロ＝655.957CFAフランで固定されている。一方，コンゴ民主共和国には自国のコンゴ・フランがあるが，CFAフランに比べても不安定な通貨のため，コンゴ民主共和国ではコンゴ・フランの代わりに高額の取引ではドルが使用されている。2013年11月時点，キンシャサ市で1ドルが，およそ900コンゴ・フランから910コンゴ・フランで取引されていた。

⒃　通行許可証（laissez-passer）は72時間利用することができる。1992年からキンシャサの障害団体は，法務省と社会福祉省に認可を受け，通行許可証を付記した介助者登録書を発行している。

⒄　ブラザヴィル・ビーチの障害当事者団体（APVHC）は，コンゴ共和国の社

会問題・人道援助・連帯省に認可を受けているという点で公式の団体と言える。ただし，通行許可証を付記した介助者登録書は独自に発行しており，ビーチの団体として政府による認可が下りているという意味ではなくて，ビーチで働く人びと（港湾当局や港勤務の警察官，関税職員，その他の人びとなど）が認めているという，ビーチのコミュニティのなかでの『公認』の団体と言える。

(18) Okokana, Bruno 2014. "Le trafic fluvial presqu'arrêté." *Les Dépêches de Brazzaville* 28 April 2014: 7.

(19) リンガラ語で，兄弟への平手打ちを意味する「バタ・ヤ・バコロ」（*Mbata ya Bakolo*）は，兄弟のような両国の関係に対して，コンゴ共和国のドゥニ・サス・ンゲソ（Denis Sassou Nguesso）大統領（1943年生まれ）が年下のコンゴ民主共和国のジョゼフ・カビラ・カバンゲ（Joseph Kabila Kabange）大統領（1971年生まれ）に対して行った攻撃であることを暗に示した語といわれている。

(20) Oko, Lydie Gisèle 2014. "Sécurité publique: la police déclare la guerre aux groupes de bandits." *Les Dépêches de Brazzaville* 7 April: 5.

(21) *L'Avenir* 2014. "Après le refoulement de plus de 72.731 Congolais de Brazzaville. Bientôt l'identification de tous les étrangers en RDC", / 365 7 mai 2014. および Tambwe Itagali, Jules 2014. "Expulsion des Congolais de Brazzaville: Le gouvernement exige des sanctions contre les messages de xénophobie." *Les Dépêches de Brazzaville* RDC / KINSHASA (2048) 8 May 2014: 11.

(22) 2013年のブラザヴィル市の人口140万人（世銀）。

(23) Douniama, Parfait Wilfried 2014. "Sécurité publique: lancement de la deuxième phase de l'opération « Mbata ya bakolo »." *Les Dépêches de Brazzaville* (2048) 30 juin 2014: 3.

(24) Diasso, Alain 2014. "Assistance humanitaire: des déficiences dans la prise en charge des refoulés de Brazzaville." *Les Dépêches de Brazzaville* (2004) 5 mai 2014: 12.

(25) コンゴ共和国では，中部アフリカ経済通貨共同体（CEMAC）のパスポートを所持するカメルーン（90日間限定）と中央アフリカ共和国，チャド国籍の人びと，加えてモーリスやモロッコ，コートジボワールの人びとはビザなしで滞在が認められている。ただし，カメルーン国籍は90日間限定といった滞在期間が定められており，今回不法滞在の罪で逮捕された人びとの多くが許可された滞在期間を超過していたと言われている。

(26) Ondzé, Guillaume 2014. "1764 personnes interpellées pour infractions et séjour irrégulier." *Les Dépêches de Brazzaville* (1991) 17 avril 2014: 7.

(27) Loubou, Quentin 2014. "Retombées de L'Opération "Mbata Ya Bakolo" Plus de

500 étudiants congolais en RDC regagnent Brazzaville." *Les Dépêches de Brazzaville* (1999) 28 April 2014: 7.

⑱ Douniama, Parfait Wilfried 2014. "Transports en commun: la police annonce une importante opération pour assainir la voie publique." *Les Dépêches de Brazzaville* (2048) 30 juin 2014: 6.

⑲ 一例として，小分け洗剤のケース販売のまとめ買い価格が6500CFA フランから7000CFA フランに上がった．

⑳ Andang, Tiras 2014. "Migration: Le passeport et le visa désormais exigés pour aller à Kinshasa." *Les Dépêches de Brazzaville* 22 mai: 24.

㉑ Loubou, Quentin and Parfait Wilfried Douniama. 2014. "Opération "Mbata ya bakolo": Pas de traversée pour les ressortissants de RDC expulsés du Congo." *Les Dépêches de Brazzaville* 20 août: 5および Oyé, Firmin 2014. "Expulsion vers Kinshasa: le CNTF suspend à nouveau le trafic." *Les Dépêches de Brazzaville* 8 août: 3.

〔参考文献〕

<日本語参考文献>
小田英郎 1986.『中部アフリカ』（アフリカ現代史　3）山川出版社．
――― 2010「コンゴ共和国」小田英郎［ほか］監修『アフリカを知る事典』（新版）平凡社　496-500．
亀井伸孝 2008.「途上国障害者の生計研究のための調査法開発――生態人類学と『障害の社会モデル』の接近――」森壮也編『障害者の貧困削減――開発途上国の障害者の生計 中間報告――』日本貿易振興機構アジア経済研究所　31-48．
小松かおり 2010.「アフリカ熱帯林の社会(1)――中部アフリカ農耕民の社会と近現代史――」木村大治・北西功一編『森棲みの社会誌』京都大学学術出版会　3-20．
戸田美佳子 2012.「カメルーンの社会福祉」宇佐見耕一・小谷眞男・後藤玲子・原島博編『世界の社会福祉年鑑』（2012年）旬報社　607-642．
――― 2013.「カメルーンにおける障害者の社会福祉――生業とケアの実践に関する人類学的研究――」博士（学術）論文　京都大学．
野元美佐 2005.『アフリカ都市の民族誌――カメルーンの「商人」バミレケのカネと故郷――』明石書店．
松井健 2011.「フィールドワーク，＜生きる世界＞，グローバリゼーション」松井健・名和克郎・野林厚志編『グローバリゼーションと＜生きる世界＞――

生業から見た人類学的現在――』昭和堂　1-17.

＜外国語参考文献＞

Bopda, Athanase. 2003. *Yaoundé et le Défi camerounais de l'intégration: À Quoi sert une Capitale d'Afrique tropicale ?* Paris: CNRS Éditions.

Brülhart, Marius. and Mombert. Hoppe. 2011. *Economic Integration in the Lower Congo Region: Opening the Kinshasa-Brazzaville Bottleneck*. (The World Bank, Policy Research Working Paper, 5909) Washinogton, D.C.: World Bank. (http://www-wds.worldbank.org/external/default/WDSContentServer/WDSP/IB/2011/12/12/000158349_20111212144526/Rendered/PDF/WPS5909.pdf　2015年9月2日　確認)

Cappelaere, Pierre. 2011. *Congo (RDC): Puissance et fragilité*. Paris : L'Harmattan.

CNSEE (Centre Nationale de la Statistique et des Etudes Economiques du Congo) 2009. *Enquête sur l'Emploi et le Secteur Informel au Congo (EESIC) 2009*. Brazzaville: CNSEE

De Coster, Jori. 2012. "Pulled towards the Border: Creating a Disability Identity at the Interstices of Society." *Disability Studies Quarterly* 32 (2). (http://dsq-sds.org/article/view/3196)

Diakiodi, Adrien. 2011. "La société kongo traditionnelle: modèle pour l'Union africaine." In *Handicap et Société africaine: Culture et Pratiques*, edited by Patrick Devlieger and Niem Lambert. Paris: L'Harmattan.

Gondola, Didier. 1997. *Villes miroirs. Migration et identités urbaines à Brazzaville et Kinshasa (1930-1970)*. Paris: L'Harmattan.

Human Rights Watch. 2014. "Opération Likofi: Meurtres et disparitions forcées aux mains de la police à Kinshasa, République démocratique du Congo." Human Rights Watch, Novembre. (http://www.hrw.org/sites/default/files/reports/drc-1114fr_ForUpload_1_2.pdf)

Jackson, Stephen. 2001. " «Nos richesses sont pillées!» Économies de guerre et rumeurs de crime au Kivu." *Politique africaine* (84) Dec.: 117-135.

Kisangani, Emizet F. and F. Scott Bobb. 2009. *Historical Dictionary of the Democratic Republic of the Congo*. (Historical Dictionaries of Africa, no. 112). Lanham: Scarecrow Press.

Mayele, Isaac. 2008. "Les principales causes et perspectives de développement pour la lutte contre la pauvreté urbaine à Kinshasa." Université catholique du Congo.

MINAS (Ministère des Affaires Sociales, République du Cameroun) 2006. *Guide Pratique pour Centres Sociaux de base Effectivité et efficience des services sociaux de base en faveur des communautés camerounaises vivant en dessous du seuil de pau-*

vreté Projet PPTE. Yaoundé: Ministère des Affaires Sociales.
Onka, Félix. and Frédéric. Poumbou. 2010. *Situation des Personnes Handicapées au Congo, RGPH - 2007*. Brazzaville: Republique du Congo. Ministère du Plan, de l'Economie, de l'Aménagement du Territoire et de l'Intégration, Centre National de la Statistique et des Etudes Economiques, Bureau Central du Recensement.
Omasombo, Jean. ed. 2014. *Kasaï-Oriental: un nœud gordien dans l'espace congolais*. Tervuren (Belgique) : Africa [Musée royal de l'Afrique centrale = Koninklijk Museum voor Midden-Afrika], cop.
Packham, Eric S. 1996. *Freedom and Anarchy*. New York: Nova Science Publishers.
Republique du Congo. 2007. *Le Recensement général de la population et de l'habitat (RGPH) -2007*. Brazzaville: Centre National de la Statistique et des Études Économiques.
Smith, Stephen. 2003. *Le Fleuve Congo*. Paris : Actes Sud.
UNHACO (Union Nationale des Associations des personnes Handicapées du Congo) [n.d.] "Rapports des adhésions et des aides accordées par les bureaux coordonnateurs régionaux et national de l'UNHACO (1996-1997 et 2000-2007). Typescript.
Whyte, Susan Reynolds and Herbert Muyinda. 2007. "Wheels and New Legs: Mobilization in Uganda". In *Disability in Local and Global Worlds*, edited by Benedicte Ingstad and Susan Reynolds Whyte. Berkeley: University of California Press, 287-310.
Whyte, Susan Reynolds. 2008. "Discrimination: Afterthoughts on Crisis and Chronicity." *Ethnos* 73 (1) : 97-100.

<ウェブサイト>
国連統計局. http://unstats.un.org/unsd/demographic/sconcerns/disability/
Centre Nationale de la Statistique et des Etudes Economiques du CONGO (CNSEE). http://www.cnsee.org/
Commission Internationale du Bassin Congo-Oubangui-Sangha (CICOS). http://www.cicos.info

第6章

セネガルにおける障害者の政策と生活
――「アフリカ障害者の10年」地域事務局と教育,運動,労働――

亀 井 伸 孝

はじめに――調査の目的と方法――

　2000年,アフリカ統一機構(Organisation of African Unity: OAU)(現アフリカ連合(African Union: AU))により「アフリカ障害者の10年」(2000-2009年)の取り組みが始められた。さらに,第1次「10年」の終了後も,アフリカ連合によって「第2次アフリカ障害者の10年」(2010-2019年)が設定された。これらの取り組みをサポートする形で,国際協力機構(JICA)はアフリカ各国から障害当事者のリーダーを日本およびタイなどのアジア・太平洋地域に招き,障害当事者団体であるDPI日本会議[1]が受け入れ先となって,障害者の地位向上をめざした研修を行ってきている(国際協力機構 2011)。

　セネガルには,アフリカ障害者の10年の西・中部・北アフリカ地域事務局が設置されている。また,NGO西アフリカ障害者団体連盟の本部も同国の首都ダカールにおかれている。同国からJICAの障害者リーダー研修に参加した人も複数いる。

　このように,国際的な動向に深いかかわりをもつ国でありながら,現地の障害者についての実態調査は乏しく,障害者に関する網羅的な文献も存在していない。

　本章は,以下の三点を解明することを目的としている。第1に,セネガル

における障害者の人口と政策の概要を，おもに統計資料および政府関係者へのインタビューより明らかにする。第2に，アフリカ障害者の10年地域事務局を含む国境を越えた障害当事者運動の状況について，当該の団体運営や諸活動を担っている障害をもつ当事者へのインタビューに基づいて示す。第3に，障害をもつ人びとにかかわる教育，運動，労働の実態について，関連機関・団体および障害をもつ市民個人に対するインタビューと観察に基づいて概観する。これらを通じて，同国の障害者と彼ら彼女らをとりまく環境の現状を明らかにし，今後の開発に資する基礎資料とすることをねらいとする。

現地調査は，2013年および2014年に，セネガル共和国の首都ダカールおよび近郊都市（ピキン，チャロイ，ゲジャワイ），リンゲール，トゥーバにおいて行われた（図6-1）。

調査の方法は，資料収集のほか，インタビューや文化人類学的な参与観察をまじえて行われた。使用言語は，フランス語，フランス語圏アフリカ手話（LSAF）と，片言のアラビア語，ウォロフ語である。

本章は，以下の各節で構成されている。第1節では，セネガル共和国の障

図6-1　セネガル共和国の位置および調査地

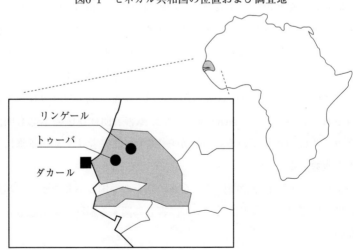

（出所）　筆者作成。

害者人口と政策の概要を示す。第2節では，セネガルが西アフリカにおける国境を越えた障害当事者運動が集まりやすい国という側面をもつ点に触れる。第3節では，同国の特別支援教育と障害当事者運動を概観する。第4節では，現地で行った聞き取り調査に基づき，障害者の労働状況の一端をかいまみる。最後に，「マイノリティによる資源の活用と共有」という視点でこれらを概括しつつ，今後の研究の展望を示したい。

第1節　セネガルの障害者人口，政策

1．統計による障害者人口

本節では，セネガルにおける障害者人口について，得られた資料に基づいて明らかにする。

セネガルでは，国勢調査（Recensement Général de la Population et de l'Habitat）が，これまでに4回行われている。第1回が1976年，第2回が1988年，第3回が2002年，第4回が2013年である。このうち，1988年以降の調査では，障害者の人口調査が行われている。

第2回の1988年の調査時点での障害者人口は13万4792人であったとの結果がある（表6-1）。これは，同調査におけるセネガルの総人口677万3417人のうちの1.99％に当たる。なお，これはセネガル国籍をもつ人のみに関する集計である。当時の12万3391人のセネガル国籍をもたない在住者は含まれていない。

この時点での調査の特徴としては，障害のカテゴリーがやや大雑把で，とくに「その他」（Autres）に分類されているケースが多いことが挙げられる。

つぎに，第3回の2002年の調査についてみる。この時点での障害者人口は13万8798人であるとの結果がある（表6-2）。これは，同調査におけるセネガルの総人口985万5338人のうちの1.41％に当たる。

表6-1　1988年に行われた国勢調査における障害者数

(単位：人)

	非障害者	肢体障害	視覚障害	ハンセン病	知的障害	その他	障害者計	総計
男性	3,214,699	17,246	10,767	4,225	6,501	29,962	68,701	3,283,400
女性	3,423,926	14,844	11,609	3,383	5,566	30,689	66,091	3,490,017
計	6,638,625	32,090	22,376	7,608	12,067	60,651	134,792	6,773,417

(出所)　Direction de la Prévision et de la Statistique (1993) に基づき筆者作成。

表6-2　2002年に行われた国勢調査における障害者数

(単位：人)

	視覚障害	聴覚障害	言語障害	下肢障害	上肢障害	知的障害	アルビノ	ハンセン病	その他	障害者計	非障害者	総計
男性	9,643	7,792	6,912	20,249	11,040	9,915	579	1,111	15,371	74,749	4,771,377	4,846,126
女性	9,309	7,160	5,612	16,427	8,825	7,374	517	780	15,343	64,049	4,945,163	5,009,212
計	18,952	14,952	12,524	36,676	19,865	17,289	1,096	1,891	30,714	138,798	9,716,540	9,855,338

(出所)　ANSD (Agence Nationale de la Statistique et de la Démographie) (2006) に基づき筆者作成。
(注)　各障害種別人数の合計が障害者数総計を上回るのは，重複障害をもつ人たちについて，複数のカテゴリーでカウントしていることによるものと推定される。

　前回よりも，ややきめ細かなカテゴリーとともに調査がなされている。14年前に実施された1988年の調査と比較して，総人口は46％増加しているが，障害者人口は3％しか増加しておらず，ほぼ横ばいの状態である。つまり，総人口に占める障害者の割合はむしろ減少しているとの結果となっている。セネガルの人口構成や保健状況が激変しているとの観察はないため，おそらくは調査の精度の問題ではないかと考えられる。

　障害者福祉を専門とする研究者は，これらの障害者人口は過小評価であり，実際は一桁上回るほどの人口があるものと推定している[2]。

　また，2002年の調査では，障害をもつ人の居住地域を，都市と農村とに分類して示している（表6-3）。非障害者における農村居住者の割合は59％であるのに対し，障害者のなかの農村居住者の割合は63％となっている。つまり，ほぼ同率か，若干障害者の方が農村にとどまっている割合が高いという結果である。障害をもつ人の出現率が都市と農村とで同じであると仮定するならば，比較的，都市ではなく農村にとどまっている傾向が読み取れるであろう。

表6-3 2002年に行われた国勢調査における
障害者の居住地域
(単位：人)

	障害者	非障害者	総計
都市	51,410 (37%)	3,956,180 (41%)	4,007,590 (41%)
農村	87,388 (63%)	5,760,360 (59%)	5,847,748 (59%)
計	138,798 (100%)	9,716,540 (100%)	9,855,338 (100%)

（出所）　ANSD（Agence Nationale de la Statistique et de laDémographie）(2006) に基づき筆者作成。
（注）　カッコ内は，そのカテゴリーにおける都市／農村の人口比を示す。

このほか，2002年の調査では，都市よりも農村の男性障害者のほうが職をもっている割合が高いこと，女性障害者の最も多い職種は主婦であること，都市部で働く男性障害者の最も多い就労形態は自営業であることなどの指摘がある。より，社会経済的な側面に関心を払った調査が行われている様子がみられる。

なお，最新の政府報告書では，2013年に行われた国勢調査の結果として，総人口1350万8715人のうちの5.9％が障害者であると結論づけている（Agence Nationale de la Statistique et de la Démographie, Ministère de l'Economie, des Finances et du Plan, République du Sénégal, 2014）[3]。

2．憲法上の規定と政策

2001年の国民投票によって成立した現在のセネガル共和国憲法（Constitution du Sénégal（adoptée au référendum du 07 janvier 2001））には，結婚と家族に関する第17条において，障害者に関する項目が含まれている。憲法における障害に関連する条項は，これのみである。

　Article 17 : (...)

L'Etat et les collectivités publiques ont le devoir social de veiller à la santé physique et morale de la famille, et en particulier des personnes handicapées et des personnes âgées.
(…)

第17条（…）
国および公共団体は，家族と，とりわけ障害者，高齢者の心身の健康に留意する社会的義務を有する。
（…）［引用者訳］

また，2010年7月には「障害者の権利促進・保障に関する社会福祉基本法」（Loi d'orientation sociale n° 2010-15 du 6 juillet 2010 relative à la promotion et à la protection des droits des personnes handicapées）が成立し，2013年10月にはマッキー・サル（Macky Sall）大統領の署名をもって発効した。

なおセネガルは2008年9月に，「障害者の権利に関する条約（Convention relative aux droits des personnes handicapées）」を批准している。

つぎに，セネガルにおける障害者政策の状況について述べる[4]。政府においては，保健社会福祉省・社会福祉局（Direction Générale de l'Action Sociale, Ministère de la Santé et de l'Action Sociale）が，障害者政策を担当している。障害者政策関連予算の総額は，2014年の資料によれば5億3000万セーファフラン（CFAフラン）[5]であるが，これは同年度の同国の政府予算総額2兆7320億CFAフランのうちの約0.019％に相当する（Direction Générale de l'Action Sociale. Ministère de la Santé et de l'Action Sociale. République du Sénégal. 2014）。

障害者福祉政策として，白杖，杖，車いす，補聴器，義足などの補装具の支給が行われている。各自治体における社会福祉センターなどを通じて必要とする人びとに配布されるが，予算が十分でなく，現状では推定で必要数の1割程度しか満たされていないと政府関係者は述べている。

また，障害者の当事者組織・団体に対する活動の補助金がある。2014年度は5000万CFAフランの予算をこれに当てており，合計92の組織・団体に配

分されている．配分額は組織・団体により異なり，30万 CFA フランから250万 CFA フランまでの幅がある．補助金の使途の一例を挙げると，全国団体であるセネガル障害者団体連盟（Fédération Sénégalaise des Association de Personnes Handicapées: FSAPH）では，この補助金は，事務所の水光熱費などの運営費や交通・通信費，行事開催費などに用いられている[6]．

さらに，障害者が特定の経済活動を行うために構成する団体（経済的利益集団（groupement d'intérêt économique: GIE））に対し，審査を経た上で，プロジェクトへの補助金が出ることがある．ただし，1団体に対する補助金支給は1回のみである．

調査の時点で，個人に対する障害者年金の制度はない．コートジボワールにおいてみられるような障害者枠公務員採用制度（亀井 2010）などの優遇政策はないが，2012年の障害者権利基本法によって雇用差別が禁止された結果，現在までに障害をもつ公務員は増加傾向にあると政府関係者は述べている．後述するように，大統領特別顧問に障害当事者が任命されたり，大統領府を含む各省庁に障害をもつ人たちが公務員として雇用されたりするようになっている．とくに，保健社会福祉省における障害者雇用が多いとの情報も得られている．2012年までは障害をもつ公務員はまれであったとされ，基本法の成立による効果があったとする見方が政府関係者により示されている．

政府による人材育成の政策としては，ダカールに国立福祉専門職養成学校（Ecole Nationale des Travailleurs Sociaux Spécialisés: ENTSS）が設置されている．学校は，ダカール市内のポワン・ウー（Point E）地区に位置している．

この学校は，セネガルにおける障害者福祉に関する教育と研究の中心となっている．また，この学校には，ろう者の講師が手話を，視覚障害の講師が点字を指導する授業がある．社会福祉分野の専門職をめざす学生を毎年受け入れ，その多くは非障害学生であるが，なかには少数ながら，障害をもつ当事者の学生が在籍したことがある（肢体障害，視覚障害，聴覚障害）．

さらにセネガル国内だけでなく，コートジボワールの同じ社会福祉分野の専門職養成学校である国立社会福祉研修所（Institut National de Formation Sociale: INFS）と協定を結び，コートジボワールからの留学生を受け入れたり，研修のためにセネガル人をコートジボワールに派遣したりするなど，国境を超えた教育，研究の交流活動も盛んである。

このほか，第3節で述べる特別支援教育が政府によって行われている。

3．大統領顧問を務める肢体障害女性

政府における障害当事者の状況を示す一つの事例として，アイサトゥ・スィセ（Aïssatou Cissé）という人物について触れる。

アイサトゥ・スィセは，肢体障害をもち，車いすを用いて生活する女性である（写真6-1）。現在，共和国大統領特別顧問（弱者の発展・保護担当）（Conseillère spéciale du Président de la République en charge de la promotion et de la protection des personnes vulnerables）を務めている。

写真6-1 アイサトゥ・スィセ共和国大統領特別顧問（弱者の発展・保護担当）
作家であり，女性と子どものための人権活動家でもある。（2014年11月，ダカールのADA地域事務局にて筆者撮影）

第6章 セネガルにおける障害者の政策と生活　203

彼女は作家であり、また人権活動家としても知られている。女性や子どもの権利のための団体を設立し、強制結婚や女子割礼、残虐な女性への刑罰、リプロダクティブ・ヘルスなどをめぐる国際的な運動に参画してきた。国連の子どもの権利に関する啓発活動にも作家として参画している。2012年に当選、就任したマッキー・サル大統領による指名により、同年から大統領特別顧問に就任した。女性、子ども、障害者を含む、社会的弱者全般に関する助言を行う役割をもっている。

2012年に障害者権利基本法に署名、発効させ、省庁における障害者雇用が進展したことも含めて、2012年の大統領選挙における政権交代を含む昨今の政治的状況を、障害者関連施策の進展ととらえる当事者たちの見方が存在している[7]。

第2節　セネガルと国境を超えた障害当事者運動

1．アフリカ障害者の10年事務局の概要

セネガルは、国境を超えた西アフリカにおける障害当事者運動が集まりやすい国という面をあわせもつ。本節ではその具体的な活動の実態を示すとともに、経緯や背景に言及する。

セネガルの首都ダカールには、「アフリカ障害者の10年西・中部・北アフリカ地域事務局（le Bureau Régional du Secrétariat pour l'Afrique de l'ouest, du centre et du nord, la Deuxième Décennie africaine pour les personnes handicapées）」がおかれている。これは、南アフリカ共和国のプレトリアに本部をおく「アフリカ障害者の10年事務局（Secretariat of the African Decade of Person with Disabilities (SADPD)）」の地域事務局であり、このほかに東アフリカ・エチオピアのアディスアベバにもおかれている。2004年に南アフリカで本部が開設された3年後の2007年に、セネガルの地域事務局が開設され、翌2008年に、エチオピ

アの事務局開設へと続く。

「アフリカ障害者の10年事務局」は，NGO の組織形態をとっている（小林本書第2章）。AU の社会問題局（Department of Social Affairs）とかかわりをもっているものの，アフリカ連合内の部局ではない。ただし，AU による2次にわたる「10年」の設定がこの事務局の存在根拠となっており，AU の「公式パートナー（partenaire légitime）」であると事務局関係者は表現する。

たとえば，AU のアフリカ人権委員会（Commission Africaine des Droits de l'Homme et des Peuples）は，南アフリカのプレトリア大学の協力を得て「人及び人民の権利に関するアフリカ憲章（バンジュール憲章）アフリカ障害者の権利議定書」（Protocole à la Charte africaine des droits de l'homme et des peuples relatif aux droits des personnes handicapées en Afrique）を検討，2014年10月に最終案を策定したが，そのなかでも同事務局は主導的な役割を果たしたという。

一方，AU による同事務局に対する直接の予算措置はなく，現在はスウェーデン国際開発協力庁（Swedish International Development Cooperation Agency: Sida）の資金援助によって運営されている。スウェーデンから提供された援助が，南アフリカの本部を通じて，他の地域事務局にも配分されている。ただし，この援助も2015年末までと期限が定まっており，恒常的な財源をもつ組織ではない。

なお，同事務局は，2014年1月に，「アフリカ障害同盟（Africa Disability Alliance（ADA））」へと名称を変更した。2019年に「第2次10年」が終結するため，その後の活動の継続をも見据えた措置であると事務局の関係者は説明する。「第3次10年」の設定の見込みについては，まだ不確実であるとされる。

2．アフリカ障害者の10年事務局——西アフリカにおける取り組み——

アフリカ障害者の10年事務局のセネガルのオフィスは，ダカール市内リベルテ・スィス（Liberté 6）地区に位置している。事務局長は下肢障害をもつ

女性アイダ・サール（Aïda Sarr）で，JICA の研修事業への参加の機会に来日した経験をもつ人物である（写真6-2）。事務局長を含めて事務所員は4人で，その他にボランティアスタッフが支援にかかわっている。

この事務局は，北，西，中部アフリカを担当エリアとしている。おもな業務は，管轄する地域の諸国の政府や障害者団体との連絡，交渉，啓発活動の実施などである。障害をもつ人びとに対して直接的な支援を行う機関ではない。その活動の範囲は，広い範囲に及ぶ（表6-4）。小規模の事務局でありながら，広域的かつ数多くの国々を担当していること，フランス語圏西アフリカが多くを占めるものの，英語圏やアラビア語圏の国々も少なくないことがわかる。

また，年限付きの外部資金を獲得し，いくつかのパイロットプロジェクトを進めている。たとえば，ドイツ国際協力公社（Deutsche Gesellschaft für Internationale Zusammenarbeit（GIZ））の期限付きの資金援助により，セネガル，

写真6-2　アイダ・サール・アフリカ障害者の10年（現・ADA）西・中部・北アフリカ地域事務局長（左），JICA 障害者研修のために来日した経験もある。（2014年11月，ダカールの ADA 事務局にて筆者撮影）

表6-4　アフリカ障害者の10年西・中部・北アフリカ地域事務局がこれまでに関与した国々

［西アフリカ］(11) セネガル；ガンビア（En）；リベリア（En）；コートジボワール；ガーナ（En）；トーゴ；ナイジェリア（En）；マリ；モーリタニア（Ar）；ブルキナファソ；カーボベルデ（Po）
［中部アフリカ］(3) カメルーン；赤道ギニア（Sp）；ガボン
［北アフリカ］(2) チュニジア（Ar）；エジプト（Ar）

（出所）インタビューに基づき筆者作成。
（注）主要な公用語：(En) 英語，(Ar) アラビア語，(Sp) スペイン語，(Po) ポルトガル語，(無印) フランス語

ルワンダなどで試行的な障害者貧困削減プロジェクトなどを行ったり，ヨーロッパ連合（EU）の支援を受けたイタリアのNGO，COL'ORとともに，障害をもつ人たちによるメディアの活用を推進する研修事業などを行ったりしている。この事業はケニアですでに行われていたが（Docusound Kenya, online），セネガルのダカールでも2013年に開始された。

　課題として，諸国の政府における障害者政策および「アフリカ障害者の10年」の取り組みに対する姿勢に温度差が大きいことが挙げられた[8]。これまでに障害者の地位向上という目的のため，事務局スタッフが諸国を訪れて政府関係者と協議を行ってきている。しかし，具体的な国名や政策内容を挙げることは避けつつも，担当者の政策への積極性や対応に大きなばらつきが存在し，必ずしも障害者の地位向上に協力的でない国々もあると事務局は述べている。

　また，通常業務におけるスタッフや事務局運転資金が不足していること，多くの公用語を抱える地域であるために翻訳や連絡などに過大な負担がかかっていることなどが挙げられた。また，AUのイニシアチブで行われていることに関連し，現在は，AUを離脱しているモロッコとのコンタクトはない。

3. 西アフリカ障害者団体連盟

西アフリカには，国際 NGO として，西アフリカ障害者団体連盟（Fédération Ouest-Africaine des Association de Personnes Handicapées (FOAPH)）が結成されており，セネガルにその本部がおかれている。役員によれば，西アフリカのすべての国々の障害者団体を網羅している（表6-5）。

また，国際 NGO の障害者インターナショナル（Disabled People's International: DPI）の地域事務局（Regional Office）を兼ねている（Disabled People's International, on line）。資金面では，Handicap International，CBM，LIGHT FOR THE WORLD などの国際 NGO との協力関係にある。

連盟は，1980年にトーゴ共和国の首都ロメにおいて結成された。連盟の本部は，マリ共和国の首都バマコにおかれた。しかし，マリの政情悪化などに伴い，2012年にダカールに移転した。政情を理由とした暫定的な措置としてではなく，恒久的な本部と位置づけられている。

会長選挙をめぐって執行部の体制が混乱した時期も存在したが，現在はニジェール人の肢体障害男性イドリス・マイガ（Idriss Maiga）が会長（Président）となっている。副会長（Vice-présidents）としてマリ人の肢体障害男性とガンビアの聴覚障害女性の2人が，また書記長（Scrétaire général）としてトーゴの視覚障害男性が選任されている。さらに，同連盟の事務局長（Di-

表6-5 西アフリカ障害者団体連盟（Fédération Ouest-Africaine des Association de Personnes Handicapées（FOAPH））の加盟国一覧

［西アフリカ］（16）
モーリタニア（Ar）；マリ；ブルキナファソ；ニジェール；セネガル；ガンビア（En）；ギニアビサウ（Po）；ギニア；リベリア（En）；シエラレオネ（En）；コートジボワール；ガーナ（En）；トーゴ；ベナン；ナイジェリア（En）；カーボベルデ（Po）

（出所）インタビューに基づき筆者作成。
（注）フランス語圏，英語圏，ポルトガル語圏，アラビア語圏を含むすべての西アフリカの国々の当事者団体が参加している。主要な公用語の略号は，表6-4と同様。

recteur exécutif）は，セネガル人肢体障害男性ヤトゥマ・ファル（Yatma Fall）である。彼は，セネガル全国肢体障害者協会（Association Nationale des Handicapés Moteurs du Sénégal（A.N.H.M.S））の会長であり，セネガル障害者団体連盟（Fédération Sénégalaise des Association de Personnes Handicapées（FSAPH））の会長も務めている（写真6-3）。このような人員構成は，執行部が多様な国籍，言語（フランス語圏および英語圏），障害種別から成り立っている様子を示す。

「アフリカ障害者の10年」地域事務局の設置も合わせ，ダカールはこのような国境を超えた当事者運動の事務所機能をもち，世界の動向に関する情報が入りやすい都市となっている。同国が政治的に安定していることなども，このような状況の背景として関連しているであろう。

写真6-3　西アフリカ障害者団体連盟ヤトゥマ・ファル事務局長
セネガル全国肢体障害者協会およびセネガル障害者団体連盟の会長も兼任する。（2014年11月，ダカールの社会福祉省・社会福祉局にて筆者撮影）

第3節　セネガルの特別支援教育と障害当事者運動

1．セネガルにおける特別支援教育

　セネガルにおける障害をもつ子どもの就学率については、非常に低いと想定されるが、現在までに調査に基づいたデータが存在していない[9]。

　セネガルにおける障害児のための国立特別支援学校は、合計4校存在している（表6-6）。聴覚、視覚、肢体、知的の各障害種別に、国立の学校が1校ずつある。

　一方、セネガルにおける障害児のための私立特別支援学校は、ENTSSにおけるインタビューにおいて明らかにされた学校数として、15校の存在が明らかになった（表6-7）。種別にみると、聴覚障害4校、肢体障害1校、知的障害6校、アルビノ1校、複数の障害種別受け入れ3校という分布となっている。

　セネガルのろう教育は、アフリカ系アメリカ人のろう者宣教師アンドリュー・フォスターによって創始されたキリスト教系の学校をルーツとする（Christian Mission for the Deaf, on line）。当初、西・中部アフリカ一帯に設置された系列の学校と同様に、Ecole Ephphatha pour les Sourds（エッファタろう学校）と名付けられていた。同校は、キリスト教徒の割合が多数を占めるギニア湾沿岸諸国の都市（アビジャン、アクラ、コトヌー、イバダンなど）を中心に学校事業を展開していたフォスターが、イスラーム教徒の多い地域に開設した数少ないろう学校のうちの一つであった。

　やがて、教員たちが独立して学校を創設するなどの経緯があり、私立学校が複数並立する状況となった。Centre d'Education Spécialisée des Enfants Sourds（CESES）（ろう児特別支援教育センター）と、Ecole SOS Enfants Sourds（SOSろう学校）は、いずれもろう者教員によって設立され、政府による認可を受けたろう学校である。フォスターによって設立された学校で教

表6-6 セネガル共和国の国立障害児特別支援学校および施設の一覧

国立ろう学校（1校）

Centre Verbo-Tonal de Dakar（ダカール口話センター）
    ダカール市内グール・タペ（Gueule Tapée）地区に位置する
    幼稚園，小学校

国立盲学校（1校）

Institut National d'Education et de Formation des Jeunes Aveugles（INEFJA）（国立盲学校）
    ダカールの近郊都市ティエス（Thiès）に位置する
    小学校，中等学校

国立肢体障害支援学校（1校）

Centre Talibou Dabo（タリブ・ダボ・センター）
    ダカール市内グラン・ヨフ（Grand-Yoff）地区に位置する
    幼稚園，小学校

国立知的障害支援学校（1校）

Centre d'Education et de Formation des Déficients Intellectuels（CEFDI）（知的障害者教育訓練センター）
    ダカール市内グラン・ヨフ（Grand-Yoff）地区に位置する
    タリブ・ダボ・センターに併設
    小学校

国立知的障害支援施設（2施設）

(1) Centre de Pédopsychiatrie Keur Khaléyi（クール・カレイ（子どもたちの家）児童精神医学センター）
    ファン（Fann）地区に位置する
    ファン大学国立病院（Centre hospitalier national universitaire de Fann）に併設
    学校ではなくリハビリテーションのための施設である
    (2) Centre Hospitalier National Psychiatrique de Thiaroye（国立）（チャロイ国立精神病院）
    ダカールの近郊都市チャロイ（Thiaroye）に位置する
    学校ではなくリハビリテーションのための施設である

（出所）インタビューに基づき筆者作成。

育の経験を積んだ教員が，独立する形で学校を設立したものであり，手話による教育を行っている（写真6-4）。一方，Centre Verbo-Tonal de Dakar（ダカール口話センター）は，唯一の国立ろう学校である。フランス語の口話法を取り入れた教育を行っている。

表6-7 セネガル共和国の私立障害児特別支援学校の一覧
　　　学校名（所在地）／受け入れ障害種別／学校種別

私立ろう学校（4校）
(1) Ecole Renaissance des Sourds du Sénégal（Hann Mariste II, Dakar 市内）／聴覚障害／小学校
(2) Ecole Etoile Brillante du Matin pour les Sourds du Sénégal（Routes des Niayes, Dakar 市内）／聴覚障害／小学校
(3) Centre d'Education Spécialisée des Enfants Sourds（CESES）（Guédiawaye, Dakar 近郊）／聴覚障害／小学校
(4) Ecole SOS Enfants Sourds（Thiès, Dakar 近郊）／聴覚障害／小学校
私立肢体障害支援学校（1校）
(1) Centre Hadi Mbaye（Mbour, Dakar 近郊）／肢体障害／幼稚園
私立知的障害支援学校（6校）
(1) Centre Aminata Mbaye（Grand-Yoff, Dakar 市内）／知的障害／小学校
(2) ESTEL Ouakam（Comico Ouakam, Dakar 市内）／知的障害／小学校
(3) Raine Fabiola（Mermoz, Dakar 市内）／知的障害／幼稚園，小学校
(4) Passerelle Jeanne d'Arc（la Médina, Dakar 市内）／知的障害／幼稚園，小学校
(5) Papillons Bleus（Pikine, Dakar 近郊）／知的障害／小学校
(6) Centre Thianar Ndoye（Rufisque, Dakar 近郊）／知的障害／小学校
私立アルビノ支援学校（1校）
(1) Association Nationale des Albinos du Sénégal（ANAS）（Thiès, Dakar 近郊）／アルビノ／幼稚園，小学校
私立特別支援学校（複数の障害種別を受け入れ）（3校）
(1) Ecole Actuelle Bilingue（Fann, Dakar 市内）／知的障害，肢体障害／幼稚園，小学校
(2) Handiscol（Rufisque, Dakar 近郊）／視覚障害，知的障害／幼稚園
(3) Centre Demain Ensemble（Mbour, Dakar 近郊）／知的障害，視覚障害，肢体障害／幼稚園，小学校

（出所）インタビューに基づき筆者作成。

　セネガルのすべてのろう学校（5校）の分布を地図に示した（図6-2）。首都ダカール近郊における一極集中の状況が浮かび上がる。人口が集中する沿岸に近い都市部において教育制度の整備が進展する一方で，多くの農村を抱えている内陸部において，障害をもつ子どもたちの実態がどのようになっているかについては明らかにされておらず，政府も把握していない。これらに関する調査は急務である。

　教育省初等教育局（Ministère de l'Education nationale. Direction de l'Education

写真6-4　ダカールの近郊都市ゲジャワイの私立ろう学校の授業
ろう者の教員が手話でフランス語を教える風景を見ることができる。
用いられている手話は，アメリカ手話に近縁のフランス語圏アフリカ手話であった。
(2014年11月，ゲジャワイにて筆者撮影)

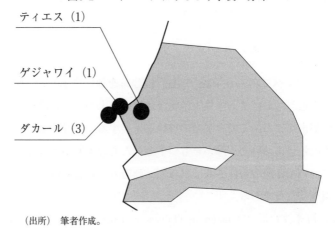

図6-2　セネガルにおけるろう学校の分布

(出所)　筆者作成。

élémentaire）は，特別支援学校が首都圏に集中する傾向にあるため，他の地域にも開設する必要があるとの認識を示している。たとえば，ダカール近郊の都市ティエスに位置する国立盲学校 INEFJA では，在籍可能生徒数160人のところ，100人以上もの待機児童が生じ，入学をあきらめるケースもあるとされる。また，入学を希望する生徒のジェンダー比は男子が多く，女子が少ない傾向があると教育省初等教育局の関係者は指摘する。その背景には，女子教育を軽視しがちな両親の姿勢がかかわっていると推定している。

2．インクルーシブ公立小学校の取り組み

教育省初等教育局によれば，インクルーシブ公立小学校（école publique inclusive）の取り組みがある。つまり，既存の普通学校に，ある種の支援を行うことによって，障害をもつ生徒を受け入れようとする政策である。

全国で118の学校がこれの実験校となっており，ダカールおよび南部のカザマンス（Casamance）地方において集中的に試行されている。この背景には，Sightsavers，Save the Children International，Handicap International などの国際 NGO の協力がある。

具体的には，教員に対する点字教育を行うなどの取り組みがある。このインクルーシブ公立小学校の政策の推進によって，視覚障害，軽度の肢体障害，そしてアルビノの生徒たちを受け入れつつあるとされる。一方，たとえば手話の導入を伴う聴覚障害生徒の受け入れについては，手話の専門家や協力する国際 NGO がないことを理由に，現在までにこれらのプロジェクトには含まれていない。

なお，教育省初等教育局によれば，インクルーシブ公立小学校の取り組みは，軽度障害の生徒を公立学校に含めていくための措置であり，重度の障害をもつ子どもたちのための特別支援学校の制度と平行して運用していくという考えが示された。

3. セネガルの障害者団体

 セネガルで最も大きな障害当事者団体として，セネガル障害者団体連盟 (Fédération Sénégalaise des Association de Personnes Handicapées（FSAPH）) がある。1997年に7団体によって創設され，現在では全国27の障害者団体を束ねる連盟である。事務所はダカール市内のカストール・スィテ・デ・ゾ (Castor cité des Eaux) 地区に位置している。加盟団体の一覧を表に示す（表6-8）。
 多くの種別の身体障害を網羅している。ただし，精神障害，知的障害の分野，そしてHIV感染者の団体は含まれていない。一方で，ハンセン病回復者，アルビノの団体があり，運動の中心に参画している。
 連盟の創設時点から参加している7団体の種別の構成は，視覚障害3団体，肢体障害1団体，聴覚障害1団体，アルビノ1団体，すべての障害種別1団体であった。アルビノの団体が当初から参加している点が特色といえる。また，視覚障害の団体が中心的な役割を占めている様子がわかる。
 現在の会長を含む役員たちと面談したが，いずれも視覚障害または肢体障害をもつ人たちであった。このような団体が，全国的な運動を牽引してきたとみられる。
 この連盟を牽引する中核的な団体である，セネガル全国肢体障害者協会 (Association Nationale des Handicapés Moteurs du Sénégal: A.N.H.M.S.) の設立は1959年と古く，1960年のセネガル独立よりも前にあたる。当時は権利運動を行う団体ではなく，慈善事業を中心としていた。植民地期セネガルの障害者および団体の動向については，明らかにされていないことが多いが，セネガルが第2次世界大戦の自由フランス軍に多くの黒人兵を出していたことと関連する可能性もあり，今後の研究課題となるであろう。
 連盟には全国団体が加盟しているが，このほかに，ダカール近郊のピキン (Pikine) やチャロイ (Thiaroye) ではその都市で活動する障害者団体が種別に設立され，さらに地域ごとの障害種別を超えた連盟が成立しているケース

表6-8 セネガル障害者団体連盟(Fédération Sénégalaise des Association de Personnes Handicapées(FSAPH))加盟27団体一覧

団体名	障害種別
(1) [＊] Association Nationale des Handicapés Moteurs du Sénégal (A.N.H.M.S) (セネガル全国肢体障害者協会)	肢体障害
(2) [＊] Amitié des Aveugle du Sénégal (A.A.S) (セネガル視覚障害友の会)	視覚障害
(3) [＊] SOS Handicap Réinsertion Sénégal (SOSセネガル障害者社会参加)	すべての種別
(4) [＊] Mouvement pour le Progrès Social des Aveugles du Sénégal (M.P.S.A.S) (セネガル視覚障害者社会発展運動)	視覚障害
(5) Association Nationale pour le Développement des Lépreux Blanchis (ANDLBS) (ハンセン病回復者発展全国協会)	ハンセン病
(6) [＊] Association Nationale des Sourds du Sénégal (A.NA.SSEN) (セネガル全国ろう者協会)	聴覚障害
(7) [＊] Association Nationale des Albinos du Sénégal (A.N.A.S) (セネガル全国アルビノ協会)	アルビノ
(8) Association Nationale des Aveugles Musiciens du Sénégal (A.N.A.M.S) (セネガル全国視覚障害音楽家協会)	視覚障害
(9) Regroupement National de Solidarité des Sourds (R.N.S.S) (全国ろう者連帯グループ)	聴覚障害
(10) Association Sénégalaise de Solidarité d'Entraide pour la Réinsertion des Personnes Handicapées (ASSERH) (セネガル障害者共済社会参加連帯協会)	肢体障害
(11) Association Handicap-Form. Educ (障害者職業訓練教育協会)	すべての種別
(12) Association pour la Promotion Economique et Sociale des Handicapés Visuels (視覚障害経済社会促進協会)	視覚障害
(13) Association Nationale des Accidentés du Travail et leurs Ayants Droit (ANATAD) (全国労災者非扶養者協会)	肢体障害
(14) Appui aux Handicapés Visuels (A.H.VI) (視覚障害支援者)	視覚障害

表6-8 続き

団体名	障害種別
(15) Association de Promotion des Handicapés（A.P.H） （障害者促進協会）	すべての種別
(16) Handisport （ハンディスポーツ）	すべての種別
(17) Bok Joom et Aide aux Lépreux Blanchis du Sénégal （ボック・ジョームとセネガルハンセン病回復者支援）	ハンセン病
(18) Association des Artistes Handicapés （障害者芸術家協会）	すべての種別
(19) Association de Protection et d'Assistance aux Personnes Démunies et Handicapées （貧困障害者保護支援協会）	視覚障害
(20) Association Sénégalaise de Victimes de Mines（ASVM） （セネガル鉱山労災者協会）	肢体障害
(21) Association Nationale pour la Réinsertion des Lépreux Blanchis du Sénégal（ANRLBS） （セネガル全国ハンセン病回復者社会参加協会）	ハンセン病
(22) Association pour la Renaissance des Aveugles du Sénégal （セネガル視覚障害者復興協会）	視覚障害
(23) ［＊］Union Nationale des Aveugles du Sénégal （セネガル全国視覚障害者組合）	視覚障害
(24) Alliance Générale des Handicapés pour la Promotion et de Développement du Sénégal （セネガル障害者保護促進一般同盟）	視覚障害
(25) Association Nationale des Anciens Militaires Invalides du Sénégal（ANAMIS） （セネガル全国退役傷痍軍人協会）	肢体障害
(26) Association pour la Promotion des Aveugles du Sénégal （セネガル視覚障害者発展協会）	視覚障害
(27) Association Nationale des Handicapés pour le Développement（ANHD） （全国障害者発展協会）	肢体障害

（出所）FSAPH 資料およびインタビューに基づき筆者作成。
（注）［＊］は連盟創設時の参加団体を示す。

がある。このような諸団体は，NGO や海外からの援助などとともに，地域での教育や就労支援の活動を進めている。

なかには，NGOの協力を得て，試行的に，地域の普通学校に障害をもつ児童を通わせるための支援事業をしている障害者団体の例もあった（ピキン，チャロイ，ルフィスクなど）[10]。このような地域での草の根の活動と，そのなかで実現している障害児教育の全容については，まだ調査されていない。

第4節　障害者の労働の状況——聞き取り調査から——

1．聞き取り調査の概要

　障害をもつ人びとの労働の状況をテーマにデータを収集した。ダカールとその近郊都市（ピキン，ゲジャワイ），リンゲール，トゥーバの三地域において，聴覚障害，肢体障害，視覚障害をもつ市民45人の職場または自宅を訪問し，生活と労働に関する聞き取りをした。種別による内訳は，聴覚障害33人，肢体障害9人，視覚障害2人，重複障害（肢体および言語）1人である。性別でみると，男性32人，女性13人であった。

　調査対象者の選定については，徒歩あるいはタクシーで効率的に訪問できる範囲で，現地の障害当事者団体の役員からメンバーたちの紹介を受けるという形を取った。なるべく多様な異なる職種の人びとを訪問することを計画したため，多くの職種のヴァリエーションを含んでいると想定できる。ただし，統計的な処理になじまないバイアスを含む可能性をもつため，あくまでも事例研究と位置づけ，今後の研究につながる特徴を抽出することをねらいとしている[11]。

　45人のなかには，転職して複数の職業を経験している人もいたため，のべ54件の職業に関する情報を得た。職種は，小売り，洋裁，木工職人，美容師，染物職人，靴職人，楽器製造職人，肉屋，農業，船頭，物乞いなどと幅広い（表6-9）。

　これらの人びとに対し，業務内容，月収，職業訓練の経験，起業や就職に

表6-9 障害をもつ市民への

No.	対象者No.	調査日	調査地	性別	障害種別	職種	自営／他者雇用
1	2013A	20130817	Linguère	男性	肢体障害	サッカーボール修理業	自営
2	2013B	20130817	Linguère	男性	聴覚障害	清掃職員	?
3	2013C	20130817	Linguère	男性	聴覚障害	売店小売業	自営
4	2013D	20130817	Linguère	男性	聴覚障害	売店小売業	?
5	2013E	20130817	Linguère	男性	聴覚障害	水道工事職人	?
6	2013F	20130825	Dakar	女性	肢体障害	美容師	自営
7	2013G	20130825	Dakar	男性	聴覚障害	陶芸家	自営
8	2013H	20130826	Pikine	女性	視覚障害	訪問販売業	自営
9	2013I	20130826	Pikine	女性	肢体障害	美容師	自営
10	2013J	20130828	Pikine	女性	肢体障害	仕立屋	自営
11	2013K	20130828	Pikine	男性	肢体障害	仕立屋	自営
12	2013L	20130828	Pikine	男性	肢体障害	理容師	自営
13	2013M	20130828	Pikine	女性	肢体障害	市場小売業	自営
14	2013N	20130828	Pikine	男性	肢体障害	靴職人	自営
15	2013O	20130829	Dakar	男性	聴覚障害	仕立屋	自営
16	2013P	20130829	Dakar	男性	聴覚障害	木工職人	自営
17	2013Q	20130829	Dakar	女性	聴覚障害	美容師	自営
18	2013R	20130829	Dakar	女性	聴覚障害	染物職人	自営
19	2013S	20130829	Dakar	男性	聴覚障害	靴職人	自営
20	2013T	20130829	Dakar	男性	聴覚障害	楽器製造職人	自営

第6章　セネガルにおける障害者の政策と生活　219

聞き取り調査結果一覧

月収 (CFAフラン)	職業訓練をだれから受けたか	職業訓練をだれに行ったか	月収水準 (CFAフラン)
?	?	?	?
?	?	?	?
?	?	?	?
?	?	?	?
?	?	?	?
100,000	国際美容師学校で研修	2人の非障害者（女性）を指導	100,000
150,000-200,000	職業訓練センターで研修	なし	175,000
25,000	なし	なし	25,000
36,000	国際美容師学校で研修	1人の非障害者（実の姪）を指導	36,000
10,000	肢体障害の職人に習う	現在20人の非障害者（女性）を指導，かつては肢体障害者も指導した経験あり	10,000
?	非障害者の職人に習う	多数の女性，少数の男性を指導（障害／非障害は不明）	?
40,000-45,000	理容師学校で研修	3人の肢体障害研修生（男性2人，女性1人）を受け入れ予定	42,500
10,000	非障害者の小売業者（実母）に習う	なし	10,000
16,000	肢体障害職業訓練センターで研修	なし	16,000
26,500-56,500	聴者の親方に習う	なし	41,500
80,000-100,000	聴者の親方に習う	なし	90,000
40,000	聴者の美容師に習う	なし	40,000
60,000-80,000	聴者の職人に習う	なし	70,000
42,000-63,000	聴者の職人（実父および別の職人）に習う	1人を指導（障害／非障害は不明）	53,500
14,000-34,000	聴者の職人（実兄）に習う	なし	24,000

表6-9

No.	対象者No.	調査日	調査地	性別	障害種別	職種	自営／他者雇用
21	2013U	20130829	Dakar	男性	聴覚障害	肉屋	自営
22	2013U	20130829	Dakar	男性	聴覚障害	農業	自営
23	2013V	20130829	Dakar	男性	聴覚障害	船頭	自営
24	2013W	20130830	Touba	女性	肢体障害＋言語障害	物乞い	
25	2013X	20130830	Touba	男性	視覚障害	物乞い	
26	2013Y	20130830	Touba	男性	肢体障害	物乞い	
27	2013Z	20130830	Touba	男性	聴覚障害	数珠販売業	自営
28	2014A	20141102	Dakar	男性	聴覚障害	塗装職人	自営
29	2014B	20141102	Dakar	男性	聴覚障害	印刷業研修	他者雇用（研修）
30	2014B	20141102	Dakar	男性	聴覚障害	左官屋	他者雇用
31	2014B	20141102	Dakar	男性	聴覚障害	自動車部品輸入販売会社社員	他者雇用
32	2014C	20141102	Dakar	男性	聴覚障害	バイク修理屋	自営
33	2014C	20141102	Dakar	男性	聴覚障害	渡し船の船頭，小売業	自営
34	2014C	20141102	Dakar	男性	聴覚障害	セメント業	自営
35	2014C	20141102	Dakar	男性	聴覚障害	左官屋	他者雇用
36	2014D	20141103	Guédiawaye	男性	聴覚障害	仕立屋	自営
37	2014E	20141104	Dakar	男性	聴覚障害	刺繍職人	自営
38	2014F	20141106	Dakar	男性	聴覚障害	仕立屋	自営
39	2014G	20141106	Dakar	男性	聴覚障害	刺繍職人	他者雇用
40	2014H	20141106	Dakar	女性	聴覚障害	看護師	他者雇用
41	2014I	20141106	Dakar	男性	聴覚障害	画家	他者雇用
42	2014J	20141106	Dakar	男性	聴覚障害	パン屋	他者雇用
43	2014K	20141106	Dakar	女性	聴覚障害	家政婦	他者雇用
44	2014K	20141106	Dakar	女性	聴覚障害	物乞い	

(続き)

月収 (CFA フラン)	職業訓練をだれから受けたか	職業訓練をだれに行ったか	月収水準 (CFA フラン)
35,000	なし	なし	35,000
17,000	なし	なし	17,000
72,000-96,000	ろう者の親方に習う	なし	84,000
?			?
12,000-18,000			15,000
16,000-32,000			24,000
?			?
80,000-100,000	聴者の親方に習う	なし	90,000
0	聴者の職人に習う	なし	0
60,000	なし	なし	60,000
60,000	聴者の職員に習う	なし	60,000
10,000-14,000	聴者の親方と同僚のろう者たちに習う	なし	12,000
?	なし	なし	?
180,000	聴者の親方に習う	2人のろう者（男性）を指導	180,000
60,000-72,000	聴者の親方に習う	なし	66,000
10,000-30,000	聴者の親方に習う	なし	20,000
60,000	聴者の親方に習う	なし	60,000
50,000	聴者の親方に習う	6人のろう者の弟子（男性4人，女性2人）を指導	50,000
75,000	ろう者と聴者の親方に習う	なし	75,000
85,000	セネガル赤十字で研修	なし	85,000
55,000	ファン病院併設障害者作業所	なし	55,000
75,000	不明	なし	75,000
15,000	聴者の家政婦に習う	多くのろう者を指導	15,000
3,000-5,000	なし	なし	4,000

表6-9

No.	対象者No.	調査日	調査地	性別	障害種別	職種	自営／他者雇用
45	2014L	20141106	Dakar	男性	聴覚障害	靴職人	自営
46	2014M	20141106	Dakar	男性	聴覚障害	飲料製造工場職員	他者雇用
47	2014N	20141106	Dakar	男性	聴覚障害	仕立屋	自営
48	2014O	20141106	Dakar	男性	聴覚障害	仕立屋	自営
49	2014P	20141106	Dakar	男性	聴覚障害	刺繍職人	自営
50	2014Q	20141106	Dakar	男性	聴覚障害	電気修理工	他者雇用
51	2014Q	20141106	Dakar	男性	聴覚障害	大学清掃職員	他者雇用
52	2014R	20141106	Dakar	女性	聴覚障害	美容院研修生	他者雇用（研修）
53	2014R	20141106	Dakar	女性	聴覚障害	レストラン従業員	他者雇用
54	2014S	20141106	Dakar	男性	聴覚障害	木工職人	自営

（出所）現地調査に基づき筆者作成。

いたる経緯，経営の実態，次世代育成のための職業訓練機会提供の有無などについて網羅的に聞き取りを行った。その回答に基づいて，以下では6つのトピックに注目しながら，セネガルの障害をもつ市民の暮らしぶりをみていくこととしたい。

2．聞き取り調査の結果

(1) 職種のヴァリエーション
まず，どのような種類の職種に就いているかを概観する。
聴覚障害者については，インタビューのなかで，以下の職種の人びとに出会うことができた。農業，塗装職人，セメント業，左官屋，電気修理工，水

（続き）

月収 （CFA フラン）	職業訓練をだれから受けたか	職業訓練をだれに行ったか	月収水準 （CFA フラン）
90,000	ろう者と聴者の親方に習う	1人のろう者（男性1人）を指導	90,000
20,000	聴者の工場職員により研修	なし	20,000
84,000	聴者の親方に習う	4人のろう者（男性），1人の聴者を指導	84,000
40,000	ろう者の親方（実兄）に習う	なし	40,000
25,000-30,000	聴者の親方に習う	4人の聴者（男性）を指導	27,500
50,000	聴者の親方に習う	なし	50,000
60,000	なし	なし	60,000
0	聴者の美容師に習う	なし	0
40,000	聴者の従業員（実母）に習う	なし	40,000
200,000	聴者の親方（実父）に習う	聴者6人（男性），ろう者2人（男性）を指導	200,000

道工事職人，バイク修理屋，清掃職員，飲料製造工場職員，楽器製造職人，印刷業研修，木工職人，靴職人，仕立屋，刺繍職人，染物職人，画家，陶芸家，自動車部品輸入販売会社社員，市場や売店における雑貨等の小売業，数珠販売業，肉屋，パン屋，レストラン従業員，家政婦，美容師，美容院研修生，看護師，船頭，物乞い。聴覚障害をもつ団体役員にインタビューを行ったところ，その人物が挙げた職種はおおむねこれらのヴァリエーションのなかに含まれていたが，このほかに養鶏業を営む人がいるとの指摘があった。

　肢体障害者については，美容師，理容師，市場小売業，仕立屋，靴職人，物乞いの人びとがいた。このほか，肢体障害をもつ団体役員によれば，印刷工，染色工，美術家（彫刻／絵画），音楽家，俳優，果実加工（ジュースなどの製造），園芸などの職種があるとされる。

視覚障害者については，訪問販売業および物乞いの人びとがいた。このほか，視覚障害をもつ団体役員の語りによれば，織物工，電話交換手，運動療法士などの職種につく人がいるとのことである。

障害をもつ人びとが，多種多様な都市雑業に参画している様子を，これらのヴァリエーションからうかがうことができる。ただし，大学などで特別な教育や研修を必要とする専門性の高い職種は限られており，手に職を付けて日銭を稼ぐといった単純労働に従事するケースが多い様子がわかる。また，表6-9にみるように，多くの人たちが自営業を営んでいて，しかもそのヴァリエーションが多いことがわかる。

(2) 月収の水準

月収の水準をみてみたい。無給の研修生と月収不明者を除いた43件の職についてみてみると，最高で20万 CFA フランの木工職人から，4000CFA フランの物乞いまで，幅広く分布している。木工職人，セメント業経営，陶芸家，美容師など，専門性の高い職種で収入が高水準である一方，物乞い，小売業，農業などでは収入の水準が低い様子を示している。平均は5万6422CFA フランとなり，1日当たりに換算すると約2.9ユーロに相当する。

(3) 職業訓練の機会と後進の指導

次いで，職業訓練の機会をどのように得たか，逆に，自身が得た技能などを後進に伝える機会をもっているかどうかについて検討する。仕事に従事する上で，その知識や技能をどのように身に付けたかを知ることは，障害者の経済的自立のあり方を検討する上で欠かせない側面だからである。

表6-9に示したように，肢体障害の人たちは，非障害者も通う美容師学校で研修を受けるなどのケースがしばしばみられる。また，起業後は障害をもたない若者たちを指導したり雇用したりする例もある。

一方，聴覚障害者の場合は，学校などのフォーマルな施設で学ぶケースは限られている。聴者の親方の元で修行するなど，徒弟制のなかで学ぶか，あ

るいは家業の手伝いから仕事を始めるケースが目立つ。独立した後は，とくに後進を指導していない例が多くを占めていた。一部には，木工職人，仕立屋，靴職人，セメント業などの業種で，若者たちの指導をしているケースがみられるが，特徴的なことは，これらろう者が指導する場合の対象はろう者が多いという傾向である。つまり，聴者から技能を教わった後，手話によって円滑に会話ができる者どうしで徒弟制を成しているという図式が浮かび上がる。手話という少数言語を通じて，さまざまな知識と技術の伝承が起こっている様子をみる。

　つまり，職業の技能伝承のあり方において，障害の種別により異なる二つのモデルが浮かび上がる。一つ目の技能伝承モデルは，障害者が障害をもたない人たちにまじってフォーマルな職業訓練を受け，かつその技能を活用して障害をもたない後進も含めて指導，伝承していくものである。おもに，肢体障害者たちにおいてその例がみられた。一方，二つ目のモデルとして，徒弟制のなかで手に職を付け，それを後進に伝承する機会をもたないか，あるいは同じ障害種別の人たちを対象に指導，伝承していくタイプである。今回の調査では，聴覚障害者たちがそのような実践をしていた。

　聴覚障害者が非障害者とともにフォーマルな職業訓練の学校に通うなどの機会を得にくいのは，おそらく手話通訳者の不在などに伴う言語的なアクセスの困難さが関係しているのであろう。このため，自営業を営む小規模な職場に弟子入りし，体験を通じて技能を身につけるプロセスが多くみられるものと考えられる。

　どちらの技能伝承モデルにおいても，当事者たちの間のみで技能の習得と指導をすべて行えるほどには人材の層がないとみえる。つまり，まず自分が技能を身につけるためには，障害をもたない個人や，非障害者が多く所属する施設からそれらを学ぶ必要がある。ただし，その後の展開の仕方は，両者で異なっていた。

　後進の指導をしないろう者の職人たちに，その理由を尋ねたところ，「指導したいが，場所や設備がない」「かつてろう者を指導しようとしたが，相

手に意欲がなかった」といった回答があった。物理的な職場環境のキャパシティの問題に加え，労働意欲や人材難の側面の課題を指摘する見方が存在しており，その原因は複合的である様子をみることができた。職業環境の改善のほか，障害をもつ若い人たちの就労意欲を高め，経済的な自立を促すためにも，たとえば職業訓練に伴う資格制度やそれを活用する雇用の促進など，社会環境の整備も必要であるという面を指摘できるかもしれない。

(4) 障害当事者が経営する施設の事例

ピキンにある，下肢障害の女性が設立した洋裁研修センター（Centre de formation de couture）を訪ねた（写真6-5）。
1999年に設立され，多くの若い仕立屋を育ててきたセンターである。2013年の時点で，20人の女性が登録し，洋裁の職業訓練を受けていた。この20人はすべて，障害をもたない女性たちであった。センターの設立者である下肢障

写真6-5　下肢障害女性（中央）が設立した洋裁研修センター
研修生たちは，すべて非障害女性たちであった。（2013年8月，ピキンにて筆者撮影）

害女性は,かつて肢体障害をもつ研修生を受け入れたことがあると語っていた。

また,障害をもたない研修生は月額3000CFAフランを納入する必要があるが,障害をもつ本人や,障害をもつ親の子どもたちについては,無償で研修生として受け入れていると語る。つまり,障害をもつ本人やその家族を優遇するという点では,このセンターは若干の支援活動としての性格をそなえているものの,職業訓練を通じた技能伝承という点では,障害の有無にとらわれない業務形態をとっていた。

また,ダカール市内の下肢障害の女性は,美容師であり,また美容院の経営者でもある(写真6-6)。彼女はイタリアの援助により実施された障害者職業訓練プロジェクトの一環としての支援を受けて美容師学校に通い,さらに,肢体障害者協会が提供する場所を活用して美容院を開業した。そこでは,2人の障害をもたない美容師たちを受け入れて指導,雇用していた。つまり,

写真6-6　下肢障害女性(右)が営む美容院
全国肢体障害者協会に場所の提供を受けて営業する。(2013年8月,ダカールにて筆者撮影)

「資金や設備」の側面では障害者に対するサポートを活用しながらも,「人材活用」の側面としてはむしろ非障害者とのかかわりを活かして事業運営している様子がわかる。これは,ピキンにおける洋裁研修センターと似通った状況であると考えられる[12]。

一方で,チャロイのろう者たちが自ら運営する,チャロイろう者織物工場 (Thiaroye Sourd-Textile) を見学する機会を得た (写真6-7)。この工場は,2010年に15人のろう者たちによって設立された。チャロイ・ガール (Thiaroye Gare) の自治体に事務所の場所の提供を受けるほか,社会福祉省の政策により設立されたチャロイ社会復帰保護センター (Centre de Promotion et de Réinsertion Sociale de Thiaroye) からミシンなどの機材貸与,郵便局による事業資金提供,ドイツ大使館によるミシンやパソコンなどの設備供与などを得ながら運営されている。

写真6-7　ろう者たちが営む織物工場
不就学の成人ろう者たちに対し,雇用と識字の機会を提供している。(2013年8月,チャロイにて筆者撮影)

2014年の時点で，58人のろう者が運営と作業に従事している。その内訳は，運営スタッフ10人（男性7人，女性3人），仕立て・刺繍・染色の作業員42人（男性15人，女性27人），研修生6人（男性4人，女性2人）である。運営スタッフたちはろう学校に通った経験をもつ人たちであるが，一方で，作業員42人のうちおよそ4分の3を不就学のろう者たちが占めている。ろう学校の授業料（月額約1万CFAフラン）を負担できないなどの理由で，学校に通う経験をもたなかったろう者たちである。この職場では，不就学ろう者に雇用の場を提供し，月額3万5000CFAフランの給与を支給するほか，従業員である成人ろう者に対する識字教育の活動も行っている。

　ここからみえることは，ろう者たちは障害者対象の支援を受けつつ，研修や雇用つまり人材活用の側面では，ろう者たちとの人脈を活かしながら事業運営している状況である。これは，肢体障害者たちが非障害者の人材を多く活用しているのとは対照的であった。この状況は，手話という言語を共有する者どうしのつながりがろう者にとって重要であるということを明らかに物語っているであろうし，手話が技能の伝承をつかさどる重要な言語であり知識資源となっている側面を示すものであろう。

(5) 起業資金と設備

　起業するときの資金や設備をどのように調達したかについていくつかの回答を得た。先に紹介した美容院のように，障害当事者団体が場所などを提供する支援を行う事例があったが，そのような機会に恵まれた人の数は多くない。多くは，家族の資金的な援助を受けて開業するか，あるいは家業を手伝いながら技能を習得し，独立後もそのまま自宅を作業場にしているケースなどであった。

　また，前述したように，政府による障害者の起業に対する補助金を利用するケースもあった。補助金を申請するために，ろう者団体の役員が会員による書類の作成をサポートするといった事例も聞かれた。また，政府補助金が得られた場合は，場所と設備を拡充して，後進の若いろう者たちの指導をし

たいと望む意見がみられた。

(6) 宗教的慣習と生計

最後に，生計と宗教文化の関連についての事例を紹介する。イスラームの聖地トゥーバでは，そびえ立つ巨大モスクの近くの路上において，物乞いをしている車いすのおとなや子どもたちがいた（写真6-8）。

この物乞いはイスラーム教におけるザカート（喜捨＝収入の一部を困窮者に施すこと）の慣行と深くかかわっている。金曜午後は，多くのムスリムがモスクに参集して礼拝する時間帯であるが，毎週金曜日は物乞いの行動を通じた収入がはね上がると述べていた。たとえば，ある肢体障害の男子児童は，月曜日から木曜日であれば1日当たり500～1000CFAフランていどである収入が，金曜日はその倍の1000～2000CFAフランになるという。別の視覚障害の男性も，月曜日から木曜日は1日当たり400～500CFAフランであるのに対し，金曜日のみ1000～2000CFAフランの収入があると述べていた。宗

写真6-8　イスラームの聖地トゥーバのモスク近くに集まる障害をもつ人たち
金曜日の午後は物乞いの収入がはね上がるという。（2013年8月，トゥーバにて筆者撮影）

教的な慣習が，一種の文化資源として生計にかかわっている状況の一端をかいまみることができる。

　なお，モスクの近傍の路上で物乞いを行う障害者たちのなかには，役所が発行した障害者である証明書を持参して提示し，道ゆく人びとに喜捨を呼びかけている者もいた。政府の公的な制度と，宗教文化の要素をあわせもつ生活実践の事例である。行政が整備するフォーマルな社会福祉制度と，宗教を含む文化要素の両方を，いかに接合させて生活を成り立たせているかについては，本論で十分に明らかにすることができていないが，アフリカの障害をもつ人びとの現実を学んでいく上で，重要なトピックの一つとなるものと考えられる[13]。

おわりに ——「資源の共有と活用」に注目して——

　本章では，セネガルにおける人口統計，政策，教育などの資料と情報を入手し，この国の障害にまつわる動向を調べた。また，セネガルに設置された「アフリカ障害者の10年」地域事務局を訪れて，その活動の一部を聞き取りによって明らかにした。複数の障害者団体を訪問し，インタビューを通じて運動などの概況をまとめた。さらに，障害をもつ市民への聞き取り調査を通じて，同国の障害をもつ人たちの労働の状況の一端を明らかにした。

　開発途上国の障害をもつ人たちのエンパワーメントを検討する場合，その身体が活用できる「資源」に注目することは重要である。ここでは，物質的な資源のほか，社会関係や知識，情報なども含めた，広義の「資源」概念を念頭においている（内堀 2007）。

　たとえば，耳が聞こえない子どもが知識や技術を身に付けようと思ったとき，通訳なしで音声言語の学校や集団に入れられても，情報の伝達が困難であるために学習効果は小さいであろう。一方，同じ手話を話すおとなのろう者のもとで学習したり，職業訓練を経験したりすることがあれば，それはろ

う児にとって知識や技術を身に付けるよいチャンスとなり，やがて経済的に自立して生計を立てることにもつながるであろう．

自営業を営む障害をもつ人たちのなかには，しばしば，同じ障害をもつ若い人たちを職場で預かり，職業訓練の機会を提供しているケースがある．また，障害当事者団体の役員が，メンバーの就労や起業のために補助金申請の手伝いをするなど，互助的な関係のなかで，資源の活用に工夫をしている様子もみられる．一方，とくに肢体障害者たちは，非障害者が所有する資源と機会をうまく活用し，その一部に参画しながら，むしろ人材を活用する側の立場になっているケースもみられた．

政府の公的扶助制度が脆弱な社会において，人びとがいかに生計を立てていくかを検討する上で，資源の種類と所在，そして，その流れを明らかにすることは重要である．

障害をもつ人たちが，情報や資金，場所や人脈などの各種の資源を駆使しながら，それぞれの身体に適した生業文化を創っている状況を，一つの民族誌として描き出すことは，よりよい開発援助を検討する上でも意義のある試みとなるであろう．とくに，資金・物質面の資源と，知識・情報・人脈面の資源の二つのチャンネルに注目しながら，今後のアフリカ障害者研究の進展を展望したい．

謝辞

本調査は，日本貿易振興機構アジア経済研究所の研究会「アフリカの障害者：障害と開発の視点から」（主査：森壮也）により行われました．現地調査では，Mme Aïda Sarr および Bureau Régional de Dakar, Africa Disability Alliance（旧称 la Deuxième Décennie africaine pour les personnes handicapées）の各位，M. Aboulaye Thiam, le Directeur de l'Ecole Nationale des Travailleurs Sociaux Spécialisés（ENTSS），Fédération Sénégalaise des Association de Personnes Handicapées（FSAPH），Association Nationale des Sourds du Sénégal（ANASSEN），Regroupement National de Solidarité des Sourds（RNSS）ほか現地の障害当事者のみなさまにお世話になりました。また，在セネガル JICA 青年海外協力隊員のみなさまには，調査の便宜を図っていただくなどのご協力をいただきました。

〔注〕
(1) DPI（Disabled Peoples' International，障害者インターナショナル）とは，障害者本人によって構成される国際的な NGO である。DPI 日本会議は，DPI に加盟した日本国内の組織である（DPI 日本会議ウェブサイト）。
(2) 国立福祉専門職養成学校（Ecole Nationale des Travailleurs Sociaux Spécialisés: ENTSS）におけるインタビューに基づく。
(3) 本報告書では，総人口に対する障害者人口の割合が示されているものの，障害者人数の実数データは明示されていない。また，1％台から5％台へと急増した背景として，調査における障害の定義が変更された可能性が指摘できる。
(4) 国立福祉専門職養成学校（ENTSS）およびセネガル障害者団体連盟（FSAPH）におけるインタビューに基づく。
(5) 西アフリカ諸国中央銀行（BCEAO）が発行するフランス語圏西アフリカ諸国を中心に用いられる共同通貨。1ユーロ＝655.957CFA フランの固定相場である（2015年1月時点のユーロ／円相場に基づけば，1円＝約4.8CFA フランとなる）。第5章が対象とするコンゴ共和国を含むフランス語圏中部アフリカ諸国の多くが同名の CFA フランを共同通貨とするが，こちらは中部アフリカ諸国銀行（BEAC）が発行する別の通貨である。なお，中部アフリカ諸国の CFA フランは通貨レートは，西アフリカ諸国の CFA フランと同じである。
(6) セネガル障害者団体連盟（Fédération Sénégalaise des Association de Personnes Handicapées: FSAPH）役員に対するインタビューに基づく。
(7) アフリカ障害同盟（Africa Disability Alliance: ADA））におけるインタビューに基づく。
(8) アフリカ障害同盟（Africa Disability Alliance: ADA））におけるインタビューに基づく。
(9) セネガル共和国教育省初等教育局におけるインタビューに基づく。
(10) エチオピアでは，海外のドナーによる援助に対し，政府が厳しく統制を行っている様子がみられるが［西 本書第3章］，セネガルではそのような強い規制をみることはなく，地域団体が海外のドナーとともに活動することができている。

⑾　今回，調査協力に応じてくれた人たちが聴覚障害者団体の役員であったため，聴覚障害のカテゴリーに含まれる対象者が多くを占める結果となった。各障害カテゴリーの人口構成を反映させた調査が今後必要であると考えられる。また，障害をもつ人たちのなかには職をもたない人も多く含まれると考えられるが，本調査においては聞き取り調査の対象とすることができなかった。

⑿　肢体障害者たちの職場で，多くの非障害者を指導・雇用している状況は，「音声言語を共有しているために，非障害者の人材を活用しやすい」という側面のほかに，「職業上の技能や意欲をもった障害者たちの人材の層が薄い」という側面も要因として考えられる。詳細については，今後の検討が必要である。

⒀　物乞いに対して非障害者および障害をもつ人びとがどのように受け止めているかについては，未調査である。キリスト教文化圏にあるガーナやベナンでは，ろう者団体が，物乞いをやめよう／やめさせようというキャンペーンを行ったり，そのための集会を開いたりしていたが，セネガルにおいてはそのような動きを見聞することはない。宗教上の慣習とも関連して，詳細な検討が必要である。

〔参考文献〕

＜日本語文献＞
内堀基光編 2007.『資源と人間』（資源人類学1）弘文堂.
亀井伸孝 2006.『アフリカのろう者と手話の歴史――A・J・フォスターの「王国」を訪ねて――』明石書店.
――― 2010.「コートジボワールの障害者の生計――公務員無試験採用制度の達成と課題を中心に――」森壮也編『途上国障害者の貧困削減――かれらはどう生計を営んでいるのか――』岩波書店 187-221.

＜外国語文献＞
ANSD (Agence Nationale de la Statistique et de la Demographie) Ministère de l'Economie et des Finances. République du Sénégal. 2006. *Résultats du troisième recensement général de la population et de l'habitat 2002 : rapport national de présentation*. Dakar: ANSD.
――― 2014. *Rapport définitif: RGPHAE (Recensement Général de la Population et de l'Habitat, de l'Agriculture et de l' Elevage) 2013*. Dakar: ANSD.

Constitution du Sénégal (adoptée au référendum du 07 janvier 2001)
Direction de la Prévision et de la Statistique. Ministère de l'Economie, des Finances et du Plan. République du Sénégal. 1993. *Recensement général de la population et de l'habitat de 1988 : rapport national (résultats définitifs)*. Dakar.
Direction Générale de l'Action Sociale, Ministère de la Santé et de l'Action Sociale, République du Sénégal 2014. *Note technique du programme national de réadaption à base communautaire*. Dakar.

<ウェブサイト>
国際協力機構 2011.「アフリカの障害者の権利実現に向けて:障害当事者組織のリーダーが日本の経験に学ぶ」 国際協力機構.
(http://www.jica.go.jp/topics/news/2011/20111007_01.html)
DPI 日本会議 (http://www.dpi-japan.org/)
Christian Mission for the Deaf (http://www.cmdeaf.org/)
Disabled People's International (http://www.dpi.org/)
Docusound Kenya (http://www.docusound-kenya.org/)
Loi d'orientation sociale n° 2010-15 du 6 juillet 2010 relative à la promotion et à la protection des droits des personnes handicapées (http://www.jo.gouv.sn/spip.php?article8267)

第7章

南アフリカの障害者政策と障害者運動

牧野　久美子

はじめに

　1994年にアパルトヘイト体制からの民主化を経験した南アフリカ共和国（以下，南アフリカ）では，差別禁止と基本的人権の保障を明確にうたった新憲法を基礎として，旧体制下で制定された差別的な法律の撤廃や，差別・抑圧を受けてきた人々の社会的・経済的地位の向上を目的とするさまざまな政策や法律の整備が進められてきた。本書のテーマに照らして重要なのは，こうした民主化の過程において，障害者政策もまた，根本的ともいえる変化をとげたことである。新憲法において，障害に基づく差別が明確に禁じられたことにより，障害は人権問題となり，障害者は権利をもった主体として立ち現れた。また，アパルトヘイト体制の障害者政策が，もっぱら障害を医療・福祉の問題として扱っていたのに対して，民主化後の政府は，障害者政策の方針として，障害者をとりまく社会の側に存在する障壁の除去を重視する障害の社会モデルや，あらゆる政策分野に障害要素を取り込むメインストリーミングを公式に採用し，政策決定過程への障害当事者の参加も進んだ。さらには，雇用におけるアファーマティブ・アクションや，黒人の経済力強化（Black Economic Empowerment: BEE）政策といった，アパルトヘイト秩序の変革を目的とする重要政策のなかで，黒人[1]，女性とならんで，障害者も歴史的に不利な立場におかれてきたために特別な配慮が必要なグループという位

置づけを与えられてきた。

こうした障害者政策の変化をもたらす原動力となったのは,南アフリカの障害当事者の運動であった。運動の先頭に立ってきたのは,1984年に障害横断的,かつ人種横断的な障害当事者の運動として生まれた「南アフリカの障害者」(Disabled People South Africa: DPSA)であった。DPSAは,アパルトヘイト体制に対する政治的解放闘争で中心的な役割を果たし,民主化後に政権与党となったアフリカ民族会議(African National Congress: ANC)との関係を深めながら,新政権の障害者政策の策定に積極的に関与してきた。同時に,南アフリカの障害者運動の主張やその発展は,「私たちのことを私たち抜きで決めるな」(Nothing about us without us)というスローガンをはじめとする,世界的な障害者運動,とりわけ障害者インターナショナル(Disabled People's International: DPI)の歴史とも深く関連している。すなわち,アパルトヘイト後の南アフリカの障害者政策は,南アフリカの国内政治と,国際的な障害者運動や障害者政策の動向の両面からとらえられる。この二つを結節し,国際的な障害者運動や政策の動向を南アフリカ国内の障害者政策に反映させる役割を担ったのが,南アフリカの障害者による当事者運動であった。本章は,アパルトヘイト体制からの転換という国内政治の文脈と,1980年代以降の世界的な障害者運動や障害者政策の展開の文脈との交錯のなかで,南アフリカの障害者政策がいかにして形作られてきたのかを,障害者運動の役割に注目しながら跡付けるとともに,その結果として生まれた障害者政策の特徴を明らかにすることを目的とする。

先行研究がきわめて限られているアフリカの他の諸国に比べて,南アフリカではケープタウン大学に大学院レベルの障害学プログラムが設けられるなど,障害学の教育・研究環境が比較的整っており,関連文献も数多く出版されている。南アフリカの障害学の代表的成果といえるのが2006年に出版された『障害と社会変動』(Watermeyer et al. 2006)である。同書は,ステレンボシュ大学のレスリー・スワルツ(Leslie Swartz)教授[2]が中心となって,臨床心理学やリハビリテーションなどの専門家のほか,障害をもつ研究者や,障

害者運動のリーダーが多数参加して実施された,障害学をテーマとした南アフリカで最初の共同研究プロジェクトの成果であった。同書には,DPSAの歴史や,民主化後の障害者局(Office on the Status of Disabled Persons: OSDP,詳しくは後述)設立の経緯についてまとめた章が含まれているが(Howell, Chalklen and Alberts 2006; Matsebula, Schneider and Watermeyer 2006),これらは運動や政策形成をけん引してきた障害当事者へのインタビューに基づく事実経過の再構成に重点をおいており,障害者政策の具体的な内容や特徴の深い分析を必ずしも伴っていない。DPSA初代議長による対談を含む回顧録も同様のことがいえる(Rowland 2004)。他方で,障害者政策の内容や実施状況に焦点を当てた文献は,障害者運動の役割について十分な関心を払わない傾向にある(DBSA 2005; Dube 2005)。例外として,Bugg(2001)は民主化後の差別禁止法制の立法過程における障害者運動の役割を分析しているが,そこで扱われているのは2000年ごろまでの動きにとどまっている。本章では,南アフリカの障害者政策や障害者運動の歴史を振り返り,障害者政策の転換がいかにして実現したのか,またその過程で障害者運動が重視してきた原則や政策内容は何であったのかを明らかにする。

　本章の構成は以下のとおりである。まず,第1節で,政府の公式統計に基づき,南アフリカの障害者の状況を俯瞰的に把握する。第2節では,障害者法制・政策の枠組みについて検討する。続いて第3節では,南アフリカの主要な障害者団体を紹介したのち,DPSAの歴史を振り返る。第4節では,DPSAをはじめとする障害者運動が障害者関連の立法や政策形成過程にどのようにかかわってきたのかについて,筆者がこれまで研究対象としてきた,社会保障政策やHIV/エイズ政策との比較も念頭におきながら考察する(Makino 2009; 牧野 2005; 2013; 2015)。最後に,障害者運動の到達点と課題について考察して,結論に代える。

第 1 節　障害者の概況——2011年人口センサス・データから——

　本章執筆時点（2015年1月）での南アフリカの障害者に関する最新の統計は，2011年センサスに基づくモノグラフ（Statistics South Africa 2014a）である。民主化後，数次にわたってとられてきた障害者統計は，それぞれ障害の定義が異なっており，単純に比較することができない（Statistics South Africa 2005; 2007）。2011年センサスでは，それまでの調査と異なり，質問票のなかで障害（disability）という言葉は使われず，「全般的な健康と機能」（general health and functioning）という項目が立てられている。そのなかで，障害統計に関するワシントングループの短い質問セットに従って，「見ること」「聞くこと」「コミュニケーション」「移動（歩く・階段を上る）」「認知（記憶・集中）」「セルフケア」の6つの項目それぞれにつき，困難さの度合いを6つの選択肢（困難はない，多少困難がある，おおいに困難がある，まったくできない，わからない，決められない）のなかから回答者に選ばせる形式がとられた。

　このようにして収集された2011年センサスの障害に関するおもなデータを表7-1～3に示す。5歳以上人口のうち，障害をもつ人の割合（national disability prevalence rate）は7.5％であった（5歳未満人口については，信頼できるデー

表7-1　人口に占める障害者比率（％）

全体		7.5
男女別	男性	6.5
	女性	8.5
人種別	アフリカ人（Black African）	7.8
	カラード（Coloured）	6.2
	インド系（Indian）	6.2
	白人（White）	6.5
	その他	5.6

（出所）　Statistics South Africa（2014a, v-vi）.

表7-2 年齢階層別の障害者数・障害者比率

	障害者数（人）	障害者比率（％）
5-9歳	447,843	10.8
10-14歳	161,828	4.1
15-19歳	108,738	2.6
20-24歳	99,665	2.4
25-29歳	100,371	2.5
30-34歳	96,274	3.0
35-39歳	108,559	3.8
40-44歳	132,672	5.5
45-49歳	189,774	8.7
50-54歳	225,498	12.2
55-59歳	233,735	15.6
60-64歳	216,572	18.7
65-69歳	184,428	22.7
70-74歳	186,401	29.4
75-79歳	148,452	36.6
80-84歳	120,001	44.5
85歳以上	109,319	53.2
全体	2,870,130	7.5

（出所） Statistics South Africa (2014a, vii).
（注） 5-9歳人口に障害が多いとされていることについて，インペアメント（心身の機能障害）によってではなく，子どもが成長途上であるため「まだできない」ことが誤って報告されていることが出所文献に注記として書かれている。機能領域別にみると，とくに「セルフケア」と「認知」について5-9歳で困難があるとの回答が高くなっている（Statistics South Africa 2014, Figures 5.11, 5.22）。5歳未満の子どもについては，この問題がさらに深刻であるため，公表された統計から除外されている。

表7-3 各機能領域について困難を感じる人の割合(%)

	困難なし	軽い困難	重い困難	不明	合計
見る	89.0	9.3	1.7	0.1	100.0
聞く	96.4	2.9	0.7	0.0	100.0
コミュニケーション	98.4	1.1	0.4	0.1	100.0
移動(歩く・階段を上る)	96.5	2.5	1.0	0.0	100.0
認知(記憶・集中)	95.7	3.2	1.0	0.1	100.0
セルフケア	96.5	2.0	1.4	0.1	100.0

(出所) Statistics South Africa (2014a, viii).

タが得られなかったため,集計の対象外とされている)。

　また,モノグラフのなかでは,障害の種別ごとに,重度障害者,軽度障害者,非障害者のそれぞれの,教育や雇用,所得に関するデータも紹介されている(Statistics South Africa 2014a, chapter 6)。予想されるとおり,非障害者よりも障害者,障害者のなかでは軽度障害者よりも重度障害者のほうが,教育や雇用へのアクセスの面で,より不利な状況におかれている。ただし,教育水準,就業状況,所得のいずれをとっても,障害者と非障害者の格差よりも,人種格差のほうがより大きい。たとえば,教育水準について,表7-4が示すとおり,障害のある白人の教育水準は,全体としてアフリカ人やカラードの非障害者を上回っている。また,まったく教育を受けていない人の比率は,アフリカ人では障害者28.5%,非障害者9.1%にのぼるのに対し,白人では障害者1.8%,非障害者0.5%と低水準である。

　就業率(15-64歳人口に占める就業者の割合)においても,障害の有無や程度にかかわらず,全人種のなかで白人の就業率が圧倒的に高く,次いでインド系,カラード,そして最下位にアフリカ人という明瞭なパターンがみられる。また男性の就業率は全般的に女性よりも高い(表7-5)[3]。南アフリカの就業率は全体で40%程度と国際的にみてきわめて低く,障害の有無にかかわらず,雇用不足は深刻である。なかでも障害者は,非障害者よりも不利な状況におかれやすく,とくに重度障害,非白人,女性といった要素が重なると,就業率はますます低くなるということがいえる(cf. Emmett 2006)。所得につ

表7-4 障害の有無別・人種別にみた20歳以上人口の教育水準（％）

	アフリカ人		カラード		インド系		白人		全体	
	障害あり	障害なし	障害あり	障害なし	障害あり	障害なし	障害あり	障害なし	障害あり	障害なし
就学せず	28.5	9.1	14.3	3.3	10.3	2.4	1.8	0.5	24.6	7.4
初等教育(一部)	28.3	12.7	27.8	12.2	19.4	5.8	3.3	1.1	25.7	11.2
初等教育(完了)	6.3	4.7	10.4	7.0	6.1	2.6	1.6	0.6	6.2	4.4
中等教育(一部)	24.6	36.1	34.2	42.5	32.9	25.3	33.9	18.7	26.4	34.5
中等教育(完了)	8.9	28.4	9.7	26.9	20.9	41.4	35.3	40.7	11.7	29.9
それ以上	3.1	8.8	3.2	7.9	9.5	21.8	22.7	37.4	5.1	12.1

（出所） Statistics South Africa（2014a, 114）．

表7-5 障害の種類と程度，男女別，人種別にみた15-64歳人口の就業率（％）

障害の種類と程度		男性	女性	アフリカ人	カラード	インド系	白人
見る	なし	45.7	33.3	34.3	47.1	55.6	69.6
	軽度	51.6	37.1	39.1	47.6	50.5	66.4
	重度	40.3	30.0	32.0	36.9	40.4	58.0
聞く	なし	46.3	33.9	34.9	47.2	55.1	69.4
	軽度	41.5	25.8	28.6	36.3	40.4	63.4
	重度	31.2	20.8	22.1	28.2	33.3	57.9
コミュニケーション	なし	46.3	33.7	34.8	47.1	54.9	69.3
	軽度	35.2	25.6	25.9	33.1	43.5	55.0
	重度	21.4	15.7	15.4	17.5	34.3	40.9
移動	なし	46.5	33.9	35.0	47.4	55.4	69.6
	軽度	34.7	26.2	26.4	30.2	35.9	56.2
	重度	20.8	17.5	16.6	17.3	23.9	41.6
認知	なし	46.5	34.0	35.0	47.3	55.2	69.5
	軽度	35.0	25.5	26.5	31.8	37.8	58.1
	重度	18.6	17.1	16.4	17.9	24.1	39.6
セルフケア	なし	46.4	33.8	34.9	47.3	55.1	69.5
	軽度	26.1	21.4	20.2	28.3	35.1	49.1
	重度	13.3	12.4	11.1	13.3	21	31.3

（出所） Statistics South Africa（2014a, 124-125）．

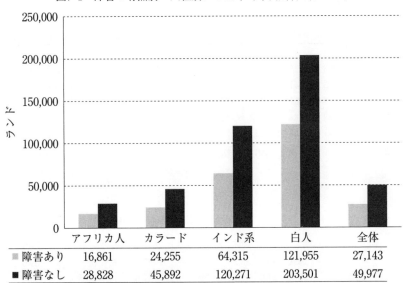

図7-1 障害の有無別・人種別にみた平均年間所得（ランド）

	アフリカ人	カラード	インド系	白人	全体
■ 障害あり	16,861	24,255	64,315	121,955	27,143
■ 障害なし	28,828	45,892	120,271	203,501	49,977

（出所）Statistics South Africa (2014a, 136).

いても同様のことがいえ，非障害者に比べて障害者の所得は低い傾向にあるが，人種格差が障害者と非障害者の間の格差を上回っている（図7-1）。

第2節 障害者法制・政策枠組み

本節では，(1)憲法の規定，(2)障害者政策の全体的な枠組み・実施体制，(3)主要な個別立法・政策の順に，民主化後の南アフリカの障害者法制・政策枠組みを紹介する。南アフリカには障害に特化した単独の法律はなく，他方で政府は障害のメインストリーム化を公式にうたっており，障害者政策と一口にいっても関連する法律や政策文書は多数にのぼる。なかでも民主化後につくられた障害者政策に総合的にかかわる枠組みとして，1996年制定の新憲法と，1997年策定の全国総合障害者戦略白書（Integrated National Disability Strategy White Paper: INDS）が重要であることから，この二つについて詳しく取り上げる。また個別政策としては，南アフリカの障害者政策の特徴をよくあらわし，また障害者の社会的排除や貧困に対する脆弱性への政策的対応として重要な，(1)差別禁止・積極的差別是正，(2)社会保障，の二つの分野について取り上げる。

1．憲法

現行の南アフリカ憲法は，民主化交渉を通じて当時の政権側と解放運動側双方の代表によって合意された1993年の暫定憲法をベースとして，全人種参加による1994年の総選挙後に成立した制憲議会によって，1996年に制定された。新憲法に含まれる権利章典（Bill of Rights）では，第9条で，「人種，ジェンダー，性別，妊娠，婚姻上の地位，民族的・社会的出自，肌の色，性的指向，年齢，障害，宗教，良心，信条，文化，言語，出生（race, gender, sex, pregnancy, marital status, ethnic or social origin, colour, sexual orientation, age, disability, religion, conscience, belief, culture, language and birth）」を理由とする不当な差別を禁止しており，障害を理由とする差別が明確に禁じられた。また，憲法第9条2項では，平等を促進するために，不当な差別により不利益をこうむってきた人々の保護や地位向上のため，立法その他の手段をとることができるとされ，後述する積極的格差是正策の根拠となった。

そのほか，憲法第26,27,29条では，誰もが住宅，医療，食料，水，社会保障，教育へのアクセスの権利をもつと定めている。言語に関しては，第30,31条で，自らが選択した言語を使用する権利，文化・宗教・言語コミュニティの権利が定められている。南アフリカ手話（South African Sign Language）は全部で11ある公用語には含まれていないが，先住民の言語（コイ，ナマ，サン）とともに，「発展と使用を促進し，そのための条件を創出する」義務を負う言語に挙げられている（第6条）[4]。

2. 障害者政策の全体枠組み・実施体制

　民主化後の ANC 政権の障害者政策において最も重要な文書が，1997年の全国総合障害者戦略白書（INDS）である。INDS は，政府のあらゆる部門の立法や改革において障害をメインストリーミングするためのガイドラインとして策定されたもので，タボ・ムベキ（Thabo Mbeki）副大統領（当時）による前文において「われわれは障害者を憐みの対象としてみるのをやめ，社会の開発に大いに貢献する能力のある個人としてみなければならない」（Office of the Deputy President 1997, Foreword）と述べられているように，開発過程に障害者が主体的にかかわるという開発アプローチの視点（森 2008, 3）を明確に打ち出した点に特色があった。

　INDS は，過去の障害者政策について「障害の医療モデル」に基づき，障害をおもに保健・福祉の問題として扱い，障害者を社会のメインストリームから孤立させてきたと批判し，今後の障害者政策においては，障害を人権と開発の問題として扱う「障害の社会モデル」を採用することを明示した。INDS において障害の社会モデルは次のように説明されている。

　　障害の社会モデルによれば，障害者がこうむる集合的な不利益は，複雑な制度的差別により引き起こされるものである。（中略）社会モデルの基礎にあるのは，障害者をとりまく環境と，彼らが直面する差別とは，社会的につくられた現象であり，障害者のインペアメント（心身の機能障害）とは無関係であるとの信念である。そのため障害者運動は，社会を再編することが障害「問題」を「治す」ことにつながると信じる。障害の社会モデルは，われわれがいかに障害を構築するかに関する，パラダイムシフトなのである。（Office of the Deputy President 1997, chapter 1）

　さらに，こうした医療モデルから社会モデルへの「パラダイムシフト」の

説明に続いて,次のように述べられていることは,障害者政策の転換が,民主化後の開発やネイション・ビルディングの課題と結びつけて理解されていたことを示している。

　社会モデルは次の二つのこと,すなわち障害に関する社会の側の欠陥と,障害者自身がもつ能力と潜在能力を強調する。そのアプローチには,いわゆる「普通の」設備やサービスをより幅広い環境に対応できるよう変革するために,資源を割りあてることが必要である。すなわち,社会モデルは,私たちの社会の復興と開発には,インクルーシブな開発の枠組みのなかで障害者の開発にかかわるニーズを認識し,それに応えることを含まなければならないということを含意する。すべての市民が一つの経済に参加するようなネイション・ビルディングは,障害をもつ人々がそのプロセスに含まれなければ実現できない。(Office of the Deputy President 1997, chapter 1)

　INDS は,ムベキを長とする副大統領府の障害者局 (OSDP) を中心として起草され,その策定に至るプロセスには障害当事者団体や障害者リーダーが深くかかわった。1994年選挙公約に基づく ANC 政権の最も基本的な政策枠組みは「復興開発計画 (Reconstruction and Development Programme: RDP)」と呼ばれるものであり,省庁横断的な性格の同計画の調整を任務とする RDP オフィスのなかに設けられた障害者デスクが OSDP の前身であった。1996年に RDP オフィスが解体され,RDP のさまざまなプロジェクトが各省庁に振り分けられた際,ジェンダー・デスク,子どもデスクとともに障害者デスクは副大統領府に移り,OSDP となった。RDP オフィスの障害者デスクや OSDP の運営は,障害当事者が中心的に担った。RDP オフィスの障害者デスク立ち上げの責任者だったマリア・ラント (Maria Rantho) は交通事故により車いすユーザーとなった女性で,障害者運動 DPSA のリーダーの一人であり,1994年から1999年まで国会議員を務めた人物である (Barry 2002)。

また，OSDP の局長として INDS の起草プロセスの統括を行ったシュワイブ・チャクレン（Shuaib Chalklen）も車いすユーザーであった。チャクレンは2009年から2014年まで，国連障害特別報告者を務めていた[5]。

　OSDP の機能はムベキの大統領就任（1999年）に伴い副大統領府から大統領府に移され，その後，ジェイコブ・ズマ（Jacob Zuma）政権の発足時（2009年）には，新設された女性・子ども・障害者省（Department of Women, Children and People with Disabilities）がその機能を引き継ぐことになった。障害にかかわる政策実施の責任は各省にまたがるが，女性・子ども・障害者省は，政府の各層における障害者にかかわる政策実施の計画・モニタリング・評価を統括し，2006年に採択され，2007年に南アフリカが批准した障害者権利条約（Convention on the Rights of Persons with Disabilities）の実施を推進する役割を負うとされた。しかし，女性・子ども・障害者省は，2014年の総選挙後に解体され，女性省が単独の省庁として残ったのに対し，障害者と子どもに関する部門は社会開発省へと移管された。

　社会モデルを前面に打ち出した INDS の内容は，1997年の制定時点では先進的な内容を数多く含むものであったといえるが，その後の具体的な法整備において，社会モデルの考え方が貫徹されているとはいえず，障害をインペアメント（心身の機能障害）のみによってとらえ，障害者の参加やアクセスを阻む環境的要因の問題への考慮を欠く法律もまだ多く残っている（Presidency 2014）。また国連障害者権利条約に照らして不十分な点も出てきている[6]。INDS は現在も南アフリカの障害者政策の基本文書として位置づけられるが，目下，改訂作業中であり，新たな障害者政策の枠組みとなる政策文書の草案（Draft National Disability Rights Policy）が固まり，パブリック・コメントを受け付けるために公表することが2014年12月に閣議決定された。新たな障害者権利政策については，「INDS 白書を改定し，国連障害者権利条約における義務と，アフリカ障害者の10年に関する大陸行動計画の規定の双方を，南アフリカの法律，政策枠組み，2030年までの国家開発計画に統合すること」を目的とすると説明されており，この改訂作業は障害者権利条約やア

フリカ障害者の10年といった障害者の権利実現のための国際的・地域的な取り決めの内容を，国内政策に反映させる目的をもつものであるといえる[7]。

3．個別の立法・政策

障害にかかわる南アフリカの法律は多岐にわたるが，ここでは南アフリカの障害者政策の特徴をよくあらわす，(1)差別禁止および積極的格差是正，(2)社会保障，の二つの分野について概要を紹介する[8]。

(1) 差別禁止および積極的格差是正

憲法第9条の差別禁止規定に実効力をもたせるために，2000年に平等促進・不当差別防止法（Promotion of Equality and Prevention of Unfair Discrimination Act）が制定された。同法では，第9条で障害を理由とする差別を禁じている。そこでは，障害者が社会で活動するうえで必要な設備を使わせなかったり除去したりすること，政府が定める環境のアクセシビリティに関する行動憲章に違反すること，障害者が平等な機会を享受するのを不当に制限するような障害物を除去しない，あるいは障害者のニーズへの合理的配慮を怠ることが差別と規定された。同法の違反には罰金刑または12カ月以内の禁固刑が課されることがある。第28条では，人種，ジェンダー，障害を理由とする不当な差別があったと証明された場合，刑を加重する事情となるとされている。

また，平等を促進するために，不当な差別により不利益をこうむってきた人びとの保護や地位向上のため，立法その他の手段をとることができるとした憲法第9条2項に基づき，民主化後の南アフリカではさまざまな積極的格差是正策が導入されてきた。

1998年に制定された雇用均等法（Employment Equity Act）では，障害者の雇用促進（アファーマティブ・アクション），職場における合理的配慮の提供義務を規定している。雇用者向けの合理的配慮に関する具体的なガイドラインとして職場での障害に関する適正実施基準（Code of Good Practice on Disability in the Workplace) および技術援助ガイドライン (Technical Assistance Guidelines) が定められている。また，雇用均等法と同時期に制定された技能開発法 (Skills Development Act) において，同法により設置される国家技能局 (National Skills Authority) に，障害者の利益代表がメンバーとして加わることが明記された。

また，民主化後の南アフリカでは，歴史的に不利益をこうむり，経済の主流から排除されてきた人々の経済参加を促進する黒人の経済力強化 (BEE) 政策が推進されている。初期の BEE は黒人が経営する持ち株会社に株式を移転する方式が中心だったため，ごく一部の黒人エリートだけが恩恵を受けているとの批判が強かったが，2003年に制定された「広範な分野におけるBEE法」(Broad-based Black Economic Empowerment Act) によって，BEE への企業の貢献度を所有のみならず，従業員雇用，技能開発，調達などさまざまな角度から評価するスコアカードの制度が導入された。2013年に更新されたスコアカードは所有，経営支配，技能開発，企業およびサプライヤーの発展，社会経済開発の5つの要素からなり，そのなかで黒人障害者の管理職登用や技能開発などが評価される仕組みになっている。雇用均等法では白人障害者もアファーマティブ・アクションの対象となっているのに対して，BEE スコアカードでは基本的に黒人障害者のみが点数加算の対象となっている[9]。

(2) 社会保障

南アフリカには一般税収を財源とする社会手当制度が存在しており，高齢者，子どもとならんで，障害者もその社会手当の対象となっている。社会扶助法 (Social Assistance Act) が障害者手当 (Disability Grant) や障害児手当 (Care Dependency Grant) を含む社会手当制度について定めており，2014年6月末時点で，18歳以上を対象とする障害者手当の受益者数は112万2204人，重度障害をもつ18歳未満の子どもの養育者に支給される障害児手当の受益者数は12万87人であった (SASSA 2014, 13)。支給額は，2015年4月時点で，障害者手当，障害児手当とも，月額1410ランドが上限となっている。いずれの

手当も所得制限があり，障害の程度に関する医師の診断書を提出するほかに，資力調査を受ける必要がある。

　南アフリカの障害者手当制度は，発展途上国としては例外的ともいえる大規模なものであり，障害者の重要な所得源として，障害者世帯の貧困軽減に大きな役割を果たしている。社会手当支給のためのインフラは全国的に整備されており，都市部のみならず，地方にも多くの受給者がいる。第1節でみたとおり，全国的にみた障害者の平均所得は非障害者よりも低いが，失業が深刻な地域では，障害者手当があるぶん，障害者世帯の平均的な所得水準が非障害者世帯を上回るということも起きている。たとえば西ケープ州と東ケープ州の3つの地域（いずれもコーサ語話者がおもに居住）で調査した Loeb et al.（2008）は，都市部で比較的就業率が高い西ケープ州においては，非障害者世帯の平均所得が障害者世帯より多いのに対して，雇用機会が乏しい一方で障害者手当の受給割合の高い東ケープ州の調査地域においては，障害者世帯の平均所得が非障害者世帯を上回ったとしている。また Emmett（2006）は，障害者は脆弱な状況におかれやすく，それはジェンダー，人種，居住地域などの点で社会的な不利が重なった場合にとりわけそうであるとしたうえで，障害と貧困の関係については，障害者手当制度があるために，無収入の障害者は少ないことを指摘している。

　このように，障害者手当は，障害者の生計にとって重要な役割を果たしているが，他方でいくつかの問題点も指摘されている。一つは，医学的なアセスメントによって障害者手当の受給の可否が決定されることの問題である。政府の任命により社会保障制度全般の改革の方向性について調査・提言を行った「包括的社会保障システムに関する調査委員会」（Committee of Inquiry into a Comprehensive System of Social Security for South Africa，委員長 Vivienne Taylor の名前をとって通称テイラー委員会と呼ばれる）は，障害者手当について，社会保障制度における障害の定義が医学モデルに基づいているために，障害者の就労促進につながらず，かえって労働へのインセンティブを損なっていること（インペアメントゆえに働けないことに対して手当が支払われるため，働

いて所得を得ると手当は減額されるか，あるいは打ち切られてしまう），障害者の労働市場参加を阻害する社会的，経済的，物理的，環境的要因を考慮に入れていないことを問題点として指摘した（Taylor Committee 2002, chapter 10）。しかし，その後，社会モデルの視点を取り入れた改革にはつながっておらず，むしろ，2000年代には障害をもっぱらインペアメントの側面からとらえる生物医学的な認定基準が強化されてきたことが指摘されている（Hansen and Sait 2011; Kelly 2013）。

　もう一つの問題は，HIV/エイズとの関連で，障害者手当と抗HIV薬による治療との望ましくないトレードオフの問題である。HIV感染症の症状が進行し，「CD4カウント」と呼ばれる免疫状態をあらわす指標が一定の数値以下になると，HIV陽性者は障害者手当を受け取れるようになるが，抗HIV薬による治療を受けてCD4カウントが上昇すると障害者手当の対象から外されてしまう。しかし，数値が回復しても抗HIV薬は生涯にわたり飲み続ける必要があることから，障害者手当がなくなると定期的に病院に通うことが難しくなり，治療が中断するリスクが高まる，また障害者手当を維持したいがために薬を真面目に飲まない人が出てくる，といった批判が出されてきた。この問題を回避する方策として，ベーシックインカム（健康状態，就労状況などにかかわらず，最低限の所得を保障すること）や慢性病手当（HIV感染症を含む慢性病の治療を継続するための手当）の望ましさが指摘されてきたが（de Paoli, Mills and Grønningsæter 2012; Hardy and Richter 2006; Nattrass 2006），いずれも実現には至っていない。他方で，第4節でみるように，障害者手当の支給対象となる「障害」の定義から慢性病を外すことが政府内で検討されるなど，HIV陽性者の障害者手当受給をめぐっては不安定な状況が続いている。

第3節　障害者運動の概要と歴史

1．主要な障害者団体

　南アフリカで全国規模で障害者を代表している団体としては，次項で詳述する「南アフリカの障害者」(DPSA) と，南アフリカ障害連盟（South African Disability Alliance: SADA）の二つがある。DPSA が障害横断的な障害当事者団体として，加盟が個人単位であるのに対して，SADA は，さまざまな障害者団体の連合体という位置づけであり，かつての南アフリカ障害連合評議会（South African Federal Council on Disability: SAFCD）が改組したものである。DPSA はかつては SADA のメンバーでもあり，同じ人物が DPSA と SADA 双方の議長を兼ねていた時期があったが[10]，現在までに DPSA は SADA から脱退しており，執筆時点で把握している限りでは，南アフリカの障害者団体は分裂状況にある。DPSA の SADA 脱退の詳しい理由は明らかではないが，DPSA が与党 ANC を支持しているのに対し，SADA は政治的に中立の立場をとっているという，政治的立場の違いが要因の一つであるようである[11]。

　また，南アフリカの政策環境を反映した，ユニークな障害者団体として，障害者エンパワーメント事業財団（Disability Empowerment Concern Trust: DEC 財団）がある。同財団は，7 つの障害者団体[12]が1996年に合同で設立した障害者雇用事業財団（Disability Employment Concern Trust）が2003年に改称したもので，前節で述べた BEE 政策によって，黒人障害者の株主比率が高い企業が政府契約などで優遇されるしくみを活用して，障害者代表として多様なビジネス分野に投資を行っている。DEC 財団は投資収益を 7 つの障害者団体で平等に分配し，各団体の活動資金に当てているほか，株主として当該企業に障害者雇用に関する先進的な取り組みを促すこともしている[13]。

　障害別では，視覚障害，ろう，盲ろう，身体障害者（physical disabilities），運動障害（四肢麻痺および対麻痺）[14]，脳性まひ（CP），筋ジストロフィー，精

神障害,自閉症,てんかん,ダウン症などの当事者団体,また障害児の親が中心となって設立した障害児アクショングループ(Disabled Children's Action Group)などがある。このほか,各地にローカルな障害者団体が存在する[15]。

2.「南アフリカの障害者」設立の経緯

南アフリカの障害別団体のなかには,盲人協会(1929年設立)のように長い歴史をもつものがあるが(South African National Council for the Blind 2011 [n.d.]),ここでは,DPIに南アフリカを代表して加盟しているDPSAの歴史を振り返っておこう。DPSAは,南アフリカで初めて,障害横断的,かつ全国規模・多人種の,障害当事者の権利要求運動としてつくられた団体であり,民主化交渉期および民主化後の南アフリカの障害者政策の形成に深くかかわったからである。

DPSAが設立された1984年の南アフリカは,アパルトヘイトのただなかであった。アパルトヘイト体制下,黒人障害者と白人障害者の経験には大きな違いがあった。白人障害者にとって,彼らが直面する差別は,もっぱら障害に関するものであったのに対して,黒人障害者は,黒人として,そして障害者として,二重の差別と抑圧を経験していた。障害者として受けられる医療や福祉サービスの内容,また住環境,教育,雇用機会なども人種によって大きく異なっていた(Howell, Chalklen and Alberts 2006, 48)。そうした状況にもかかわらず,DPSAは,人種横断的な運動としてつくられることになる。それは,以下にみるような,人種や国境を超えた障害者リーダーの出会いと相互理解のなかから実現したものであった。

DPSA設立にはいくつかの具体的な契機があったが,その第1は,のちにDPSA初代事務局長となるマイク・デュトイ(Mike du Toit)が,1980年にカナダのウィニペグで開催された国際リハビリテーション協会(Rehabilitation International: RI)の国際会議に出席したことである。このウィニペグの会議は,世界の障害者運動の歴史の転機としてしばしば語られる。すなわち,RI

の運営が医療やリハビリテーションの専門職によって支配されていることに抗議して,世界中から集まっていた障害をもつ参加者が,RIとは別に,障害者自身の組織としての世界障害者連合,のちのDPIを立ち上げたのである。ドリージャー (2006, 63) は,RIの世界会議としては,ウィニペグで初めて,自身が社会福祉や他のリハビリテーション分野での専門職である障害者の参加が相当数に上ったと述べているが,南アフリカ四肢麻痺者協会 (Quadriplegic Association of South Africa)[16]から派遣されたデュトイもその一人であった。デュトイは大学生のときに交通事故で障害者となったが,ソーシャルワーカーの資格を取得し,ウィニペグにも,自分はソーシャルワーカーとして参加するという意識で出かけたという。しかし,そうして出席した会議でDPIの設立劇を目の当たりにして,デュトイの障害観は「根本的に変化した」(Rowland 2004, 138)。

このときからデュトイは,南アフリカで障害当事者による権利運動を立ち上げることを構想し始めたが,同時に,(彼自身は白人であったが)南アフリカの障害者運動が意味のあるものとなるためには,それはソウェト (Soweto, ジョハネスバーグ近郊にある南アフリカ最大の黒人タウンシップ) をベースとしなければならない,と考えたという (Rowland 2004, 139)。その後デュトイは,ソウェトで障害者の自助グループを立ち上げようとしていたフライデー・マヴソ (Friday Mavuso) と出会い,二人は10年間にわたって,ソウェトの対麻痺者自助協会 (Self Help Association of Paraplegics: SHAP) の運営をともに担うことになる (du Toit 1989)。マヴソを含め,SHAPのメンバーの多くは,警察に銃で撃たれたために障害者となった人びとであった。黒人社会に属す彼らにとって,アパルトヘイトの抑圧と障害の経験とは,きわめて直接的に結びついていた。DPSA初代議長のローランドは,次のように振り返っている。「闘争で誰か1人死ぬごとに,そのほかに3人が障害者となった。この傷病と怒りのプールのなかから,DPSAのリーダーの大半が生み出されたのだ」(Rowland 2004, 7)。

SHAPのメンバーらは,自分たちで工場を立ち上げ,鉱業関連企業などに

製品納入や修理サービスの提供を行ったりして，自らの雇用と収入を生み出した。タウンシップ発の明るい話題を提供する SHAP は，当時のアパルトヘイト政府にとってもある意味都合のよい存在であり，SHAP の活動はたびたび国営テレビで取り上げられた。その結果として，SHAP の存在は南アフリカ全土に知れ渡り，SHAP には全国から障害者が押し寄せ，そこで研修を受けた障害者が，同様の団体を各地で設立した（Rowland 2004, 139-141）。SHAP や，その影響を受けた各地のグループが，1984年に設立された DPSA のメンバーシップのベースとなった（Rowland 2004, 144）。アパルトヘイト政府のプロパガンダ戦略が，期せずして南アフリカの障害者の組織化を助けた側面があったといえる。

このように，DPSA は，さまざまな障害をもつ障害者自身による権利運動という DPI の理念を基盤としつつ，当時の南アフリカとしては画期的なことに，人種的・地域的多様性をも兼ね備える形で誕生することになった。自助を重んじ，他者（専門家・支援者）に代弁されるのではなく，障害者自身の声を上げるという SHAP や DPSA の理念は，1970年代に南アフリカの黒人社会のなかから勃興し強い影響力をもった，黒人意識運動の解放思想の影響を受けたとの指摘もある（Howell, Chalklen and Alberts 2006, 51-52）。

加えて，隣国ジンバブエの障害者運動からも影響を受けた。ジンバブエの障害者リーダーで，のちに DPI 議長もつとめることになるジョシュア・マリンガ（Joshua Malinga）は，1980年の RI ウィニペグ会議でデュトイと出会い，デュトイが DPSA を組織する手助けをしたとされる（Howell, Chalklen and Alberts 2006, 53）。ジンバブエ障害者運動（Zimbabwean Movement of Disabled Persons）は，1980年の独立に至る解放闘争を闘った人々が中心になって組織したものであり，政治的解放運動と深く結びついていた（マリンガは，解放運動組織から独立後は与党となったジンバブエ・アフリカ民族同盟愛国戦線 Zimbabwe African National Union - Patriotic Front（ZANU-PF）の幹部でもある）[17]。それに比べると，DPSA の設立当初の政府や解放闘争との関係には曖昧さがあった。障害当事者の運動としての DPSA は，医療や福祉の専門家が主導する

アパルトヘイト体制下の障害者政策には当然批判的であったし，アパルトヘイトが障害者の権利実現の障壁となっており，障害者の解放は，アパルトヘイトからの南アフリカの政治的解放と結びついているとの認識をもっていた。しかし，DPSAは南アフリカ政府が設定した1986年の「障害者年」への参加に合意し，また一度は政府からの補助金を受け取るなど，政府と一定の関係を維持していた。DPSA初代議長のローランドによると，政府の補助金を受け取るべきかどうかについては，当時，DPSA内で激しい議論があったが，DPSAを機能させるためには資金が必要ということで，「ひも付きでない」という条件で受けいれる結論となったという（Howell, Chalklen and Alberts 2006, 54-55）。しかし，解放闘争が激化し，非常事態宣言が出されるなど緊迫した状況のなか，DPSAは「障害者年」のイベントを途中でボイコットするなど，次第に政府との距離をおくようになる。そしてANCが非合法化措置を解除され，民主化交渉の準備が始まる1990年以降には，DPSAは一気にANCとの関係を深めていくことになる（Bugg 2001, 167-168）。

　DPI結成の動きに触発されて生まれたDPSAであったが，DPI側ではDPSAの扱いをめぐって数度にわたって議論が起きた。DPIの初期のリーダーの一人に，南アフリカ出身で英国に在住していたヴィク・フィンケルシュタイン（Vic Finkelstein）がいた。反アパルトヘイト活動家で投獄経験もあったフィンケルシュタインは（Finkelstein 2001），1984年のDPI世界評議会で，南アフリカにアパルトヘイトが存在するかぎり，DPSAの加盟を許すべきでないと主張し，DPIとしても南アフリカの参加を歓迎しないとの結論に至った（ドリージャー 2000, 138-140）。当時は南アフリカに対する制裁強化の機運が高まっていた時期であり，政治的・経済的制裁だけでなく，スポーツや文化，学術面にもボイコットは及んでいた。それに対してマリンガは，DPSAを擁護する論陣を張った。1987年に再びDPSAの加盟問題がDPI世界評議会で持ち上がった際，マリンガはDPSAが反アパルトヘイトの立場をとっており，「正真正銘，解放運動の一翼である。黒人が主導権を握っているし，運動の活力を生み出しているのはソエト［ママ］の黒人である」と述べて，

DPSAのDPIへの参加容認を主張した（ドリージャー2000, 138-140）。ここからは，DPSAが世界の障害者運動の一員として受け入れられるためには，アパルトヘイト体制からの距離を明確にし，政治的解放運動の一部としてのアイデンティティを引き受ける必要があったことを示している（結局このときもDPSAのDPIへの正式参加は見送られたが，後年DPSAはDPIへの正式加盟を果たす）。以上をまとめると，DPSAは，白人支配からの解放をめざす南部アフリカの政治闘争と，専門家支配からの解放をめざす世界的な障害者運動という，二つの解放運動が交差するなかで，双方の影響を同時に受けながら成立，発展してきた，ということができる。

第4節　障害者運動と障害者政策

1．障害者政策の転換と障害者運動

第2節でみたように，南アフリカではアパルトヘイト体制からの民主化と同時並行的に医療モデルから社会モデルへの障害者政策の転換がおき，医療・福祉ではなく人権と開発が障害者政策の中心的な関心事となった。障害者政策の転換をもたらす原動力となったのが，障害者運動であった。

上述のように，設立当初のDPSAの政治的立場には曖昧なところがあったが，1990年にANCが合法化され，体制移行の見通しが出てくると，DPSAはANCに積極的にアプローチを始めた。新憲法制定に向けた交渉開始をにらんで，新憲法が障害者の権利に配慮したものとなるよう，DPSAはアルビー・サックス（Albie Sachs）に働きかけた。著名な反アパルトヘイト活動家でのちに憲法裁判所判事を務めることになるサックスは，1988年に亡命先のモザンビークで自動車爆弾をしかけられ，片腕と片目の視力を失っていた。サックスという理解者を得ることで，DPSAは憲法交渉過程にかかわることが可能となった（Bugg 2001, 168-169）。

ANCへの働きかけと並行して，DPSAは，人権弁護士協会（Lawyers for Human Rights）の障害者権利ユニットと共同で，1991年から1992年にかけて「障害者権利憲章」を作成した（Howell and Masuta 1993）。同憲章は前文に続いて全部で18の要求を掲げており，その第1は障害による差別禁止（Non-discrimination），第2に挙げられているのが障害者の当事者代表性（Self-representation）であった。障害者権利憲章は，憲法交渉へのインプット，また民主化後の障害者政策策定におけるガイドとなることを念頭に起草されたものであり，当時の障害者運動が，この2点を民主化後の障害者政策の原則としてとくに重視していたとみることができよう[18]。

憲法における障害の位置づけについて，ANCは当初，障害を元戦闘員（傷痍軍人）の問題として狭くとらえており，DPSAの認識とはズレがあった（Bugg 2001, 170）。また，憲法の起草者のなかには，憲法の他の箇所で十分なセーフガードがあるから，憲法の差別禁止条項に障害を明記する必要はないという者もあった（Rowland 2004, 17）。DPSAは，障害による差別の禁止を憲法に明記させるために，他の運動と共闘した。なかでも性的指向による差別の禁止を憲法に盛り込むことを要求した同性愛者権利運動が，障害者権利運動の主張を強力に支持したとされる。結果として，1993年の暫定憲法の第8条において，障害，性的指向とも，不当な差別事由の例として挙げられ[19]，1996年に制定された恒久憲法においても改めて明記されることとなった（Rowland 2004, 17）。

すでに触れたように，INDSの策定にも障害者運動出身者が深くかかわった。INDSのなかで，医学モデルから社会モデルへの「パラダイムシフト」をもたらしたのは障害者団体の力であることが述べられ，さらに，「障害の社会モデルにおける中心概念は，障害者団体を通じた障害者の当事者代表性の原則である」ことが明記された（Office of the Deputy President 1997）。国会，障害者政策を担当する政府部門，人権委員会をはじめとする公的な委員会など，障害者政策の策定・実施・モニタリングの鍵となる機関に障害者の当事者代表を送り込むことは，障害者運動がきわめて重視してきた点である（「私

たちのことを私たち抜きで決めるな」)。具体的には，国会においては，1994年以降，マリア・ラントを皮切りに，DPSA はコンスタントに ANC 所属の国会議員としてメンバーを国会に送り込んでおり，なかには1999年に ANC 国会議員となったマイケル・マスタ（Michael Masutha, 現司法・矯正サービス大臣），同じく1999年から ANC 国会議員であるヘンリエッタ・ボゴパネ‐ズールー（Henrietta Bogopane-Zulu, 現社会開発省障害問題担当副大臣）のように，大臣や副大臣の要職を務める者も出てきている。また，先に述べたように，RDP オフィスの障害者デスクや，その後副大統領府に設置された OSDP の責任ある地位に障害当事者が就いた（マリア・ラント，シュワイブ・チャクレン）。その後，OSDP の大統領府への移管（1999年），2009年の女性・子ども・障害者省の設置，2014年の同省の解体と社会開発省への障害部門の移管と，障害問題を統括する政府部門はたびたび変更されてきたが，OSDP のスタッフが女性・子ども・障害者省を経て現在，社会開発省で障害部門の担当者となっているように，担当者レベルでは組織改編にかかわらず一定の連続性があるといえる[20]。また，人権委員会やジェンダー委員会といった憲法によって特別な権限を与えられている常設の委員会や，幅広い範囲の法案について国会審議前に経済界，労働組合，市民社会の代表に諮問する全国経済開発労働評議会（National Economic Development and Labour Council: NEDLAC）などにも，DPSA は代表を送り込んでいる。このように，公的機関における多くの重要な役職に DPSA 出身の障害当事者がつくようになったことは，DPSA にとって大きな達成とみなされている[21]。

　他方で，多くの障害者リーダーが政府内で働くようになるにつれ，社会運動としての障害者運動の力は減退してきたように思われる。Bugg（2001, 247）は，2000年に制定された「平等促進・不当差別防止法」の制定過程においては，公的な役職についた少数の障害者リーダーが大きな役割を果たしたが，DPSA や SHAP といった政府外の障害者運動ないし NGO の活動は低調で，（障害者権利憲章の起草過程で観察されたような）全国の障害者から幅広く意見を聞いたり，政府への働きかけを行うといったことはみられなかった

と指摘している。また，Jamieson and Proudlock（2009）は，2004年の「子ども法」（Children's Act）の制定過程におけるNGOの政策提言活動に関する報告書のなかで，障害者団体のアンブレラ組織であるSAFCD（その後改組され，現在はSADA）が当時ナショナル・オフィスを閉めて機能不全に陥っており，障害者セクターがまとまった政策的インプットをすることが困難になっていたこと，そのためケープタウン大学子ども研究所（Children's Institute）や子どもの権利に関心をもつNGOが中心となって，子ども法案ワーキンググループのサブグループとして障害タスクチームを立ち上げたことを述べている。憲法制定や，民主化後の障害者政策のパラダイム転換が起きた頃と比べて，以後の個別の立法に関しては，障害者運動の役割が目立たなくなっているといえる。ただし，このことをもって障害当事者の政策への関与が弱まったと一般化することには慎重であるべきだろう。社会運動としての障害者運動の不活発さは，運動の成果として障害者の公的機関における当事者代表の制度化が進んだ結果でもある。障害当事者の働きかけにより障害者の利益を政策に反映させる方法が次の段階に入り，外部からはみえにくくなっているという面もあるだろう[22]。

2．障害者運動の政策的関心の所在
―― 障害者手当をめぐる議論を中心に ――

1992年の障害者権利憲章に関してみたように，差別禁止と当事者代表性は，差別的なアパルトヘイト体制からの解放をめざす政治闘争と，専門家支配からの解放をめざす世界的な障害者運動の闘争という，二つの解放運動が交差するなかで生まれた南アフリカの障害者運動の特徴を現す二大原則であった。それに加えて，障害を保健や福祉の問題ではなく，開発の問題として扱うこと，障害者の開発参加をすすめることも，民主化後の南アフリカの障害者運動が重視してきた点である。ここで開発参加とは，具体的には，障害者が就業によって生活するに足る所得を得ることが想定されてきたことに注目した

い。障害による差別禁止（職場での合理的配慮義務を含む），アファーマティブ・アクション，障害者の雇用目標，BEE といった，障害者運動が強い関心を寄せてきた政策は，すべて要は障害者が働いて生計を立てることができるようになることを目的とした政策である。

　しかし，現実をみると，そもそも南アフリカでは15-64歳人口の半数未満しか就業しておらず，失業率がきわめて高いということがあり（2014年第3四半期の就労率（employment/population ratio）42.6％，失業率25.4％）(Statistics South Africa 2014b)，上記のような政策によって障害者の就労率を引き上げるには限界がある。南アフリカの政治，経済の中枢で活躍する障害者の存在感は大きいが，障害者全体のなかでは彼らは圧倒的に少数派であり，就労していない大多数の障害者は，障害者手当を主要な所得源としている。障害者手当の障害者の生計にとっての重要性を考えると，興味深いのは，DPSA が障害者手当にはあまり関心を払わず，むしろ「福祉政策」である社会手当を，開発に逆行するものととらえているようにみえることである。

　障害者手当は，他の社会手当（高齢者手当，子ども手当など）とともに，社会開発省が担当している。社会開発省は，もとは福祉省と呼ばれていたものが改称された経緯があり，NGO への助成等を通じた障害者のための福祉サービスの担当官庁でもある。2014年に女性・子ども・障害者省が廃止され，障害に関する部門が社会開発省に移管されたとき，DPSA は強く反発し，大統領官邸前や国会前でプロテストを行った。その際 DPSA のスポークスパーソンは，社会開発省に障害者政策を統括させる決定を，障害を福祉や社会開発の領域に押し込める固定観念に基づく，時代に逆行するものであると批判し，障害者が欲しているのは社会手当ではなく，働いて家族を養い，自分の家を建てることができるようになることだと発言した[23]。「社会手当ではなく雇用を」という主張は，障害を保健や福祉の問題ではなく，開発の問題ととらえる障害者運動の原則に立脚するものといえよう。

　ただし，障害者運動・障害者政策についての議論を離れて，民主化後の社会手当全般に関する議論へと視野を広げると，社会手当を開発と対立的にと

らえる考え方は，必ずしも支持されてきたわけでない。たとえば，1990年代末の子ども手当導入をめぐる議論では，当時，福祉省の内部で，社会手当を「開発的でない」とみなして削減する動きがあったなかで，社会政策の専門家が委員長を務める政府の諮問委員会が異論をとなえ，社会手当の開発的意義を主張した。その結果として導入された子ども手当は，子どもの貧困を削減し，教育・保健指標にもプラスの影響を与えているとして，国際的にも評価が高いものとなっている[24]。多くの社会運動・NGO も，社会手当を開発に資するものとして積極的に評価しており，労働組合，キリスト教会，人権NGO，女性団体，HIV 陽性当事者団体などが，社会手当拡充を支持する市民社会連合を形成し，活発なアドボカシー活動を繰り広げてきた（牧野2005）。しかし，DPSA など障害者団体はこの連合には加わらず，社会手当が開発的であるとの考え方も共有してこなかった。

　障害者手当をめぐっては，2010年の社会扶助法改正案をめぐる審議において，慢性病患者への支援を障害者手当と別枠とする（障害者手当の対象から外す）ことを社会開発省が検討していることが明らかになり，波紋を呼んだ。この法改正は，障害者手当の受給資格を明確化し，全国で統一的な基準で受給認定が行われるようにすることを目的としていたが，法案のなかで「身体的，感覚的，コミュニケーション的，知的，精神的な障害（a physical, sensory, communication, intellectual or mental disability）の結果として中度から重度の機能制限がある」ために生活手段を得られない，あるいは就労できない状態として障害が定義されたことに関して，社会開発省の担当者が，法案成立後は慢性病は障害者手当の対象外となるとの認識を示したのである。

　とくに激しく反応したのは，HIV 陽性者の当事者団体で，障害者手当の打ち切りは多くの HIV 陽性者の治療継続を難しくし，生命を危険にさらすことになると，公聴会で障害定義の見直しを強く求めた。他方で障害者団体の意見書では，慢性病の扱いに関してはとくに言及されず，意見書の中心的な主張は，法案の上記引用部分の障害（disability）の代わりにインペアメント（impairment）という表現を用いるべきということであった。障害を「障害を

もたらす環境（disabling environments）」の産物ととらえる社会モデルの障害理解からは，「身体的，感覚的，コミュニケーション的，知的，精神的」な本人の属性は，それ自体が障害なのではなく，インペアメントと呼ばれるべきだということである。すなわち，同法案に関する障害者団体の主要な関心は，障害の社会モデルの視点や用語法が貫徹されているかどうかにあった[25]。

　結局，議論の末に障害者手当に関する文言の修正はまるごと撤回されたが，この間の議論からは，HIV陽性者団体と障害者団体の，障害者手当をめぐる関心の隔たりが明らかになったといえよう。1990年代前半の憲法制定過程では障害者運動と同性愛者権利運動が共闘し，進歩的な差別禁止条項を勝ち取ったことについては上で述べた。HIV陽性者運動の初期のリーダーは男性同性愛者が中心であり，同性愛者権利運動とHIV陽性者運動とはリーダーシップにおける連続性がある。しかし，憲法制定以降，障害者運動とHIV陽性者運動との距離は広がっている。これは，両者の，ムベキ元大統領との対照的な関係にも負っているかもしれない。すなわち，ムベキはOSDPを副大統領府に設置し，その後自身の大統領就任にあわせて同オフィスを大統領府に移すなど，障害者運動・政策のいわばパトロン的な存在であった（Matsebula 2004）。他方で代表的なHIV陽性者の当事者運動である治療行動キャンペーン（Treatment Action Campaign: TAC）は，ムベキ元大統領とは犬猿の仲であった。DPSAが，ムベキの理解のもと，当事者代表を政府内各所に送り込むことで政策的影響力を確保する戦略をとったのに対して，TACは独立した市民社会組織として政府のHIV/エイズ政策批判を行い，大衆的な示威行動や，政府を相手取った憲法裁判を通じて公的な抗HIV薬供給体制を求める要求を実現した（Makino 2009）。障害者運動とHIV陽性者運動は，権利ベースアプローチに基づき，新憲法の権利章典に要求の根拠をおく点では共通しつつ，要求の強調点や，要求実現のための戦略は大きく異なっていたといえよう[26]。

おわりに

　本章では，アパルトヘイト体制からの民主化後の南アフリカにおける，障害者政策と障害者運動の関係についてみてきた。

　南アフリカの障害者運動の先頭に立ってきた DPSA は，アパルトヘイト体制下の1984年に障害横断的かつ人種横断的な障害当事者の運動として誕生し，1990年代には ANC との結びつきを深めながら民主化後の障害者政策の枠組みづくりに深くかかわった。DPSA の関心や戦略は，アパルトヘイト体制からの解放という南アフリカ固有の文脈と，DPI の誕生・発展という世界的な障害者運動の文脈の，双方を映し出すものである。すなわち，DPSA は，アパルトヘイト後の変革課題の一部として障害者の直面する問題を提示した。過去の差別により生じた格差の是正は，アパルトヘイト後の変革課題として政府が重視してきたことであり，強い訴求力をもつものである（Reddy 2008）。民主化交渉期および民主化後を通じて，障害者運動が ANC に対して積極的に働きかけ，アパルトヘイト後の変革課題のなかに障害のイシューを組み込むことに成功したことによって，障害者は，黒人，女性とならんで，差別禁止や，積極的格差是正の対象として特別な地位を与えられるようになった。同時に DPSA は，「私たちのことを私たち抜きで決めるな」というスローガンで表現されてきた，世界的な障害者運動が重視する当事者代表性の原則に基づき，公的機関に障害当事者代表を送り込むことも重視してきた。世界的な障害パラダイムの転換（医学モデルから社会モデルへ）も強く意識されており，障害を福祉や保健の領域ではなく，開発の領域に位置づけることを主張し，その主張は，民主化後の障害者政策の基本文書である INDS に反映された。

　進歩的な障害者政策の枠組みが実現した一方で，それが南アフリカで暮らす障害者の生活にどれほど直結する成果に結びついているかは，議論の余地がある。例を挙げれば，障害者の雇用について，政府は２％の目標を定めて

いるが，実際には被雇用者に占める障害者の割合は1％に満たないとされる[27]。障害者の雇用比率が低い企業には罰金刑が定められているが，実際には空文化しているとの指摘もある[28]。障害者の就労がすすまないなかで，多くの障害者は障害者手当に頼る生活をしているが，第4節でみたように，障害者運動は「福祉政策」である障害者手当に強い関心を示さない。そこには，障害をもちながら高等教育を受ける機会を得た層が中心のDPSAのリーダーシップと，フォーマル雇用とは縁遠い草の根の障害者との意識の溝も垣間見える。もっとも，進歩的な憲法や政策枠組みと生活実感との乖離は，障害者政策に限った話ではなく，民主化後の南アフリカの経済・社会政策全般にいえることではある。民主化の果実を貧困層が実感可能なかたちで受け取ることができていないことから，保健，教育，住宅，電気，水道など，さまざまな分野で「サービス・デリバリー・プロテスト」と呼ばれる路上でのプロテスト活動が各地で頻発している（Ballard, Habib and Valodia 2006）。

　南アフリカの障害者運動と障害者政策に関して，当面フォローすべきなのは，目下作業が進行中のINDSの改訂作業であろう。1997年のINDS策定に障害者運動が深くかかわったことは本章でみてきたとおりであり，改訂作業において障害者団体や障害当事者代表がどのようなインプットを行い，どのような文書が出来上がるのか，さらにそれが個別の政策にどのように波及していくのかが注目される。

【補遺】

　本章脱稿後の動きについて簡単に補足しておく。障害者権利政策（National Disability Rights Policy，正式名称は White Paper on the Mainstreaming of the Right of Persons with Disabilities to Equality and Dignity）の草案は2015年2月に官報に掲載され（Government Gazette, No. 38471, 16 February 2015），社会開発省を中心に，パブリック・コメントの募集や，関係省庁や障害者団体との協議が行われてきた。2015年末までに最終決定されると伝えられているが，2015年11月の校了時点ではまだ閣議決定は行われていない。

〔注〕
(1) 本章において,「黒人」(Black) という表現は, アパルトヘイト体制のもとで白人 (White) 以外の人種カテゴリーに分類されてきた, アフリカ人 (African ないし Black African), カラード (Coloured), インド系 (Indian) の人びとを集合的に指すものとして使用する。これは, 雇用均等法や黒人の経済力強化政策をはじめ, 民主化後の南アフリカのさまざまな法律や政策文書での用語法にならっている。
(2) スワルツ教授は2015年1月現在『アフリカ障害学ジャーナル』(*African Journal of Disability*) の編集長でもある (http://www.ajod.org/)。
(3) 2011年人口センサス障害モノグラフの Figure 6.21 (Statistics South Africa 2014a, 117) は, 障害者と非障害者の就業率 (15-64歳人口に占める就業者の比率) を, それぞれ62.0％と63.4％としている。しかし, 2011年人口センサスのメイン報告書 (Statistics South Africa 2012, Table 3.9) では, 全体の就業率が39.7％となっている。同じモノグラフのなかでも, 障害の程度ごとに, 男女別, 人種別の就業率データを示した Tables 6.17-18 (Statistics South Africa 2014a, 124-125) は, メイン報告書のデータと平仄がとれているため, 本章ではそのデータを紹介している。ちなみに, 工藤 (2008) によれば, OECD19カ国の1990年代後期のデータでは, 非障害者と障害者の就業率は, それぞれ平均で70.8％, 43.9％であった。OECDデータでは労働人口年齢を20-64歳としているため単純な比較はできないものの, 南アフリカの就業率の低さは際立っている。
(4) 憲法全文については以下の憲法裁判所のウェブサイトを参照。http://www.constitutionalcourt.org.za/site/constitution/english-web/index.html
(5) チャクレンの経歴については以下を参照。"Special Rapporteur on Disability of the Commission for Social Development: Mr. Shuaib Chalklen, 2009 to 2014," United Nations Enable ウェブサイト (http://www.un.org/disabilities/default.asp?id=1513); "Councillor Biographies: Shuaib Chalklen," World Future Council ウェブサイト (http://www.worldfuturecouncil.org/7059.html)。
(6) たとえば自立生活やコミュニティのなかで暮らす権利を定めた条約第19条に対応する国内法整備がないことなど。2014年9月12日, Helen Combrinck 氏 (University of Western Cape) へのインタビューによる。
(7) "Statement on Cabinet meeting of 10 December 2014," 南アフリカ政府ウェブサイト (http://www.gov.za/statement-cabinet-meeting-10-december-2014)。
(8) 関連する法律の包括的なリストについては, 障害者権利条約に関する国別ベースライン報告書 (DWCPD 2013), 民主化後の20年間を政策分野ごとに振り返る大統領府の「20年レビュー」の障害に関する報告書 (Presidency 2014), および Ngwena et al. (2013) 所収の南アフリカ・カントリー・レポー

トを参照。
(9) BEE 政策の概要については在南アフリカ共和国日本大使館（2014）を参照。BEE の適正実施基準（Code of Good Practice）は南アフリカ通産省ウェブサイトで入手可能である（"Broad-based Black Economic Empowerment BBBEE," http://www.dti.gov.za/economic_empowerment/bee.jsp）。
(10) たとえば，2010年に南アフリカで開催された FIFA ワールドカップに際して，Muzi Nkosi（Musi Nkosi と表記されることもある）は SADA 議長と DPSA 議長の双方の肩書きでメディアに登場している。以下のリンク先の記事を参照。http://www.disabilitynow.org.uk/article/end-south-africas-rainbow; http://multimedia.timeslive.co.za/audio/2010/03/meeting-on-2010-stadiums。
(11) "SADA: Moving Forward Collectively," *Thisability*, vol.2, issue 3, July-September 2013, p.7. SADA の facebook ページでは，2014年4月に DPSA と話し合いをもち，SADA と DPSA の集合的リーダーシップや障害者セクターの統一について議論することが告知されており，少なくともこの時点では分裂状況にあったことが窺われる。
(12) DEC 財団ウェブサイト（http://dectrust.co.za/）によれば，7団体は以下のとおり。Thabo Mbeki Development Trust for Disabled People（現 South African Disability Development Trust），Deaf Federation of South Africa，DPSA，National Council for Persons with Physical Disabilities in South Africa，South African Federation for Mental Health，South African National Council for the Blind，Epilepsy South Africa．なお，DEC 財団のウェブサイトは2015年11月現在閉鎖されている。
(13) Sebenzile Matsebula 氏（Chairperson, DEC Investment Holding Company）へのインタビュー，2014年9月9日，南アフリカ・ハウテン州ミッドランドにて；DEC 財団ウェブサイト（http://dectrust.co.za/）。Matsebula 氏によれば，DPSA から DEC 脱退の申し入れを受けているが，インタビュー時点では正式に決定していないとのことであった。
(14) 脊髄損傷などにより，両手・両足が動かない（四肢麻痺，quadriplegic），あるいは両足が動かない（対麻痺，paraplegic）運動障害の当事者団体として，QuadPara Association of South Africa がある。しばしば同団体は四肢麻痺者協会（Quadriplegic Association of South Africa）あるいは四肢麻痺者・対麻痺者協会（Quadriplegic and Paraplegic Association of South Africa とも表記される（略称はいずれも QASA）。注(16)を参照。
(15) 包括的なリストについては Ngwena et al.（2013, 327-331）を参照。
(16) 団体名の表記は引用文献（Rowland 2004, 138）による。注(14)を参照。
(17) ジンバブエの障害者の状況については，差し当たり Kwenda（2010）を参照。
(18) 第3条以降は，政策分野ごとの要求であり，以下の政策分野が取り上げら

れていた。医療・リハビリテーション，教育，雇用，スポーツ・リクリエーション，社会保障，住宅，交通，建物のアクセシビリティ（Built Environ），障害をもつ子ども，障害をもつ女性，自立生活，コミュニケーション，社会生活への参加，障害予防，ポジティブ・アクション，政策や法律の実効性（Howell and Masuta 1993）。

(19) 暫定憲法のテキストについては以下の憲法裁判所ウェブサイトを参照。http://www.constitutionalcourt.org.za/site/constitution/english-web/interim/ch3.html

(20) 2014年9月，社会開発省での障害部門担当者へのインタビューによる。

(21) "Achievement," DPSA ウェブサイト http://www.dpsa.org.za/achievements/。この文書は日付が記されていないが，内容からみて1999年ごろに書かれたものと推測される。

(22) Rowland（2004）所収の障害者リーダーへのインタビューのなかで，ローランドはしばしば，障害者運動の現状についてどう思うか尋ねている。それに対する回答には，「勢いがなくなってしまって悲しい」（Fadila Lagadien, pp. 118-119）というものもあれば，「私たちが達成したものゆえに，性格が変わっただけ」であり，「基礎ができたところで，政策実施に焦点が移っている」というものもある（Sebenzile Matsebula, p. 128）。ただこれらのインタビュー自体，10年以上前に実施されたものであり，その後の状況はまた変化していることに留意が必要である。

(23) "Findings show vulnerability of disabled," *IOL News*, 12 June 2014 (http://www.iol.co.za/news/south-africa/gauteng/findings-show-vulnerability-of-disabled-1.1702523); "Disabled group plan SONA protest," *IOL News*, 13 June 2014 (http://www.iol.co.za/news/politics/disabled-group-plan-sona-protest-1.1703406); "Zuma 'pigeonholing' disability: DPSA," *Sowetan Live*, 13 June 2014 (http://www.sowetanlive.co.za/news/2014/06/13/zuma-pigeonholing-disability-dpsa)。「社会手当は欲しくない」（"As disabled people we do not want social grants" 上記 *Sowetan* 記事）というのは強い表現だが，これはむろん，いま100万人を超える障害者が受給している障害者手当を打ち切ってよいということではなく，障害者手当だけでなく，就労につながる支援も強化することを求めていると理解される。

(24) 子ども手当導入の経緯や国際的な評価については牧野（2015）を参照。

(25) 各団体の意見書の内容および法案審議の経過は，Parliamentary Monitoring Group ウェブサイトの以下のページを参照した。"Social Assistance Amendment Bill (B5-2010)," https://pmg.org.za/bill/279.

(26) 現大統領のズマはムベキとの熾烈な権力闘争の末に ANC 党首と大統領職の地位をつかんだ経緯がある（牧野 2009）。TAC と政権との関係は，ズマが大

統領になってから好転したが，ムベキと良好な関係にあった障害者運動にとっては，ズマ体制への移行には困難が伴ったことが考えられる。ただこの点については，本研究会期間中に十分に掘り下げて調査できなかったため，今後の研究課題としたい。

(27) "Government fails to meet disabled equity quota," *Times LIVE*, 19 September 2010, http://www.timeslive.co.za/local/2010/09/19/government-fails-to-meet-disabled-equity-quota

(28) "Disabled people losing out," *Financial Mail*, 18 April 2013, http://www.financialmail.co.za/business/fox/2013/04/18/disabled-people-losing-out

〔参考文献〕

＜日本語参考文献＞

工藤正 2008.「障害者雇用の現状と課題」『日本労働研究雑誌』(578): 4-16. (http://www.jil.go.jp/institute/zassi/backnumber/2008/09/pdf/004-016.pdf)

在南アフリカ共和国日本大使館 2014.「南アにおける BEE 政策――法的枠組みの全体像――」(http://www.za.emb-japan.go.jp/jp/Japan_SA/BEEpolicy2014.pdf).

ドリージャー，ダイアン著　長瀬修編訳 2000.『国際的障害者運動の誕生――障害者インターナショナル・DPI――』エンパワメント研究所 (Diane Driedger, *The Last Civil Rights Movement: Disabled People's International*. London: C. Hurst, 1989)

牧野久美子 2005.「民主化後の南アフリカにおける所得保障制度改革：社会手当と公共事業プログラム」宇佐見耕一編『新興工業国の社会福祉』アジア経済研究所　159-197.

―――― 2009.「ジェイコブ・ズマを大統領にした２つの選挙」『アフリカレポート』(49): 28-33.

―――― 2013.「HIV／エイズ政策とグローバル・ガバナンス」牧野久美子・佐藤千鶴子編『南アフリカの経済社会変容』アジア経済研究所　285-321.

―――― 2015.「南アフリカの子ども手当改革――社会的投資の視点からの再評価――」宇佐見耕一・牧野久美子編『新興諸国の現金給付政策』アジア経済研究所　97-129.

森壮也 2008.「『障害と開発』とは何か？」森壮也編『障害と開発――途上国の障害当事者と社会――』アジア経済研究所　3-38.

＜外国語参考文献＞

Ballard, Richard, Adam Habib and Imraan Valodia, ed. 2006. *Voices of Protest: Social Movements in Post-Apartheid South Africa*. Scottsville: University of KwaZulu-Natal Press.

Barry, Shelley. 2002. "Celebrating & Mourning a Pioneer in South Africa's Disability Rights Movement: Maria Rantho." *Disability World* (14). (http://www.disabilityworld.org/06-08_02/news/rantho.shtml)

Bugg, Mpingo Ahadi. 2001. "Claiming Equality: South Africa's Disability-Rights Movement within the Nation's Struggle for Democracy." Ph.D. Thesis, Yale University.

DBSA (Development Bank of Southern Africa). 2005. *The Employment of People with Disabilities in South Africa*. Midrand: Knowledge Management Division, DBSA.

de Paoli, Marina Manuela, Elizabeth Anne Mills and Arne Backer Grønningsæter. 2012. "The ARV Roll Out and the Disability Grant: A South African Dilemma?" *Journal of the International AIDS Society* 15 (1) : 6 (doi:10.1186/1758-2652-1115-1186).

du Toit, Mike. 1989. "Self Help Association of Paraplegics, SHAP, Republic of South Africa." Independent Living Institute. (http://www.independentliving.org/toolsforpower/tools31.html)

Dube, Andrew K. 2005. "The Role and Effectiveness of Disability Legislation in South Africa." (http://r4d.dfid,gov.uk/PDF/Outputs/Disability/PolicyProject_legislation_sa.pdf)

DWCPD (Department: Women, Children and People with Disabilities). 2013. "Baseline Country Report to the United Nations on the Implementation of the Convention on the Rights of Persons with Disabilities in South Africa: Approved by Cabinet on 17 April 2013." Unpublished document (obtained through personal communication).

Emmett, Tony. 2006. "Disability, Poverty, Gender and Race." In *Disability and Social Change: A South African Agenda*, edited by Brian Watermeyer, Leslie Swartz, Theresa Lorenzo, Marguerite Schneider and Mark Priestley. Cape Town: HSRC Press, 207-233.

Finkelstein, Vic. 2001. "A Personal Journey into Disability Politics." Independent Living Institute. (http://www.independentliving.org/docs3/finkelstein01a.html)

Hansen, Camilla and Washeila Sait. 2011. ""We too are Disabled": Disability Grants and Poverty Politics in Rural South Africa." In *Disability and Poverty: A Global Challenge*, edited by Arne H. Eide and Benedicte Ingstad. Bristol: The Policy Press, 93-117.

Hardy, Chloe and Marlise Richter. 2006. "Disability Grants or Antiretrovirals? A Quandary for People with HIV/AIDS in South Africa." *African Journal of AIDS Research* 5 (1) : 85-96.

Howell, Colleen, Schuaib Chalklen and Thomas Alberts. 2006. "A History of the Disability Rights Movement in South Africa." In *Disability and Social Change: A South African Agenda*, edited by Brian Watermeyer, Leslie Swartz, Theresa Lorenzo, Marguerite Schneider and Mark Priestley, Cape Town: HSRC Press, 46-84.

Howell, Colleen and Michael Masuta. 1993. *Disability Rights*. Cape Town: Social Justice Resource Project (SJRP) and the Legal Education Action Project (LEAP) at the Institute of Criminology, University of Cape Town.

Jamieson, Lucy and Paula Proudlock. 2009. *From Sidelines to Centre Stage: The Inclusion of Children with Disabilities in the Children's Act*. Children's Institute Case Study Number 4. Cape Town: Children's Institute, University of Cape Town. (http://www.ci.org.za/depts/ci/pubs/pdf/casestudiesevaluations/sidelines_to_centre_stage.pdf)

Kelly, Gabrielle. 2013. *Regulating Access to the Disability Grant in South Africa, 1990-2013*. CSSR Working Paper No. 330. Cape Town: Centre for Social Science Research, University of Cape Town.

Kwenda, Stanley. 2010. "Africa's Disabled will not be Forgotten." *Africa Renewal Online* April 2010. (http://www.un.org/africarenewal/magazine/april-2010/africa%E2012%2080%20 99s-disabled-will-not-be-forgotten)

Loeb, Mitchell, Arne H Eide, Jennifer Jelsma, Mzolisi ka Toni and Soraya Maart. 2008. "Poverty and Disability in Eastern and Western Cape Provinces, South Africa." *Disability & Society* 23 (4) : 311-321.

Makino, Kumiko. 2009. "Institutional Conditions for Social Movements to Engage in Formal Politics: The Case of AIDS Activism in Post-Apartheid South Africa." In *Protest and Social Movements in the Developing World*, edited by Shinichi Shigetomi and Kumiko Makino. Cheltenham, UK and Northampton, MA, USA: Edward Elgar, 110-133.

Matsebula, Sebenzile. 2004. "Sebenzile Matsebula of South Africa: A Voice in the Presidency." *Disability World* (23). (http://www.disabilityworld.org/04-05_04/gov/matsebula.shtml)

Matsebula, Sebenzile, Marguerite Schneider and Brian Watermeyer. 2006. "Integrating Disability within Government: The Office on the Status of Disabled Persons." In *Disability and Social Change: A South African Agenda*, edited by Brian Watermeyer, Leslie Swartz, Theresa Lorenzo, Marguerite Schneider and Mark Priestley. Cape Town: HSRC Press, 85-92.

Nattrass, Nicoli. 2006. "Trading off Income and Health?: AIDS and the Disability Grant

in South Africa." *Journal of Social Policy* 35 (1) Jan.: 3-19.
Ngwena, Charles, Ilze Grobbelaar-du Plessis, Helene Combrinck and Serges Djoyou Kamga. 2013. *African Disability Rights Yearbook, Volume 1 2013*. Pretoria: Pretoria University Law Press.
Office of the Deputy President. 1997. "Integrated National Disability Strategy: White Paper." (http://www.gov.za/sites/www.gov.za/files/disability_2.pdf)
Presidency, The. 2014. *Twenty Year Review South Africa 1994-2014 Background Paper: Disability*.
(http://accesstech.co.za/wp-content/uploads/2014/06/12%20Disability_20YR.pdf)
Reddy, Thiven. 2008. "Transformation." In *New South African Keywords*, edited by Nick Shepherd and Steven Robins. Johannesburg: Jacana, and Athens: Ohio University Press, 209-222.
Rowland, William. 2004. *Nothing About Us Without Us: Inside the Disabilities Rights Movement of South Africa*. Pretoria: Unisa Press.
SASSA (South African Social Security Agency). 2014. *First Quarter Statistical Report on Social Grants 01 April - 30 June 2014*. Pretoria: SASSA. (http://www.sassa.gov.za/)
South African National Council for the Blind [n.d.] *Biennial Review 2010/2011*. Pretoria: South African National Council for the Blind.
(http://www.sancb.org.za/sites/default/files/Bienal%20Report_2011_0.pdf)
Statistics South Africa. 2005. *Census 2001 Prevalence of Disability in South Africa*. Pretoria: Statistics South Africa.
―――― 2007. *Community Survey 2007: Methodology, Processes and Highlights of Key Results*. Pretoria: Statistics South Africa.
―――― 2012. *Census 2011 Statistical Release (Revised)*. Pretoria: Statistics South Africa.
―――― 2014a. *Census 2011: Profile of Persons with Disabilities in South Africa*. Pretoria: Statistics South Africa.
―――― 2014b. *Quarterly Labour Force Survey, 3rd Quarter 2014*. Pretoria: Statistics South Africa.
Taylor Committee (Committee of Inquiry into a Comprehensive System of Social Security for South Africa). 2002. *Transforming the Present, Protecting the Future: Consolidated Report*. Pretoria: Department of Social Development.
Watermeyer, Brian, Leslie Swartz, Theresa Lorenzo, Marguerite Schneider and Mark Priestley, ed. 2006. *Disability and Social Change: A South African Agenda*. Cape Town: HSRC Press.

第 8 章

終　章
―― アフリカの「障害と開発」から学べるもの ――

森　壮　也

はじめに

　本書では，アフリカ諸国のうち，サブサハラ・アフリカ諸国と呼ばれる地域から，5カ国を選び，各国の地域研究者によるそれぞれの国の特性をふまえた「障害と開発」について論じてきた。また地域的な取り組みであるアフリカ障害者の10年についても一章を設けて，これまでの経緯や問題点を分析した。アフリカの障害者については，Groce et al.（2011）が既存の障害と貧困研究のレビューをしているが，2000年代に入って以降，アフリカ地域の障害者についての論文が多数書かれるようになり，同地域の障害者への関心が高まっていることが窺える。また Mitra, Posarac and Vick（2011）は世界銀行によるサブサハラ・アフリカの7カ国（ブルキナファソ，ガーナ，ケニア，マラウィ，モーリシャス，ザンビア，ジンバブエ）を含めた途上国15カ国の障害と貧困の間の関係についての調査の結果から，対象国のほとんどで貧困線以下の障害者を家族構成員に持つ家計の比率が，47％から96％と高率にあることを示している（Mitra, Posarac and Vick 2011;50, Table 4.7）。アフリカの貧困は，そのまま障害者の貧困にもつながっている。Eide and Ingstad（2013）は同じくノルウェイの SINTEF[(1)] による2000年から2012年まで南部アフリカ諸国で行われた障害者生計調査の最新の報告であるが，同地域における障害が明ら

かに低い生活水準と結びついてしまっているという事実を改めて提起している。アフリカの障害者の貧困の研究は，アフリカの貧困の問題のなかでは比較的新しい課題ではあるが，きわめて今日的課題になりつつある。

　本章では各章の分析でみえてきた各国の特性から，アフリカの「障害と開発」に少しでも近づくべく，アフリカ全体としてこうしたことがいえるのではないかというまとめを本章で行う。もちろん，カバーできた国には限界があり，アジアについて小林（2010b，2012，2015）が明らかにしてきたような法的権利の問題などカバーしきれなかった領域もある。アジアにおける「障害と開発」については，すでに第1章で述べたように国家による開発にいかに障害当事者を包摂（インクルージョン）させるかという方向性，また地域開発での障害者の包摂といった方向性が明らかになってきているが，同じ方向性がアフリカでも適用可能だろうか。アフリカにおける「障害と開発」の現状や課題はどの程度，浮き彫りにできただろうか。本書で取り扱ったエチオピア，ケニア，コンゴ民主共和国とコンゴ共和国の二国とセネガル，南アフリカについての議論から，各国の特徴を大まかに整理すると図8-1のようになる。ここで用いた軸は三つである。一つ目が，政治体制，二つ目がHIV/エイズと障害との間の関係，三つ目が当事者団体の活動の活発さの軸である。

　政治体制については，障害者政策の側面を中心に中央集権と分権で位置づけた。またHIV/エイズと障害との間に距離をおくか，統合して考えているかという軸も設けた。最後に障害当事者団体の活動の活発さの軸を設けた。これらの軸を設けた理由について説明を加えておく。各国の政治体制については，実際の障害者支援のあり方を考える上で重要な軸と考えられるからである。2番目のHIV/エイズと障害の間の関係は，第1章でも述べているように，HIV/エイズの問題がアフリカではアジア以上に大きな問題であるということが最初の理由である。さらにHIV/エイズを障害のなかに入れるかどうかというのは，本書の分析を通じて明らかになったようにアフリカのなかでも各国で温度差がある。しかし，本書で一貫してベースとしている障害

図8-1 アフリカの「障害と開発」の位相

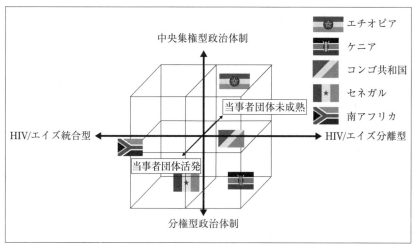

(出所) 筆者作成

の社会モデル（第1章参照）では，社会的なバリアに注目するという WHO による新しい障害定義である ICF の基準で考えると，HIV/エイズは障害と同等の位置づけがされる。このことは，WHO and World Bank (2011) でも，HIV/エイズも障害のなかに入れて分析をしていることでも裏付けられる。また Gerntholtz, Grant and Hanass-Hancock (2010) もアフリカ東部，南部の事例から，HIV/エイズも視野に入れた障害政策があるべきだという提言を行っている。International Affairs Directorate, Health Canada (2009) でも HIV/エイズと障害の問題が同じ土俵の上で取り組まれるべきという提言がされている。以上のように，こうした国際的な流れがどのように各国で受け入れられているのかということは，障害の社会モデルの国家の政策のなかにおける理解度とも関係しており，2番目の軸として，HIV/エイズと障害との間の関係を設けることは重要であることが理解できる。さらに，最後に，各国国内での障害当事者の活動の活発さは，当事者団体が発達するという社会の成熟度も示している重要な軸である。また障害当事者団体がないままでは，必ずしも障害者の抱える社会的な問題を理解した上での望ましい政策の

選択肢は限定されてしまう。こうしたことも障害の社会モデルを基盤とした分析では重要な軸と考えられるためである。

　図8-1をみるとわかるように，アフリカ全体として必ずしも一定の特徴があるわけではない。政治体制では中央集権的なエチオピアが目立っている。エチオピアと南アフリカはともにHIV/エイズ対策は活発なものの，前者は障害とは別の枠組みで取り組んでいるのに対し，南アフリカでは障害と同等の枠組みに位置づけられている。当事者団体の成熟度では，南アフリカもケニアもセネガルもそれぞれの仕方ではあるが，活発な活動がみられる一方で，エチオピアやコンゴ共和国では，まだ未成熟であり，ビジネス領域に限定されていていわゆる当事者団体にはなっていない。ただ，それでも南アを除くとおそらく，同図で分権型政治体制，当事者団体も活発という右下の象限に属する国が現状ではアフリカでは多い。アフリカにおけるNGOや市民社会の発達やそれらと政府との関係については，Bratton（1989）やObadare（2014）がこれを示している。障害当事者団体がこれらの研究で対象になっている他の市民社会と同様に今後発展していくのかどうかは，将来検証されなければいけない課題である。しかし，本書で取り上げたアフリカ各国の状況からは，社会や国家の今後の発展のパターンとして，経済の発展と政府の財政の豊かさによって政府によるHIV/エイズ手当や障害手当のような制度が発達していく，つまり南アフリカ型の方向へ移動していくという流れをみてとることができる。一方，各章における論述により，地域や国によってさまざまな状況があり，アフリカの状況はこれであると断定することは容易ではないことも明らかになった。しかし，アジアにおける状況と比較するといくつかの特徴が浮かび上がってくる。それらを本章では，「HIV/エイズやアルビノ」「開発体制」「障害児教育」「ビジネス」「コミュニティに根ざしたリハビリテーション（CBR）」をキーワードに改めて整理する。最後に開発における現在，喫緊の課題であるポスト・ミレニアム開発目標の問題と障害を考える際には，アフリカでの障害に関わる実情を念頭におくとどのような政策が取られるべきかを論じる。

第1節 「障害と開発」のアジアとアフリカでの比較

1．HIV/エイズやアルビノ——アフリカに特徴的なトピックス——

　すでに第1章でも述べたようにHIV/エイズの問題については，アフリカでは，従来HIV/エイズ支援を実施するのに，対象者のなかに障害者もいることを念頭に入れていなかった問題が指摘されている。また本書第3章のエチオピアの分析では，同国におけるHIV陽性者に対する取り組みと障害者に対する取り組みとを比較している。エチオピアでは，どちらも当事者団体に委ねる方針を政府が採用しているにもかかわらず，前者には必要なリソースを政府が提供しているが，後者には提供していないという違いがある。HIV陽性者に対する取り組みが国家の保健政策のなかに組み込まれ，高い評価を得ているのに対し，障害者に対する取り組みが貧弱な状況にある問題が指摘されている。

　HIV/エイズについては，アフリカにおいても国によって違いがあり，第4章のケニアでは，障害者政策とHIV/エイズはエチオピアのように分離して取り組まれている[2]。一方，南アフリカでは第7章で述べられているように，HIV/エイズの問題と障害問題とが連続して理解されており，HIVの症状の悪化が障害者手当の受給の条件となるために，HIV/エイズ支援策と障害者支援策の二つの制度の間での緊張が報告されている。いずれにせよ，アフリカにおけるHIV/エイズの問題は，障害問題を抜きにしても大きいことは，同地域の「障害と開発」を考える上で重要な条件となる。WHO and World Bank（2011）でも勧告7「障害に対する一般の人々の認識と理解の向上」のなかで，精神病，ハンセン病とならんで社会的スティグマをもたらすものとしてHIV/エイズが挙げられているような状況を考え合わせると，アフリカにおける障害の問題とHIV/エイズの問題は別途の問題としてというよりは，ともに彼らの脆弱性につながる関連の深い問題ととらえるべきと考

えられる。

　同様に色素欠乏症であるアルビノの問題もアフリカに特徴的な障害のなかに含まれるべき課題である。とくにアルビノと伝統的な迷信とが結びついたアルビノの人たちへの身体的迫害は多くの報道でも知られており[3]，第2章でも触れられているように今日，無視できない問題となっている。またケニアでアルビノの人たちについて障害のなかに含まれる形で国会議員の障害枠に入っているという第4章での報告は，アルビノを積極的に障害概念に含めて考えないとならないアフリカの特徴を顕著に示しているといえる。

　以上，アジアでもHIV/エイズの問題，アルビノの問題はあるが，アフリカにおいては，これらは障害概念の問題，あるいは障害とは非常に近接した問題である度合いがアジア以上のものであることがこれらの議論から明らかになったといえる。

2．開発体制と障害者政策

　開発体制について，一般の開発主義や開発独裁についての論文は多いが（堀金 2004，広井 2008，川中 2009など）アジアのそれを障害者政策との関係で積極的に論じた論文はない。小林（2010a）は，中国における障害者法の状況を紹介することで，同国の中央集権的な社会主義体制下における障害者政策が，国家の責任を明確にしている一方，障害者の権利確立が課題となっていることを明らかにしている。同様の中央集権的な制度が第3章で論じられているエチオピアでもみられるが，障害については，前節でも論じたHIV/エイズに比べると国家の関与の違いの大きさ，資金配分の違いがみられ，HIV問題に対処するための開発部隊などのシステムが障害については活かされていないことがわかる。

　ただアフリカの多くの国々は，第7章で論じられている南アフリカのような政府による障害者手当といった諸制度が整っている国は少ないと思われ，むしろ，第5章で論じられている二つのコンゴのように障害者IDですらも

十分に整備されていない国が多い。政府の制度が整備された国と整備されていない国の中間に属すると考えられるのが，第4章のケニアのような国である。ケニアの状況は，開発途上国の中では比較的政府による支援が整いつつある東南アジアの状況と似ている。東南アジアでは，マレーシアやタイのように経済成長を達成し，それがひいては障害者政策の充実にもつながったという国が多い。南アフリカと二つのコンゴの格差に見られるように，アフリカの障害者政策の充実の課題は，アジアよりも各国毎の多様性がまだ大きい状況にあるといえる。

またアジア地域では，東アジアの奇跡とまで一時いわれた同地域の経済発展を背景に国の財政基盤の拡大があったために，国家による，障害者支援や障害アクセシビリティを保障するインフラ整備が進められるという処方箋が描かれ，実践されてきた。しかし，アフリカで同様の経路を期待することは現時点では難しい。また国連ESCAPのような国際機関が音頭を取った地域的取り組みも成されてこなかった。むしろ，アフリカ連合のような地域内の協力枠組みであったり，国際NGOとの連携といった方策が模索されている。各国の諸政策もこれらとどのように整合的であるかどうかが，むしろ課題となっているといえよう。

3．障害児教育

本書では，障害児教育については，第4章のケニアでろう教育が論じられたほかは，障害当事者運動と政策との関連を重視したこともあり，あまり論じることができなかった。しかし，障害児教育の問題は，第1章で多数の先行研究を紹介したことでもわかるように特殊教育や教育心理を専門とする研究者のみでなく，開発研究者によっても多くのフィールド研究がある。しかし，アフリカにおける障害児教育の課題を考えるという観点からは，いくつかの章で取り上げられたように障害児教育の場である学校の分布の問題がアジアと比べて特徴的である。アジア諸国では，概して学校は都市部に集中し

ており、障害児教育の問題で最大の問題は、農村部にあるといえる。農村部において障害児教育の場が不足していたり、教員が不足している問題が多くの国で共通している（小林 2015）。ところが、アフリカでは、第4章のケニアのようにキリスト教ミッショナリーが郊外や僻地にそうした学校を多く作った国もあれば、第6章の両コンゴや第7章のセネガルのように都市部に学校が集中しているという国もある。アフリカにおいては、特殊教育の場が、必ずしも都市部にはないという状況が特徴的である。

4．政府に依存しない当事者の生き残り策――ビジネス――

　第2章の域内協力で、アフリカ障害者の10年を中心となって担うべき特定の政府や機関が現れなかったことを述べている。アジア太平洋障害者の10年で日本と中国が果たした役割やフォーカルポイントとして、国連ESCAPが推進力を発揮したことがその成功に大きく関与していたこと（森 2008）を考えると、公的フォーカル・ポイントの点で、アジア地域とアフリカに大きな違いがあるといえる。また第3章で論じられたエチオピアのような中央集権的な開発体制、あるいは「開発問題としての障害」の位置づけも、アパルトヘイト後の政権も積極的に関与して成功させた南アフリカのような事例を除くと、多くの国では、障害者福祉への政府の関与は弱いことはすでに本書冒頭で述べたとおりである。それでは、そうした状況のなか、当事者たちはどのような解決策を見出しているのだろうか。その一つの答が、第1章でも紹介した障害者ビジネスである。第1章での事例は、当事者の雇用と政策との関係であるが、障害とビジネスや雇用の問題がアフリカで特徴的になってくるのは、やはり当事者による起業だろう。その意味で第5章のコンゴ川でのビジネスの事例は、興味深い事例であるといえる。さまざまな雇用にかかわる政策と当事者自身による起業をはじめとした努力とをどううまくマッチさせ、持続させていくかは、アフリカでも大きな課題であるといえる。

5．コミュニティに根ざした開発か，根ざさない開発か

　最後のキーワードがコミュニティである。第1章第2節3でも述べたコミュニティである。一つは第3章でも登場した「コミュニティに根ざしたリハビリテーション」（CBR），つまり障害当事者が居住する地域の地理的なコミュニティである。もう一つは，障害当事者のコミュニティである。

　しかし，CBRについてはすでに第1章でも述べたようにアフリカではアジア地域ほどの展開や盛り上がりを見せていない。本書の各国の分析でも大きなイシューとして登場してこなかった。アジアにおける「障害と開発」でCBRが論じるべき課題となっている点と比べると，大きな違いがある。一方の障害コミュニティについては多くの興味深い事例が各章でも取り上げられることになった。本書各章の障害当事者のコミュニティをベースとした当事者運動の分析からは，アフリカにおける障害者の当事者運動はさまざまなパターンで盛んであることがわかる。第3章のエチオピアでも資金がないなか，障害当事者たちが公的機関を含む各種機関にあてた当事者団体の発行する障害者への支援を要請するサポートレターを頼りにしていること，このレターの発行のために当事者団体が努力していることを始め，第4章のケニアで当事者団体が憲法改正の機をとらえて手話の言語権の獲得に成功し，障害議員枠を勝ち取ったことも報告された。第5章のコンゴ川の事例では，政府に頼らず，障害当事者団体が発行するIDにより，河川交易での割引き制度を利用，それを生計を営むための方法として利用していたケースが報告された。第6章のセネガルでは地の利などを利用して，当事者たち自身がイニシアティブをとって西アフリカの障害者ネットワークの中心となった。第7章の南アフリカでは，反アパルトヘイト運動を障害当事者団体もその一角を担ったことで，アパルトヘイト後の政府に障害当事者団体のリーダーが参画していった過程が綴られた。アジアの事例と比べてみると当事者たちの運動もさまざまであることがわかる。アジアでの障害当事者団体の諸活動は政府へ

の交渉に焦点があてられていたが(森 2010;森 2011;小林 2010bなど),政府に期待できないケースも多いアフリカにあっては,自らのイニシアティブによる諸活動が注目されるといえよう.

おわりに——アフリカの「障害と開発」がポストMDGs,SDGsに投げかける課題——

　文化人類学や法学,経済学,政治学,言語学などさまざまなディシプリンをバックグラウンドにもつアフリカ研究者と「障害と開発」の研究者が,アフリカの「障害と開発」をテーマに取り組んだのが本書である.本報告書の全体を通じてのキーワードは,当初,アジアにおける「障害と開発」の研究成果の蓄積からの敷延として,①障害の社会モデル,②貧困削減(MDGs,ポストMDGs,国連障害者の権利条約)③障害当事者コミュニティの三つを考えていた.本書の研究を通じて,国家との関係やHIV/エイズ政策のようなアフリカで大きなテーマとなっているものとの関係を考慮した新たなキーワードも求められていることがみえて来たのではないだろうか.第5章で出て来ているように国家を単位としない障害者へのアプローチも必要になってくるだろう.ろう者の教育の伝播のように国を超えた地域的な広がりでとらえた方がよいケースもあることも分かった.アジア以上に貧困の問題が深刻という観点からは,貧困政策と障害者政策の関連についてのより深い議論ができる素材も揃ってきた.

　一方,アフリカでは,紛争の問題が非常に大きい.紛争による負傷や疾病の悪化が障害者の数を増やすという指摘もある.また紛争によって難民キャンプに逃れた人たちのなかにも障害者が多く,彼らへの支援が行き届いていないという問題の指摘も出ている(Karanja. 2009, Reilly 2010, Crock, Ernst and AO 2012など).しかし,紛争はそれ自体が大きなイシューであることもあり,今回の研究では紛争と障害との関係について論じることはできなかった.残

された課題である。

　2000年9月の国連ミレニアム・サミットが打ち出したミレニアム・開発目標（MDGs）は，2015年までの貧困削減を主目標に世界各国が協調することを約束していた。しかし，同目標からは，いくつかの重大なイシューが漏れていた。その中の最大のものが，障害者の問題であった。この翌年の2001年に国連総会で障害者の権利条約に向けての取り組みが始められることとなり，障害者を最後の貧困者としないための努力が始まった。2006年に同条約が総会で採択され，2008年には20ヵ国以上の批准国を得て発効している。これによって，ミレニアム開発目標と並んで世界の貧困削減のための大きな枠組みが，国連のなかでさらに整ったことになる。世界の貧困削減のなかに障害者を包摂していく努力は，MDGsの目標達成期限である2015年に至ってもまだ大きな課題として残っている。そのポストMDGsの役割を担うとされているのは，持続可能な開発（Sustainable Development Goals: SDGs）である。ただ，環境保護の議論からスタートしているSDGsでは，障害者の問題の組み込みと国際的な取り組みは国際的な障害当事者団体の環境問題との連携が薄かったこともあって遅れた。このため，SDGsの現在のオープン・ワーキング・グループの案の17の目標[4]には，残念ながら障害は独立の目標としては含まれていない。またMDGsは貧困削減で部分的に成功してきたと評価されているが，その評価に貢献したのは，中国とインドというアジアの大国における貧困削減の状況である。逆にいえば，アフリカにおける貧困削減は，本書で論じたアフリカにおける「障害と開発」も含めていまだ現存する問題，今後の課題として残されていることになる[5]。

　世界の貧困と障害の間の取り組みは，現在，この障害者の権利条約が大きな枠組みとなっている。同条約は，長瀬・東・川島編（2012, 146-147）などで紹介されているように成立過程では，バンコク草案と呼ばれる国連ESCAPでつくられた草案が基本となった。そのことは，ある意味で，アジア太平洋地域の障害者政策における成功と発展とが基盤となっている。つまり，どこまでアフリカの実情が障害者の権利条約に反映されていたのかは，

改めて検証する必要がある課題なのである。東アジアや東南アジアの経験を他国に敷延することでその成功物語を広げる戦略がとられていることは、アフリカの障害者の実情には、そうした世界戦略の枠組みがそぐわない可能性もある。経済成長によって豊かな財政を実現した政府の支援策を基本とするような障害政策もアジアなら可能であっても、アフリカではどうなのかという問題もある。また政府からの補助金をベースにした当事者運動の構築といったアジアでの戦略もアフリカでは、果たして可能であったのかが問われなければならない。そうしたことを念頭においた時、本書で述べたようなHIV/エイズやアルビノのような課題、必ずしも都市部に展開するとは限らない障害児教育リソースの問題、いまだ根強い中央集権的な開発体制、当事者の起業に依存する側面が強い「ビジネス」など、アジアの経験の敷延だけでは十分な対策にはつながらない側面がアフリカでは明らかになった。SDGsという新たな取り組みが始まるにあたって、これらの課題についてのデータ収集や議論も含めた世界の貧困削減のための努力が改めて必要であろう。本書は、アフリカの「障害と開発」について日本で初めて議論をした試みである。本書で投げかける課題が、今後の「障害と開発」分野の研究およびアフリカ研究、さらには貧困削減の研究に多少でも資することを期待したい。

〔注〕

(1) 同研究所については、第1章注9を参照のこと。
(2) 筆者による2013年8月のケニアの障害者政策の実施機関である全国障害者評議会（NCPWD）やジェンダー・社会開発省での担当官へのインタビューによる。
(3) そうしたものの事例として例えば、以下のものがある。
アルビノの人たちの身体部位を切り取ってお守りにする風習で被害を受けた人たちの事例として、"Hunted down like animals and sold by their own families for £50,000: Tanzania's albinos hacked apart by witchdoctors who believe their body parts 'bring luck' in sick trade 'fuelled by the country's elite'." *Mail Online*, Jan. 27, 2015. (http://www.dailymail.co.uk/news/article-2922243/Hunted-like-ani-

mals-sold-families-75-000-Tanzania-s-albinos-hacked-apart-witchdoctors-believe-body-parts-bring-luck-sick-trade-fuelled-country-s-elite.html, 2015/02/02, ダウンロード）．

ガーナアルビノ障害者協会会員へ遮光保護ローションを提供, "Bridge Of Hope Donates To GAPA", BusinessGhana 2012年12月19日 （http://www.businessghana.com/portal/news/index.php?op=getNews&news_cat_id=&id=176436, 2015/02/02 ダウンロード）．

「国にはびこる偏見をなくせ，アルビノのサッカーチーム タンザニア」AFP BB News 2010年11月30日 （http://www.afpbb.com/articles/-/2777037?pid=6515131, 2015/02/02 ダウンロード）．

(4) 国連広報センターの2014年7月22日のリリースによる（http://www.unic.or.jp/news_press/features_backgrounders/9693/, 2015/02/02 ダウンロード）

(5) 2015年4月時点で，SDGsの草案として最も有力とされている2014年7月にオープン・ワーキング・グループが発表したゼロ・ドラフトと呼ばれるものの中では，目標の中に障害は明示的に入ることは残念ながらできなかったが，5つの目標の中で言及される形で入った．その5つとは，目標4の教育，目標8の成長と雇用，目標10の不平等の解消，目標11の都市と住居，目標17のグローバル・パートナーシップである．それぞれ教育機会の障害者にとっての平等，障害者を含むすべての人のためのディセント・ワーク，障害者を含むすべての人のための不平等解消努力，障害者にもアクセシブルな交通システムと公共空間，データ収集で障害項目も収集するといったことである．こういった形での障害のインクルージョンが実際上，どれだけの効果を用いるのかは，まさしくアフリカ諸国を含む各国の障害についての意識化がどれだけ浸透するか次第であると言える．SDGs自体がMDGsの様に成功するのかどうかという疑問も呈されている現在，依然として障害イシューが直面している課題は大きいと言える．

〔参考文献〕

<日本語参考文献>
川中豪 2009.「新興民主主義の安定をめぐる理論の展開」『アジア経済』50(12) 12月 55-75.
小林昌之 2010a.「中国の障害者と法――法的権利確立に向けて――」小林昌之編『アジア諸国の障害者法――法的権利の確立と課題――』（アジア経済研究所研究双書 No. 585） 日本貿易振興機構アジア経済研究所 65-92.

小林昌之編 2010b.『アジア諸国の障害者法──法的権利の確立と課題──』（アジア経済研究所研究双書 No. 585）　日本貿易振興機構アジア経済研究所.
───── 2012.『アジアの障害者雇用法制──差別禁止と雇用促進──』（アジ研選書 No. 31）アジア経済研究所.
───── 2015.『アジアの障害者教育法制──インクルーシブ教育実現の課題──』（アジ研選書 No. 38）アジア経済研究所.
長瀬修・東俊裕・川島聡 2012.『障害者の権利条約と日本──概要と展望──』増補改訂　生活書院.
広井良典 2008.「アジア福祉社会への視点──経済発展と社会主義・開発主義・福祉国家──」（特集 東アジア福祉社会の可能性──同質性と多様性──）『福祉社会学研究』(5)：33-47.
堀金由美 2004.「『開発主義』の系譜──開発独裁, Developmental state, 開発主義──」『政経論叢』（明治大学）73(1・2), 141-171, 2004-09.
森壮也 2008.『障害と開発──途上国の障害当事者と社会──』（アジア経済研究所研究双書 No. 567）　日本貿易振興機構アジア経済研究所.
森壮也編 2011.『南アジアの障害当事者と障害者政策──障害と開発の視点から──』（アジ研選書27）日本貿易振興機構アジア経済研究所.

＜外国語参考文献＞

Bratton, Michael. 1989. "Beyond the State: Civil Society and Associational Life in Africa." *World Politics: A Quarterly Journal of International Relations* 41 (3) Apr.: 407-430.
Crock, Mary, Christine Ernst and Ron MaCallum, AO, 2012. "Where Disability and Displacement Intersect: Asylum Seekers and Refugees with Disabilities." *International Journal of Refugee Law* 24 (4)：735-764.
Eide, Arne .H. & Ingstad, Benedicte, 2013. "Disability and Poverty: Reflections on Research Experiences in Africa and Beyond." *African Journal of Disability* 2 (1), Art. #31. (http://dx.doi.org/10.4102/ajod.v2i1.31, 2015/05/01　ダウンロード)
Gerntholtz, Liesl, Kitty Grant and Jill Hanass-Hancock. 2010. "Disability Rights and HIV/AIDS in Eastern and Southern Africa: A Review of International, Regional and National Commitments on Disability Rights in the Context of HIV/ AIDS in Eastern and Southern Africa, Final Report, 2010." Durban: Health Economics and HIV/AIDS Research Division (HEARD), University of KwaZulu-Natal. (https://www.google.co.jp/url?sa=t&rct=j&q=&esrc=s&source=web&cd=5&cad=rja&uact=8&ved=0CEEQFjAEahUKEwjC862-xobGAhUGtrwKHTbBAGc&url=http%3A%2F%2Fwww.heard.org.za%2Fdownloads%2Fdisability-rights-and-hiv-aids-in-eastern-and-southern-africa.pdf&ei=kux4VcLiEobs8gW2goO4B

g&usg=AFQjCNFJSqiTNXdm1xpe04BDyPDZJVgDsQ&sig2=Fiy8t7ulHEB95o Z0jVR19A&bvm=bv.95277229,d.dGc, 2015/06/03　ダウンロード).

Groce, Nora, Gayatri Kembhavi, Shelia Wirz, Raymond Lang, Jean-Francois. Trani and Maria Kett, 2011. *Poverty and Disability A Critical Review of the Literature in Low and Middle-Income Countries.* London: University College London.

International Affairs Directorate, Health Canada.2009. *HIV/AIDS and Disability:Final Report of the 4th International Policy Dialogue.* Ottawa: International Affairs Directorate, Health Canada. (http://www.unaids.org/sites/default/files/media_asset/20091111_hiv_and_disability_en_0.pdf 2015/06/03　ダウンロード).

ILO (International Labour Office) 2010. *Disability in the Workplace: Company Practices.* Geneva: ILO. (downloadable from http://www.ilo.org/skills/pubs/WCMS_150658/lang--en/index.htm).

Karanja, Michael. 2009. "Disability in Contexts of Displacement." *Disability Studies Quarterly* 29 (4) (http://dsq-sds.org/article/view/969/1177, 2015/06/03　ダウンロード).

Mitra, Sophie, Aleksandra Posarac and Brandon Vick. 2011. *Disability and Poverty in Developing Countries: A Snapshot from the World Health Survey.* Washington, D.C.: World Bank.. (http://siteresources.worldbank.org/SOCIALPROTECTION/Resources/SP-Discussion-papers/Disability-DP/1109.pdf, 2015/5/1,　ダウンロード)

Obadare, Ebenezer, ed. 2014. *The Handbook of Civil Society in Africa.* New York: Springer.

Reilly, Rachael. 2010. Disabilities among Refugees and Conflict-Affected Populations. *Forced Migration Review* (35) July: 8-10. (http://www.fmreview.org/disability-and-displacement/rachael-reilly#sthash.d6QBKw8I.dpuf, 2015/06/03　ダウンロード).

WHO and World Bank. 2011. *World Report on Disability.* Geneva: WHO. (アラナ・オフィサー，アレクサンドラ・ポサラック編　石川ミカ訳　長瀬修監訳『世界障害報告書』明石書店)

索引

【アルファベット】

ADA → アフリカ障害同盟を見よ
ADF → アフリカ障害者フォーラムを見よ
ARI → アフリカ・リハビリテーション研究所を見よ
AU → アフリカ連合を見よ
AUDA → AU障害アーキテクチャを見よ
AUDI → AU障害研究所を見よ
AU障害アーキテクチャ（AUDA） 73-77
AU障害研究所（AUDI） 74-77, 81
CBM 207
CBR 31, 33-35, 41, 43, 87, 95, 108, 112, 131, 278, 283
CFAフラン 169, 171, 172, 174-176, 182, 183, 189, 191, 200, 201, 224, 227, 229, 230, 233
Disability 4, 5, 8, 10, 18, 55, 56, 72-75, 81, 103, 125, 128, 146, 204, 222, 233, 244, 248-250, 253, 266-268
DPI日本会議 195, 233
Handicap International 124, 128, 146, 207, 213
HIV, HIV/AIDS ii, 4, 15, 17, 28-31, 38, 41, 42, 60, 64, 66, 77, 85-90, 92-94, 96-102, 107-114, 214, 239, 252, 263, 264, 276-280, 284, 286
HIV治療 86, 92, 100, 101, 113
HIV陽性者 85-87, 90, 93, 94, 96, 97, 99, 102, 107-114, 252, 263, 264, 279
HIV陽性者団体／陽性者運動 86, 87, 96, 97, 99, 107, 109-111, 114, 264
ICF（国際生活機能分類） 8, 19, 42, 277
ICIDH（国際障害分類） 8, 42
ILO 33, 36, 37, 43, 64, 65, 119
LIGHT FOR THE WORLD 207
NGO 13, 21, 22, 29, 72-74, 81, 90-92, 97, 105, 107, 130, 144, 204, 206, 213, 215, 217, 260, 261, 261, 263, 278
NGO（国際） 5, 90, 207, 213, 281
Ominde Commission（オミンデ委員会） 129, 131, 147
SINTEF 9, 12, 42, 275
UPDK → ケニア障害者統一連合を見よ
WHO → 世界保健機関を見よ
WHS → 世界保健調査を見よ
Workshop on Disability Statistics for Africa → アフリカのための障害統計ワークショップを見よ

【あ行】

アクセシビリティ 25, 79, 136, 137, 147, 156, 249, 269, 281
アジア太平洋障害者の10年 4, 15, 21, 41, 63, 65, 72, 282
アドボカシー 63, 91, 106, 129, 130, 263
アパルトヘイト 39, 237, 238, 254-258, 261, 265, 267, 282, 283
アファーマティブ・アクション 12, 36, 39, 237, 249, 250, 261
アフリカ・リハビリテーション研究所（ARI） 14, 53, 54, 56, 58, 64, 66, 70-76, 80-82
アフリカ開発会議 ii, 3
アフリカ障害同盟（ADA） 73, 74, 204, 233, 253, 261, 268
アフリカ障害者の10年 ii, 4, 14-16, 37-39, 41, 53, 54, 56, 58, 60-66, 71-79, 81, 195, 196, 203, 204, 206, 208, 231, 248, 275, 282
アフリカ障害者の10年西・中部・北アフリカ地域事務局 203
アフリカ障害者の10年事務局（SADPD） 14, 38, 72, 73, 203, 204
アフリカ障害フォーラム（ADF） 74, 81
アフリカ人権憲章 53-55, 66-68, 70, 75
アフリカのための障害統計ワークショッ

プ（Workshop on Disability Statistics for Africa） 8
アフリカ連合（AU） 5, 14-16, 37, 38, 42, 53-56, 58-67, 69-79, 81, 82, 195, 204, 206, 281
アルビニズム 124, 137
アルビノ 69, 139, 209, 213, 214, 278-280, 286, 287
アンドリュー・フォスター 209
インクルーシブ教育 23-27
インクルーシブ公立小学校 213
インクルージョン ii, 23-26, 29, 43, 56, 62-65, 77, 79, 126, 276, 287
インフォーマル雑業 167, 181, 184
エチオピア ii, 9, 14, 17, 24, 31, 38, 41, 56, 85-101, 103-105, 107-114, 203, 233, 276, 278-280, 282, 283

【か行】

介助者 39, 169, 171, 172, 175, 182, 184, 189, 190
家計調査 10, 13
カメルーン 157, 179, 186, 187, 189, 190
基礎教育 22-24
議定書 15, 53-55, 62, 63, 66-70, 75, 77, 79, 80, 204
技能伝承 225, 227
キンシャサ 39, 153, 154, 161-169, 171, 172, 174, 177-179, 181-184, 188, 189
グローバルファンド（世界エイズ・結核・マラリア対策基金） 97, 98, 100, 106, 109, 110, 112
経済エンパワメント 36
経済の自由化 177, 178, 185
ケニア障害者統一連合（UDPK） 124, 146
憲法 ii, 24, 38, 39, 90, 130, 131, 137-140, 144, 145, 147, 166, 187, 199, 237, 244, 245, 249, 258-261, 264, 266, 267, 269, 283
国際障害者年 3, 119, 130, 157
国際障害分類 → ICIDH を見よ

国際生活機能分類 → ICF を見よ
国際労働機関 → ILO を見よ
国勢調査（センサス） 6, 7, 11, 13, 94, 120-122, 124, 141, 146, 158, 159, 161, 187, 197, 199, 240, 267
国連総会 15, 285
国境 39, 153, 154, 166, 168-172, 176-178, 182-186, 196, 197, 202, 203, 208, 254
国境貿易 153, 162, 168, 169, 175, 176, 178, 184, 185
コミュニティ 12, 13, 17, 21, 24, 28, 31-35, 41, 43, 58, 69, 79, 87, 89, 113, 130, 131, 140, 141, 144, 146, 190, 245, 267, 278, 283, 284
雇用 12-14, 18, 19, 24, 26, 36, 37, 39, 58, 59, 64, 65, 89, 94, 96, 105, 107, 113, 132, 156, 157, 175, 201, 203, 224, 226, 227, 229, 234, 237, 242, 249-251, 253, 254, 256, 261, 265-267, 269, 282, 287
コンゴ共和国 39, 153-159, 161, 162, 166-168, 179, 181-183, 187-190, 233, 276, 278
コンゴ民主共和国 39, 153, 156, 158, 166-168, 179, 183, 187-190, 276

【さ行】

ザカート 230
サブサハラ・アフリカ諸国 3, 5, 15, 275
差別禁止 237, 239, 245, 249, 259, 261, 262, 264, 265
支援器具・機器 12, 26, 134
ジェンダー 10, 12, 23, 29, 37, 39, 62, 65, 69, 77, 96, 126, 132, 137, 213, 245, 247, 249, 251, 260, 286
視覚（障害） 19, 42, 107, 121, 128, 137, 139, 146, 161, 163, 172, 174, 188, 189, 201, 207, 209, 213, 214, 217, 224, 230, 253
資源 42, 59, 65, 68, 78, 86, 90, 91, 185, 186, 197, 229, 231, 222, 247
慈善運動 120, 127, 141, 142

索　引　293

肢体（障害）　42, 127, 136, 139, 140, 147, 174, 189, 201, 202, 207-209, 213, 214, 217, 223-225, 227, 229, 230, 222, 234
市民社会　72, 86, 90, 91, 94, 97, 98, 110-112, 114, 260, 263, 264, 278
社会モデル（障害の）　i, 5, 7, 8, 17-19, 36, 39, 41, 42, 67, 120, 237, 246-248, 252, 258, 259, 264, 265, 277, 278, 284
社会問題局（AU）　75, 204
就労　22, 36, 39, 42, 199, 215, 226, 222, 251, 252, 261, 263, 266, 269
手話　iii, 17, 25, 28, 32, 38, 102, 123, 138, 141-145, 147, 188, 196, 201, 210, 213, 225, 229, 231, 245, 283
障害学　i, iii, 4, 6, 17, 18, 20, 30, 39, 40, 42, 120, 201, 238, 239, 267
障害児教育　21, 22, 24, 25, 27, 28, 39, 131, 217, 278, 281, 282, 286
障害者団体　39, 54, 86, 87, 103, 107, 109, 110, 124, 130, 138, 147, 156, 158, 174, 176, 177, 195, 201, 205, 207, 208, 214, 217, 231, 233, 234, 239, 253, 254, 259, 261, 263, 264, 266
障害者権利条約　15, 25, 53, 55, 61, 62, 65, 67-70, 77, 248, 267
障害者インターナショナル　22, 207, 233, 238
障害者政策　ii, 39-41, 95, 120, 139, 156, 187, 200, 206, 237-239, 244-249, 254, 257-259, 261, 262, 265, 266, 276, 279-281, 284-286
障害者運動　40, 107, 109, 112-114, 237-239, 246, 247, 253-256, 258-262, 264-266, 269, 270
障害者手当　18, 40, 250-252, 261-263, 264, 266, 269, 279, 280
障害者手帳　157, 189
障害（者）統計　6-10, 42, 94, 120-122, 127, 158, 159, 240
障害者の権利　ii, 14, 15, 38, 53-55, 59-61, 67, 68, 70, 75-79, 94, 105, 120, 138, 144, 145, 156, 187, 200, 204, 249, 257, 258, 280, 284, 285
障害者の権利促進・保障に関する社会福祉基本法　200
障害者法　55, 119, 121, 124, 130-132, 137, 138, 145, 156, 187, 239, 244, 280
障害者枠公務員採用制度　201
障害者割引制度　162, 170, 189
障害当事者　i-iii, 3-6, 10, 11, 12, 17, 32, 34, 35, 37, 39, 40, 43, 59, 64,65, 67, 73,74,, 77, 81, , 106, 110, 123, 124, 128, 136, 140, 156, 159, 162, 195, 201, 202, 226, 233, 235, 237-239, 247, 254-256, 260, 261, 265, 266, 276-278, 283,284
障害当事者団体　→　当事者団体を見よ
障害と開発　i, iii, 3, 5, 6, 10, 17, 18, 20, 22, 31, 32, 37-42, 54, 120, 145, 154, 186, 187, 222, 275, 276, 279, 283-286
障害の医療・個人モデル（医学・リハビリモデル）　5, 36, 120, 246, 258
職業訓練　34, 89, 104, 107, 142, 147, 217, 222, 224-227, 231, 222
人権　20, 24, 40, 53-56, 59, 64, 66-70, 72, 75, 77, 79, 80, 130-132, 145, 179, 180, 203, 204, 237, 246, 258-260, 263
新憲法（ケニア）　38, 137-140, 144, 145
スウェーデン国際開発協力庁　125, 204
生活の質　56, 85-87, 94, 95, 106, 108-110, 112, 113, 125
生計活動　153, 154, 162, 176, 186, 187
政治体制　91, 276, 278
脆弱性　12, 28-30, 245, 279
正当性　185
世界銀行　9, 15, 29, 119, 125, 153, 275
世界障害報告　9
世界保健機関（WHO）　6, 8, 9, 14, 19, 33, 42, 43, 88, 94, 113, 119, 121, 158, 277, 279
世界保健調査（WHS）　6
積極的格差是正　245, 249, 265

センサス → 国勢調査を見よ

【た行】

第2次アフリカ障害者の10年　4, 53, 54, 61, 62, 64-66, 75-77, 195
大陸行動計画　56, 58, 60-66, 71-73, 75-79, 81, 248
地域研究　i, iii, 3-5, 275
中央集権　41, 276, 278, 280, 282, 286
聴覚（障害）　19, 102, 121, 137, 141, 147, 161, 198, 201, 207, 209, 213, 214, 217, 222-225, 234
重複障害　217
通訳　iii, 123, 144, 145, 225, 231
定性的な研究と定量的な研究　12
デブルイエ　166, 167, 189
点字　26, 42, 138, 144, 145, 147, 201, 213
ドイツ国際協力公社　205
当事者運動　85-87, 97, 103, 107-110, 113, 119, 120, 129, 140, 142, 145, 196, 197, 203, 208, 209, 238, 264, 281, 283, 286
当事者代表性　259, 261, 265
当事者団体（障害当事者団体を含む）　ii, 4-6, 29, 32, 34, 38, 39, 41, 42, 53, 56, 58, 59, 61, 63, 65, 67, 72-74, 76, 85, 90, 91, 93, 96, 98, 99, 103, 106, 108, 109, 111, 112, 119, 120, 131, 136, 143, 145, 158, 158, 189, 195, 214, 217, 229, 222, 247, 253, 254, 263, 268, 276-279, 283, 285
特別教育　129, 131, 142, 161, 188
特別支援学校　161, 209, 213

【な行】

内戦　28, 156, 158, 160
西アフリカ障害者団体連盟　39, 195, 207
ネットワーク（当事者の）　74, 86, 96, 97, 103, 107, 109-112, 125, 283

【は行】

バタ・ヤ・バコロ　179-181, 183, 184, 186, 190
ビジネス　36, 37, 39, 153, 154, 162, 166, 168, 176-178, 182-186, 253, 278, 282, 286
貧困　ii, 4, 9, 10, 12-14, 18-20, 27, 30, 32, 34, 36-38, 40, 58, 67, 101, 120, 125-127, 206, 245, 251, 263, 266, 275, 276, 284-286
貧困線　275
不可逆的　137
ブラザヴィル　39, 153-155, 158, 159, 161-163, 167-172, 174, 175, 177-184, 188-190
フランス領コンゴ　153, 155, 162
プレトリア大学（南アフリカ）　204
文化人類学　i, 17, 20, 32, 196, 284
紛争　3, 15, 27, 63, 64, 66, 77, 147, 284
ベルギー領コンゴ　153, 155, 162, 166, 188
ヘルスケア　20, 88, 111
訪問ケア　87, 99-102, 108, 109, 112
保健サービス　85, 87, 88, 90, 92, 95
保健社会福祉省（セネガル）　200, 201
保健政策　38, 85-88, 90, 95, 108, 111, 114, 279
保健調査　6, 10, 12
保健ニーズ　86, 87, 95, 109, 111, 112
保健普及員　87-90, 92, 93, 95, 108, 111, 112
ポスト・ミレニアム開発目標　6, 278

【ま行】

南カサイ　166, 167, 189
民族誌　222
モブツ　164, 167

【ら行】

ライデン大学アフリカ研究センター　10

リソース（開発／活動の） 12, 18, 23, 26, 27, 31, 42, 43, 95, 96, 102, 103, 106, 107, 109-112, 131, 279, 286

リハビリテーション 5, 14, 24, 28, 29, 31, 33-35, 43, 53, 58, 59, 63, 64, 70, 71, 74, 76, 79, 87, 127, 128, 131, 142, 238, 254, 255, 269, 278, 283

ろう者 17, 20, 25, 28, 32, 38, 39, 103, 119, 120, 123, 124, 129, 139, 141, 143-147, 175, 188, 201, 209, 225, 228, 229, 231, 234, 284

複製許可およびPDF版の提供について

　点訳データ，音読データ，拡大写本データなど，視覚障害者のための利用に限り，非営利目的を条件として，本書の内容を複製することを認めます（http://www.ide.go.jp/Japanese/Publish/reproduction.html）。転載許可担当宛に書面でお申し込みください。

　また，視覚障害，肢体不自由などを理由として必要とされる方に，本書のPDFファイルを提供します。下記のPDF版申込書（コピー不可）を切りとり，必要事項をご記入のうえ，販売担当宛ご郵送ください。折り返しPDFファイルを電子メールに添付してお送りします。

〒261-8545　千葉県千葉市美浜区若葉3丁目2番2
　　　日本貿易振興機構 アジア経済研究所
　　　研究支援部出版企画編集課　各担当宛

　ご連絡頂いた個人情報は，アジア経済研究所出版企画編集課（個人情報保護管理者－出版企画編集課長 043-299-9534）が厳重に管理し，本用途以外には使用いたしません。また，ご本人の承諾なく第三者に開示することはありません。

　　　　　　　　アジア経済研究所研究支援部　出版企画編集課長

PDF版の提供を申し込みます。他の用途には利用しません。

森　壮也編　『アフリカの「障害と開発」——SDGsに向けて——』
　　　【研究双書622】　2016年

住所 〒

氏名：　　　　　　　　　　年齢：
職業：
電話番号：
電子メールアドレス：

森　壯也（アジア経済研究所開発研究センター主任調査研究員）

小林昌之（アジア経済研究所新領域研究センター主任調査研究員）

西　真如（京都大学グローバル生存学大学院連携ユニット特定准教授）

宮本律子（秋田大学国際資源学部教授）

戸田美佳子（国立民族学博物館 文化資源研究センター機関研究員）

亀井伸孝（愛知県立大学外国語学部准教授）

牧野久美子（アジア経済研究所地域研究センターアフリカ研究グループ副主任研究員）

―執筆順―

アフリカの「障害と開発」
――SDGsに向けて――　　　研究双書No.622

2016年2月18日発行　　　定価［本体3700円＋税］

編　者　　森　壯也

発行所　　アジア経済研究所
　　　　　独立行政法人日本貿易振興機構
　　　　　〒261-8545　千葉県千葉市美浜区若葉3丁目2番2
　　　　　研究支援部　電話　043-299-9735
　　　　　　　　　　　FAX　043-299-9736
　　　　　　　　　　　E-mail syuppan@ide.go.jp
　　　　　　　　　　　http://www.ide.go.jp

印刷所　　日本ハイコム株式会社

Ⓒ独立行政法人日本貿易振興機構アジア経済研究所　2016

落丁・乱丁本はお取り替えいたします　　　無断転載を禁ず

ISBN978-4-258-04622-5

「研究双書」シリーズ

(表示価格は本体価格です)

No.	タイトル	内容
621	**独裁体制における議会と正当性** 中国，ラオス，ベトナム，カンボジア 山田紀彦編　　　2015年　196p.　2,400円	独裁者（独裁政党）が議会を通じていかに正当性を獲得し，体制維持を図っているのか。中国，ラオス，ベトナム，カンボジアの4カ国を事例に，独裁体制が持続するメカニズムの一端を明らかにする。
620	**アフリカ土地政策史** 武内進一編　　　2015年　275p.　3,500円	植民地化以降，アフリカの諸国家はいかに土地と人々を支配しようとしたのか。独立や冷戦終結は，その試みをどう変えたのか。アフリカの国家社会関係を考えるための必読書。
619	**中国の都市化** 拡張，不安定と管理メカニズム 天児慧・任哲編　　2015年　173p.　2,200円	都市化に伴う利害の衝突がいかに解決されるかは，その都市または国の政治のあり方に大きく影響する。本書は，中国の都市化過程で，異なる利害がどのように衝突し，問題がいかに解決されるのかを政治学と社会学のアプローチで考察したものである。
618	**新興諸国の現金給付政策** アイディア・言説の視点から 宇佐見耕一・牧野久美子編　2015年　239p.　2,900円	新興諸国等において貧困緩和政策として新たな現金給付政策が重要性を増している。本書では，アイディアや言説的要因に注目して新たな政策の形成過程を分析している。
617	**変容する中国・国家発展改革委員会** 機能と影響に関する実証分析 佐々木智弘編　　2015年　150p.　1,900円	中国で強大な権限を有する国家発展改革委員会。市場経済化とともに変容する機能や影響を制度の分析とケーススタディーを通じて明らかにする。
616	**アジアの生態危機と持続可能性** フィールドからのサステイナビリティ論 大塚健司編　　　2015年　294p.　3,700円	アジアの経済成長の周辺に置かれているフィールドの基層から，長期化する生態危機への政策対応と社会対応に関する経験知を束ねていくことにより，「サステイナビリティ論」の新たな地平を切り拓く。
615	**ココア共和国の近代** コートジボワールの結社史と統合的革命 佐藤章著　　　　2015年　356p.　4,400円	アフリカにはまれな「安定と発展の代名詞」と謳われたこの国が突如として不安定化の道をたどり，内戦にまで至ったのはなぜか。世界最大のココア生産国の1世紀にわたる政治史からこの問いに迫る，本邦初のコートジボワール通史の試み。
614	**「後発性」のポリティクス** 資源・環境政策の形成過程 寺尾忠能編　　　2015年　223p.　2,700円	後発の公共政策である資源・環境政策の後発国での形成を「二つの後発性」と捉え，東・東南アジア諸国と先進国を事例に「後発性」が政策形成過程に与える影響を考察する。
613	**国際リユースと発展途上国** 越境する中古品取引 小島道一編　　　2014年　286p.　3,600円	中古家電・中古自動車・中古農機・古着などさまざまな中古品が先進国から途上国に輸入され再使用されている。そのフローや担い手，規制のあり方などを検討する。
612	**「ポスト新自由主義期」ラテンアメリカにおける政治参加** 上谷直克編　　　2014年　258p.　3,200円	本書は，「ポスト新自由主義期」と呼ばれる現在のラテンアメリカ諸国に焦点を合わせ，そこでの「政治参加」の意義，役割，実態や理由を経験的・実証的に論究する試みである。
611	**東アジアにおける移民労働者の法制度** 送出国と受入国の共通基盤の構築に向けて 山田美和編　　　2014年　288p.　3,600円	東アジアがASEANを中心に自由貿易協定で繋がる現在，労働力の需要と供給における相互依存が高まっている。東アジア各国の移民労働者に関する法制度・政策を分析し，経済統合における労働市場のあり方を問う。
610	**途上国からみた「貿易と環境」** 新しいシステム構築への模索 箭内彰子・道田悦代編　2014年　324p.　4,200円	国際的な環境政策における途上国の重要性が増している。貿易を通じた途上国への環境影響とその視座を検討し，グローバル化のなか実効性のある貿易・環境政策を探る。
609	**国際産業連関分析論** 理論と応用 玉村千治・桑森啓編　2014年　251p.　3,100円	国際産業連関分析に特化した体系的研究書。アジア国際産業連関表を例に，国際産業連関表の理論的基礎や作成の歴史，作成方法，主要な分析方法を解説するとともに，さまざまな実証分析を行い，その応用可能性を探る。